HOMEM DO REINO

HOMEM DO REINO

O destino de todo homem,
o sonho de toda mulher

—

TONY EVANS

Traduzido por Cecília Eller

Edição
Daniel Faria

Revisão
Natália Custódio

Produção e diagramação
Felipe Marques

Colaboração
Ana Paz

Diagramação
Luciana Di Iorio

CIP-Brasil. Catalogação na publicação
Sindicato Nacional dos Editores de Livros, RJ

E93h

    Evans, Anthony T.
      Homem do reino: o destino de todo homem, o sonho de
toda mulher/ Tony Evans; tradução Cecília Eller. - 1. ed. - São
Paulo: Mundo Cristão, 2018.
      288 p.

    Tradução de: Kingdom man
    ISBN 978-85-433-0354-3

    1. Homens cristãos - Vida religiosa. 2. Masculinidade -
Aspectos religiosos - Cristianismo. I. Eller, Cecília. II. Título.

18-52693   CDD: 248.842
                         CDU: 27-584-055.1

Publicado no Brasil com todos
os direitos reservados por:

Editora Mundo Cristão
Rua Antônio Carlos Tacconi, 69
São Paulo, SP, Brasil
CEP 04810-020
Telefone: (11) 2127-4147
www.mundocristao.com.br

Categoria: Inspiração
1ª edição: maio de 2019
Impressão digital sob demanda

Dedico este livro a meus netos:
Jackson,
Jesse III,
Jerry Jr.,
Kanaan,
Jude,
Joel
e Jonathan II,
todos eles se formando como homens do reino.

Sumário

Agradecimentos

Gostaria de expressar meu apreço pela maravilhosa equipe do Ministério Focus on the Family [Foco na família] e da editora Tyndale House por sua visão e por terem colocado o coração na produção deste livro. Sou grato pela harmonia que uniu todos os que se dedicaram à divulgação desta mensagem aos homens do reino.

Introdução

Eu amo os filmes do Indiana Jones. Quem não ama? Jones era todo machão. Um arqueólogo que passava incontáveis horas, dias, semanas, meses e, às vezes, até anos em busca de artefatos valiosos. E ele enfrentava obstáculos perigosos pelo caminho, claro. Passava por apuros, precisava superar opositores e perigos. Mas ele sempre conseguia. No fim das contas, acabava encontrando seu tesouro.

Na mesma linha, há a série de filmes *A lenda do tesouro perdido*, com Nicolas Cage. O personagem de Cage, Benjamin Franklin Gates, vivia em busca de pistas que o levassem àquilo que almejava. E também enfrentava perigos, adversidades, privações e, às vezes, até desastres.

Jesus fala sobre um tesouro. E ele o chama de reino de Deus. Diz que esse reino é um tesouro valiosíssimo cujo caminho nada pode atrapalhar. Em termos escatológicos, o reino se refere ao reinado milenar de Cristo, quando ele voltará para Jerusalém, de onde governará a terra por mil anos. No entanto, aqui e agora, o reino também foi estabelecido por meio de princípios,

> *Jesus fala sobre um tesouro. E ele o chama de reino de Deus.*

alianças, responsabilidades, privilégios, direitos, regras, ética, proteção e autoridade próprios.

"O reino dos céus é como um tesouro escondido [...] num campo" (Mt 13.44).

Vale a pena lutar por um tesouro. Um tesouro inestimável, como este, vale tudo o que você tem. Mas não aceite apenas a minha palavra. Foi o próprio Jesus quem o disse.

O motivo pelo qual hoje tantos homens vivem sem remeter minimamente a esse aspecto tão valoroso é não haverem compreendido o mistério do reino. Em vez disso, contentam-se com miudezas, bugigangas tecnológicas, times de futebol, *video games*, carreira, carros e pacotes de férias.

Não há problema com essas coisas, a menos, é claro, que elas não façam você se desviar da busca pelo reino.

A menos que se tornem seu objetivo.

Meu filho Jonathan é grandão. Na Liga Nacional de Futebol Americano (NFL), ele já derrubou alguns dos melhores jogadores. É capaz de se defender por conta própria. Mas ele nem sempre foi assim tão robusto. Lembro-me de quando, certa vez, chegou afoito ao meu escritório na igreja e me pediu que o acompanhasse à quadra para vê-lo fazer uma enterrada. Ele tinha 1,60 metro de altura e vinha treinando havia alguns meses.

Quando cheguei à quadra, Jonathan pegou a bola, quicou e enterrou. Eu o parabenizei brevemente e voltei-me para o treinador, a quem disse, com toda ênfase, que elevasse a cesta para a altura padrão. Impaciente para demonstrar que podia enterrar, Jonathan havia abaixado o alvo. "Levante a cesta, Jonathan", disse eu. "E tente de novo."

Foi o que ele fez. Mas errou. A cesta estava alta demais. No entanto, continuou tentando — e, depois de crescer mais alguns centímetros, acabou conseguindo.

Homem, Deus tem um padrão. Ele tem um alvo. O reino dele é o alvo. Todavia, o que muitos fazem é abaixar o alvo divino só para, então, parabenizar-se por terem conseguido enterrar a bola. As consequências desse padrão rebaixado afetam muitos outros além do homem na quadra. O padrão rebaixado afeta todos nós. Ele se revela em nosso país. Em nossa cultura. Na economia do mundo.

> *O padrão rebaixado afeta todos nós. Ele se revela em nosso país. Em nossa cultura.*

Não é preciso dar mais que uma olhada de relance por nossos lares, igrejas, comunidades e nosso planeta para descobrir que os homens — nem todos, mas muitos — têm falhado no intento de viver como homens do reino.

Não importa qual seja a raça a que a pessoa pertença, a comunidade de que faça parte ou o montante registrado em seu informe de rendimentos: o padrão rebaixado deixa cicatrizes. Os resultados podem diferir de um caso para outro, mas são sempre devastadores. Promiscuidade, sensação de vazio, depressão, irresponsabilidade crônica, ruptura familiar, mau uso do dinheiro, divórcio, violência, dependência química, compulsão alimentar, transigências indevidas, bancarrota, baixa autoestima e total falta de propósito são pragas que atacam nossa sociedade como consequência direta de se deturpar ou negligenciar a masculinidade conforme prescrita na Bíblia.

Tanto perto de nós quanto ao redor do mundo, a deterioração social atingiu o maior patamar de todos os tempos; igualmente, o claro chamado para os homens se posicionarem e assumirem o padrão bíblico de masculinidade nunca soou tão alto. Nosso mundo está em um caminho aviltante caracterizado pelo comportamento autodestrutivo.

Isso tem de mudar.

No entanto, a mudança só acontecerá quando os homens subirem o padrão e o colocarem de novo onde Deus o estabeleceu originalmente. Este livro fala sobre a elevação desse padrão e a definição de masculinidade tal como planejada por Deus. A intenção é descobrir o que significa ser um homem do reino.

Parte I

A FORMAÇÃO DO HOMEM DO REINO

1

O CLAMOR POR HOMENS DO REINO

O homem do reino é aquele que, ao tocar os pés no chão a cada manhã, faz o diabo dizer: "Porcaria! Ele acordou!".

Diariamente, quando o homem do reino sai de casa, o céu, a terra e o inferno notam. Quando protege a mulher que está sob seu cuidado, ele se torna irresistível aos olhos dela. Os filhos olham para ele com confiança. Os outros homens o veem como alguém a ser imitado. Sua igreja o procura em busca de força e liderança. Ele preserva a cultura e defende a sociedade, espanta o mal e promove o bem. O homem do reino entende que Deus nunca afirmou que a vida ao lado dele seria fácil; disse apenas que valeria a pena.

Como o jogador de futebol que surge do túnel no começo de cada partida, assim o homem do reino inicia cada dia. Esse homem não só entra em campo em meio aos gritos da torcida como também domina toda oposição que se levanta contra ele. Concentra-se em um único propósito: o avanço do reino para o aperfeiçoamento daqueles que se encontram no próprio reino, glorificando, assim, o Rei. E vai em busca disso sem se importar com o preço pessoal a ser pago.

Por ser o atual capelão do time de futebol americano Dallas Cowboys, posto que também ocupei durante o auge dos anos de Tom Landry, já assisti a muitos jogos da NFL. Pode-se dizer que joguei futebol toda noite e todo fim de semana desde que aprendi a engatinhar, até que uma lesão na perna demandou cirurgia e me fez parar de praticar o esporte. Mas, a despeito de a quantos jogos já assisti ou de quantos já participei, nunca ouvi um jogador reclamar que os adversários eram difíceis demais ou que o alvo era complicado demais para alcançar.

Qualquer um que já tenha jogado ou acompanhado partidas de futebol americano sabe que a vitória não acontece só porque se quer. A vitória só é conquistada por meio de suor, sangue e coragem. Perto do final do último quarto da partida — quando quase já não há ar nos pulmões ofegantes dos atacantes, o corpo dos que carregam ou perseguem a bola já está arrebentado e a mente e os músculos dos jogadores já se sentem torturados —, a vitória costuma vir por meio de nada mais que pura determinação. Ela chega para aqueles que sabem que "exaustão" é só mais uma palavra. E que o *propósito* é muito maior que a *dor*.

O terceiro time

O futebol americano é um esporte masculino. Não há dúvida quanto a isso. Em nosso país, as partidas desse esporte são o que mais se parece com uma batalha de gladiadores. Paixão, força e poder se fundem com precisão e habilidade enquanto os dois times se enfrentam em uma demonstração épica de coragem e resolução. No entanto, diferentemente do que acontece na maioria das batalhas e guerras, um terceiro time participa do conflito. Três equipes entram em campo.

De fato, esse terceiro time se encontra profundamente envolvido em cada aspecto da batalha que leva à declaração de vitória.

Talvez você nunca tenha notado que há três times em um campo de futebol americano. Mas eu garanto que você notaria se o terceiro time não comparecesse. Pois, sem ele, o campo seria tomado pelo caos. Ocorreria confusão no confronto entre jogadores. Na verdade, se assim fosse, seria impossível jogar futebol americano da maneira como o conhecemos.

Isso acontece porque o terceiro time é o dos árbitros.

Os árbitros têm um papel único, pois seu grande compromisso não é com os times

Talvez você nunca tenha notado que há três times em um campo de futebol americano.

em campo, nem com agendas alheias. A obrigação desses juízes não tem a ver com os que participam do confronto, nem com quem está assistindo àquilo tudo. Seu compromisso, bem como sua lealdade, pertence a um reino completamente diferente chamado escritório da NFL. Esse reino excede todos os demais, domina-os e se sobrepõe a eles.

Na sede da liga, cada árbitro recebe um livro em que constam as orientações, as diretrizes, as regras e os regulamentos que pautam a condução dos acontecimentos em campo. Embora os dois times constantemente chamem o árbitro de lado, pedindo pênaltis e defendendo jogadas, o time de juízes deve decidir de acordo com o livro que receberam em seu reino, a despeito de emoções ou preferências pessoais. Todas as decisões tomadas pelos membros desse terceiro time devem estar de acordo com esse livro de regras. Eles têm a obrigação de seguir o livro que lhes foi entregue diretamente pelo delegado da liga, o qual lhes conferiu autoridade.

Se, a qualquer momento, um árbitro tomar uma decisão que privilegie um time ou jogador particular — por causa da pressão dos torcedores, influência de jogadores ou equipe técnica, ou simplesmente por preferências pessoais — e não seguir à risca o livro, ele perderá de imediato o apoio e a autoridade não só da sede da NFL, como também do delegado que o designou. Caso um árbitro coloque seu ponto de vista à frente da perspectiva do livro, deixando em segundo plano o reino com o qual está absolutamente comprometido, ele perde todo o direito de apitar. Isso acontece porque a liga só endossará um juiz se esse juiz endossar as diretrizes do livro. Quando o árbitro deixa o livro de lado, ele mesmo se demove para a posição de torcedor e se torna ilegítimo para exercer a autoridade que tinha até então.

O chamado

Homem, você está em uma batalha. Você está em uma guerra. Nela, há muito mais em jogo e as perdas têm peso muito maior do que a mera vitória ou derrota em uma partida. Vidas serão perdidas. A eternidade será moldada. Destinos serão descobertos ou negligenciados. Sonhos serão alcançados ou abandonados.

Jesus não o chama para ser torcedor. Ele já tem torcedores demais. Todo domingo de manhã, a base de torcedores aparece em pleno vigor. Eles se revelam nos estádios, muitas vezes lotados, do mundo inteiro. Lá dentro, há emoções intensas, música excelente, pregações, empolgação, gritos de reconhecimento e declarações de afirmativas. Mas Jesus não está interessado em meros torcedores. Nenhum torcedor prepara o caminho para a vitória da batalha. Jesus quer homens que promovam os seus planos, o seu governo e as suas diretrizes em um mundo em crise.

Jesus não o chama para ser torcedor. Ele já tem torcedores demais.

Jesus quer homens que governem bem.

O reino de homens foi intencionalmente colocado em um local chamado "terra", mas os participantes recebem as instruções do escritório da liga, localizado no céu. Esse grupo de homens não se deixa levar pelo que a maioria diz, nem pela ideia mais popular do momento, nem por suas preferências pessoais. Em vez disso, são governados pelo reino ao qual pertencem. São homens que tomam decisões de acordo com o Livro, sob a autoridade daquele que os comissionou, o Senhor Jesus Cristo, para que não se instale o caos nesta guerra chamada "vida". Tenha em mente que governar algo não se refere a dominação ou controle ilegítimo. O uso inapropriado do termo *governo* pela humanidade, por meio de relacionamentos abusivos e ditatoriais, distorceu o chamado legítimo feito ao homem para que governe sob a liderança soberana de Deus e de acordo com seus princípios.

Em qualquer jogo, como você já deve imaginar, se a equipe de árbitros não atuar corretamente, há um forte clamor não só das arquibancadas ou dos telespectadores, mas também de jogadores e treinadores. Levanta-se um brado em resposta ao caos que acontece no campo — um clamor para que os árbitros decidam bem.

O clamor por homens do reino

Se você ouvir com cuidado, pode ser que escute o clamor por homens do reino que também arbitrem direito. É possível ouvi-lo no caos da cultura, levantando-se nos lares, nas escolas, nos bairros, nas comunidades, nos estados e até mesmo em cada alma abalada e afetada pela ausência de homens do reino. Nunca nossa nação e nosso mundo estiveram tão próximos do precipício da adversidade, em necessidade tão tremenda de homens que respondam ao chamado para governar bem.

Ouça.

Está por toda parte. Ecoa alto. A cada batida do coração de crianças que nascem ou crescem sem pai, a cada sonho feminino afogado por um homem irresponsável ou negligente, a cada esperança que evapora por circunstâncias confusas, a cada alma solitária de mulher solteira em busca de um homem digno com quem possa se casar e a cada templo e comunidade desprovidos de contribuições masculinas significativas.

É um clamor por homens do reino.

Se a equipe de árbitros permanecer nas laterais e não disser uma palavra sobre o que está acontecendo em campo, ninguém irá até os jogadores infratores para lhes perguntar por que estão quebrando as regras. Os torcedores se voltarão para os árbitros e exigirão: "Onde estão vocês? Venham aqui e façam alguma coisa!". Pois, sem o terceiro time em campo, todos os confrontos seriam caóticos após o lançamento da moeda, causando perda de motivação, desinteresse e desordem. Por ser um homem do reino, você foi chamado pelo céu para arbitrar na terra usando uma camisa cujas cores são diferentes. Você foi feito de um tecido diferente porque representa um tipo de reino diferente nesta batalha.

Você representa o Rei.

E, como representante do Rei, seu propósito é muito mais elevado do que meramente o pessoal e impacta uma esfera bem mais ampla do que qualquer outra que possa conhecer.

Por você ser um homem do reino, é possível que haja muito mais para sua vida do que você jamais tenha percebido.

O governante do reino

A palavra grega usada no Novo Testamento para "reino" é *basileia*,[1] que significa autoridade e governo. Um reino sempre abrange três componentes fundamentais: um governante, súditos por ele governados e regras ou regulamentos. O reino de Deus é a execução legítima de seu abrangente governo sobre toda a criação. O objetivo do reino é simplesmente a demonstração visível do pleno domínio de Deus sobre todas as áreas da vida.[2]

O reino de Deus transcende tempo, espaço, política, denominações, culturas e divisões sociais. É já e ainda não (Mc 1.15; Mt 16.28), próximo e distante (Lc 17.20-21; Mt 7.21). Governadas por sistemas de alianças, as instituições do reino incluem a família, a igreja e o governo civil. Deus deu diretrizes para o funcionamento dessas três esferas, e a negligência em aderir a tais orientações resulta em desordem e caos.

Ainda que cada um dos três componentes fundamentais tenha responsabilidades e domínios distintos, todos devem trabalhar em conjunto sob o governo divino, com base em um padrão absoluto de verdade. Quando operam dessa maneira, levam ordem a um mundo confuso e promovem a responsabilidade pessoal diante de Deus.

O componente primário sobre o qual todo o restante do reino se baseia é a autoridade do governante. Sem isso, segue-se a anarquia, que resulta em confusão. Foi exatamente por saber disso que o primeiro ato de Satanás no jardim foi usar de sutileza e engano para destronar o governante. Antes do trecho sobre a abordagem que Satanás fez a Eva no jardim, todas as referências bíblicas a Deus em relação a Adão o chamam de SENHOR Deus. Todas as vezes que a palavra SENHOR aparece em versalete, ela se refere ao nome *Yahweh* usado para Deus. O título especial *Yahweh* significa "mestre" e "governante absoluto"[3] e é o nome usado por Deus para se revelar em seu relacionamento com o homem. Antes do nome *Yahweh*, Deus havia se revelado como Criador, cujo nome é *Elohim*.

No entanto, quando Satanás incitou Eva a comer aquilo que ela não deveria, não se referiu a Deus como SENHOR Deus. Satanás basicamente tirou o nome SENHOR, desconsiderando o senhorio e o governo absoluto. Em vez disso, falou: "É verdade que *Deus* disse...". Dessa maneira, Satanás tentou reduzir o governo de Deus sobre a humanidade começando com uma distorção sutil, mas eficaz, do nome divino. Ao fazê-lo, manteve o conceito religioso ao mesmo tempo que eliminou a autoridade divina.

Satanás tentou reduzir o governo de Deus sobre a humanidade começando com uma distorção sutil, mas eficaz, do nome divino.

Ao retirar a noção de SENHOR do relacionamento de autoridade entre Deus, Adão e Eva e ao deixar Adão de lado, Satanás não só fez a humanidade se rebelar, como também usurpou o domínio que o homem deveria exercer sob a autoridade divina. Ao comer o fruto em desobediência, Adão e Eva escolheram mudar de SENHOR *Deus* para *Deus* a forma como viam o Criador, o que resultou na perda da íntima comunhão com o próprio Deus e um com o outro, bem como na perda do poder de domínio que resulta de seguir o Governante supremo.

Muito embora Eva tenha comido o fruto primeiro, Deus saiu em busca de Adão. Foi para Adão que ele havia se revelado como SENHOR *Deus* ao conceder-lhe instruções. Em consequência, quando o título de mestre e governante absoluto foi removido, Adão foi considerado o grande responsável pelo resultado.

Desde então, existe uma batalha contínua sobre quem governará a humanidade. Isso acontece porque a importância de Adão não dizia respeito apenas a ele ser o primeiro homem criado por Deus. Em vez disso, Adão deveria ser o protótipo daquilo que todos os homens deveriam buscar se tornar. Logo, sempre que os homens tomam decisões baseadas nos próprios pensamentos e valores ou em crenças pessoais, como Adão fez, em vez de se fundamentar naquilo que Deus tem a dizer como Governante, eles estão escolhendo governar a si mesmos, assim como Adão. Optam por chamar o Rei de *Deus*, sem reconhecer sua autoridade, ignorando o título ao qual ele tem direito: SENHOR Deus ou Soberano Deus, também referido nas Escrituras como '*adown*,[4] paralelo verbal de *Yahweh*. Em suma, a exemplo de Adão, eles tentam tirar o próprio Criador do trono embora continuem reconhecendo que ele existe.

Trata-se de ser religioso sem ser governado por *Yahweh*.

Para toda pergunta, existem duas respostas: a de Deus e a de todos os outros. Quando elas se contradizem, a de todos os outros é a resposta errada. A negligência do governo absoluto de Deus como Senhor do relacionamento com o ser humano basicamente coloca a resposta de Deus no mesmo nível da opinião de qualquer pessoa. O pecado de Adão foi permitir que o ponto de vista humano de sua esposa, incitado por Satanás, superasse a vontade revelada e a palavra de Deus. Adão permitiu que uma pessoa próxima a ele dominasse acima de Deus.

Homem, somente ao colocar o SENHOR de volta na equação é que você experimentará o domínio e a autoridade com que foi capacitado.

A autoridade de Deus

Deus disse aos israelitas, conforme relata Êxodo 34.23, que três vezes por ano todos os homens deveriam comparecer diante dele para receber instruções. No momento em que Deus os convocou para comparecer à sua presença, chamou-os especificamente para que se colocassem perante o "Soberano, o SENHOR, o Deus de Israel". Ele os convocou a se submeterem à sua total autoridade.

Caso fossem submissos, os homens ficavam sabendo que eles próprios e as pessoas de seu convívio receberiam a cobertura, a proteção e a provisão divina. Mas só teriam acesso a tudo isso caso se posicionassem sob o domínio absoluto de Deus. Esse elemento de governo era tão essencial que Deus usou três de seus nomes como lembrete. Os israelitas recebem a ordem de comparecer perante o:

- Soberano (*'adown*)
- SENHOR (*Jehova*)[5]
- Deus de Israel (*'Elohim*)[6]

Deus estava no comando à terceira potência. Ao usar três nomes diferentes para referir a si mesmo, enfatizou sua autoridade suprema sobre os homens da nação e a responsabilidade que estes tinham de prestar contas a ele.

O princípio de governo de Deus que se aplicava aos israelitas não é diferente do domínio divino hoje. Ele é Deus — *Soberano,*

Senhor, *Deus de Israel*, mestre, Deus supremo, governante e juiz. Logo, *o homem do reino* é aquele que se coloca sob o governo divino e submete sua vida ao senhorio de Jesus Cristo. Em vez de Adão ser o protótipo para o homem, agora Jesus Cristo — o último Adão (1Co 15.45) — é o modelo para o homem do reino.

O homem do reino governa de acordo com o governo de Deus.

O princípio de governo de Deus que se aplicava aos israelitas não é diferente do domínio divino hoje.

Do mesmo modo que um árbitro da NFL está apto a atuar somente conforme o livro de regras que recebe, assim um homem do reino é liberado para governar quando baseia suas decisões nas diretrizes divinas e as usa para ordenar seu próprio mundo.

Quando o homem do reino atua de acordo com os princípios e preceitos do reino, há ordem, autoridade e provisão. Quando ele não o faz, acaba tornando a si mesmo e as pessoas a ele ligadas vulneráveis a uma vida caótica.

Milagre no rio Hudson

O rio Hudson corre pela cidade de Nova York. De fato, parte dele separa Manhattan da fronteira com Nova Jersey. O Hudson transborda história e legado. É também um dos mais belos rios dos Estados Unidos, e isso lhe rendeu o título de "Reno norte-americano".

Dois acontecimentos no Hudson chamaram minha atenção nos últimos tempos. Cada um deles revela o que acontece quando um homem governa bem sua realidade, ou quando não o faz.

O primeiro ocorreu em 2009, durante o gelado mês de janeiro, quando pássaros voaram direto para dentro dos motores do voo 1549 da companhia US Airways imediatamente após a decolagem do avião, fazendo que ambos se desligassem ao mesmo tempo.

A minutos do que parecia um desastre inevitável, o piloto entrou em contato com a torre de controle a fim de pedir permissão para mudar a rota e fazer um pouso emergencial. Recebeu a ordem de voltar para o Aeroporto La Guardia.

Nesse momento, o comandante, Chesley B. Sullenberger III, precisou tomar uma decisão. O aeroporto não estava próximo o bastante para a aterrissagem. Por isso, a única opção de Sullenberger era pousar a aeronave no Hudson. No entanto, o êxito de aterrissar um grande avião comercial na água era improvável. Sullenberger, que somava quatro décadas de experiência, sabia muito bem que era mínima a probabilidade de sobrevivência. Tendo atuado como instrutor de aviação, investigador de acidentes e instrutor de tripulação, ele não precisou pensar muito para imaginar qual poderia ser o resultado de tudo aquilo.

Contudo, com dois motores inertes e sem nenhum outro lugar para pousar o avião, Sullenberger assumiu o controle da realidade pela qual era responsável. Em meio aos gritos dos passageiros para que alguém levasse ordem àquele caos, ele fez alguns rápidos ajustes, manteve o avião alto o suficiente para passar por cima da ponte George Washington e fez o que poucos pilotos tentaram realizar: pousou o avião no rio. Um minuto e meio antes da aterrissagem, ele transmitiu aos passageiros frenéticos uma calma afirmação: "Preparem-se para o impacto".

O que aconteceu em seguida foi nada menos que um pouso perfeito na água. Para que um avião não se parta ao atingir a água, é necessário aterrissar com precisão, na velocidade e no nível corretos. Quando do impacto com a água, Sullenberger levantou com delicadeza o nariz do avião, nivelou as asas e, ao mesmo tempo, ajustou a velocidade, a fim de impedir que a aeronave se partisse em mil pedacinhos. E fez isso com uma estrutura de metal de oitenta toneladas que vibrava e chacoalhava violentamente.

Quando a água congelante começou a invadir o avião após o pouso, passageiros e tripulantes correram até as saídas de emergência, enquanto o comandante Sullenberger liderava a evacuação. Depois que a última pessoa saiu, o piloto percorreu toda a aeronave mais duas vezes para ter a certeza de que todos a haviam deixado em segurança. Com a água atingindo a metade do interior do avião, Sullenberger foi a última pessoa a desembarcar do voo 1549.

Todos os que estavam a bordo sobreviveram.

Os anos durante os quais Sullenberger exercera autoridade como piloto da força aérea, investigador de acidentes, consultor e administrador de segurança de voo — sem contar as mais de dezenove mil horas de voo sem incidentes — lhe proporcionaram as habilidades e o estado de espírito necessários para governar bem a situação de seu avião, em vez de permitir que o avião governasse sobre ele.

Como resultado, Sullenberger não só impediu que suas filhas adolescentes ficassem órfãs e sua esposa, viúva, como também salvou a vida e o legado de 155 pessoas, a mais jovem delas um bebê de nove meses. David Paterson, governador do estado de Nova York, chamou o acontecimento de "milagre no Hudson".[7]

Tragédia no rio Hudson

Algo bem diferente de um milagre aconteceu dois anos depois. É uma história trágica, porém verdadeira, sobre uma mulher de 25 anos. Sua experiência, embora única, reflete incontáveis outras muito semelhantes — ela foi abandonada e ferida pela negligência e pelos maus-tratos dos homens com quem viveu.

Aos 15 anos, ela teve o primeiro filho. Poucos anos depois, teve mais três filhos com outro homem e deu a cada um deles o sobrenome do pai, Pierre, como nome do meio. Foi uma herança que ela não deveria ter transmitido.

O pai das crianças não se casou com a mãe. Foi preso por passar meses sem pagar a pensão dos filhos. Em outra ocasião, foi preso quando o filho de 2 anos, deixado completamente só em seu apartamento, saiu de casa em uma noite gelada de fevereiro. A polícia acabou encontrando o bebê à 1h15 da manhã perto de uma rua agitada. As poucas roupas que o menino vestia estavam molhadas.

Os vizinhos e a família contam que essa mãe amava os filhos. Eles sempre pareciam bem cuidados, bem arrumados e bem-comportados. A mãe cursava algumas disciplinas na faculdade local e trabalhava — provavelmente na tentativa de crescer na vida.

Mas, em um dia frio de abril de 2011, ela publicou um pedido de desculpas no Facebook, despediu-se de sua mãe, sua avó e seu pai, colocou os quatro filhos no carro e dirigiu para dentro das águas congelantes do Hudson.

Enquanto a *van* começava a afundar, o filho de 10 anos se esforçou para abrir as portas trancadas ou abrir a janela, enquanto os mais novos choravam de medo. Ele conseguiu se espremer por uma das janelas enquanto o carro submergia. Posteriormente, contou à polícia que a mãe reunira os filhos em torno de si e, abraçada a eles, lhes disse: "Se eu vou morrer, vocês vão morrer junto comigo".

Vizinhos contaram que o pai das três crianças mais novas estivera na casa dela apenas uma hora antes de ela levar os filhos de carro para a morte. Por mais de meia hora, ele esmurrou a porta do apartamento, fazendo ameaças. Aquela não havia sido a primeira briga do casal.

Ninguém sabe ao certo o que a levou a tomar uma atitude tão drástica. Entretanto, menos de uma hora após a partida do pai, a jovem mãe e três de seus filhos estavam mortos no rio Hudson. Sem dúvida, as últimas lágrimas das crianças foram na esperança de que alguém detivesse o caos em seu mundo. Mas ninguém o fez.[8]

Algumas pessoas podem culpar a mãe por seus atos, que foram terríveis. Mas a culpa dirigida à mulher que tira a própria vida e a dos filhos logo após o comportamento explosivo do pai das crianças também pertence ao homem.

As últimas palavras da mulher, "Se eu vou morrer, vocês vão morrer junto comigo", consistem em uma declaração reveladora, pois refletem o poder do impacto do homem, para o bem ou para o mal. Crianças inocentes podem sofrer a morte de seu destino, de suas esperanças, de seus sonhos, de sua autoestima, de seu futuro e talvez até mesmo de sua vida quando a falha de governo de um homem suga a vida da mãe, resultando em morte literal, emocional ou espiritual.

Cento e cinquenta e cinco pessoas sobreviveram a um pouso forçado no rio Hudson porque um homem atuou com responsabilidade em algo que lhe competia. Quatro pessoas morreram nas águas geladas do mesmo rio porque um homem — ou quem sabe vários — não o fez.

Qual caminho você trilhará?

Deixei de mencionar um fato interessante acerca do rio Hudson: ele é um dos poucos rios do mundo que corre em duas direções. A maré do Atlântico faz o rio correr para o norte, enquanto na nascente, no lago Lágrima das Nuvens, a correnteza move para o sul. Antes de receber o nome de rio Hudson, as tribos indígenas da região o denominavam Muhheakantuck, que significa "rio que corre em duas direções".

Assim como o Hudson ficou marcado por ser um lugar de vida — o milagre do Hudson — e um lugar de morte — "Vocês vão morrer junto comigo" —, a vida também tem seu modo de correr em ambas as direções. Mas muito depende de você. Muito depende da escolha de ser um homem do reino que governa com responsabilidade, consistência e sabedoria, de acordo com as diretrizes e regras estabelecidas na Palavra de Deus. Ou da escolha de ser um homem deste mundo, deixando aqueles sob sua influência vulneráveis não só ao que a vida trará, como também a si mesmos, em decorrência do caos que você provocou ou permitiu.

Se você é homem, é um líder, quer goste disso, quer não. Pode ser que, na prática, você seja um líder horrível, mas, por sua posição, você foi chamado para liderar. É isso que o protótipo de Adão acarreta. Deus criou Adão antes de Eva porque ele deveria ser responsável por governar e liderar. Adão recebeu o chamado para cultivar e guardar o jardim antes de Eva ser criada. Por causa disso, foi Adão que Deus procurou quando Adão e Eva lhe desobedeceram.

Deus criou Adão antes de Eva porque ele deveria ser responsável por governar e liderar.

Foi por isso que Adão recebeu a responsabilidade final.

Como homem, você é o responsável final pelas pessoas que estão sob seu domínio.

Homem, seu jeito de liderar desempenhará um papel importantíssimo na vida, ou na morte, daqueles que estão em sua esfera de atuação. Você pode conduzi-los a um lugar de segurança ou levá-los a uma condição de caos. Mas governar bem não é uma decisão que você toma em um dia e depois se esquece dela. Governar bem é uma habilidade para a vida inteira, aperfeiçoada por meio de fidelidade e dedicação. Sullenberger não pousou o avião na água simplesmente porque achou que seria algo incrível a se fazer. Para ser o herói daquela ocasião, ele precisou cumprir seu papel dia após dia, ano após ano, década após década, dedicando-se de maneira intencional e sólida a governar bem sua realidade.

O compromisso do comandante Sullenberger em atender às expectativas daqueles a quem ele serviu na indústria da aviação deve inspirar cada um de nós a um nível ainda maior de dedicação no cumprimento daquilo que o Rei do universo nos chamou a fazer.

O Rei deu a você um livro de regras pelo qual se pautar. É por meio desse livro que você deve governar, liderar, tomar decisões, dirigir, orientar e alinhar suas escolhas de vida. Esse livro de re-gras é a Palavra de Deus. Quando você lidera de acordo com aquilo que o Senhor diz em sua Palavra, o próprio Deus o apoiará com a autoridade de que você necessita para colocá-la em prá-tica. Quando você não o faz, fica por conta própria. Homem, muitos amanhãs serão determinados pela maneira como você governa hoje.

Ao liderar de acordo com os princípios e a agenda do reino de Deus, você liberta as pessoas ao seu redor a fim de que sejam aquilo para que foram criadas. No entanto, quando deixa de fa-zer isso, convida tanto para a sua vida quanto para a vida dessas pessoas um mundo de caos, desordem e destruição.

Por ser um homem do reino, você está no terceiro time, envia-do para trazer o governo do céu a um mundo carente. Mas isso não é um jogo. Trata-se de uma batalha real. É uma guerra — uma guerra espiritual. Talvez você não consiga ver seu inimigo de maneira direta, mas a presença dele se revela em todos os lugares à sua volta.

Quando seus pés tocam o chão a cada manhã, você faz seu inimigo, o diabo, dizer: "Porcaria! Ele acordou!"?

Quando você sai de casa a cada dia, o céu, a terra e o inferno notam? Quando protege a mulher que está sob seus cuidados, você se torna irresistível aos olhos dela? Seus filhos olham para você com confiança? Os outros homens o veem como alguém a ser imitado? Sua igreja o procura em busca de força e liderança? Você preserva a cultura e defende a sociedade com o objetivo de espantar o mal e promover o bem? Você é um homem que cum-pre seu destino e é capaz de satisfazer sua mulher?

E, a pergunta mais importante: quando Deus busca um ho-mem para fazer seu reino avançar, ele chama seu nome?

2

O CONCEITO DE HOMEM DO REINO

Em minha experiência como pastor, já testemunhei muitas perdas provocadas pela falta de homens do reino. No espaço de algumas semanas, aconselhei dez casais em um último esforço para salvar aquilo que eles já sentiam ter perdido. Após prestar aconselhamento conjugal por mais de 35 anos, observei que o problema normalmente se resume em uma coisa: falta alinhamento a uma das partes, ou a ambas. São pouquíssimos os homens que entendem o que significa estar alinhado debaixo de Deus, mas, mesmo assim, a maioria destes exige ferrenhamente que a esposa se alinhe debaixo deles.

Poucas vezes preciso olhar muito além do primeiro banco para identificar, na igreja, perdas resultantes de mau uso, abuso, negligência ou mau entendimento da masculinidade do reino. O que vejo e ouço durante as sessões de aconselhamento não me surpreende tanto quanto a frequência com que deparo com esses problemas. É como se tivéssemos caído em um abismo de ausência masculina.

Além de ver as consequências desse abismo na igreja, testemunho perdas fora dela também. Por exemplo, testemunho essas perdas quando vou pregar na prisão próxima de onde moro.

O que me marca enquanto passo pela segurança e sinto o isolamento que inevitavelmente acompanha o fato de estar dentro de uma penitenciária é como cada um daqueles encarcerados, em algum momento da vida, já foi livre. E mais: cada um deles, em alguma época da vida, foi uma criança que corria descalça, se divertia com seus brinquedos ou adormecia sonhando derrotar dragões e realizar tudo o que fosse possível. No entanto, se olharmos para cada histórico familiar, veremos que a maioria não teve um homem que lhes desse orientação e proteção, ou pior, sofreu diretamente o impacto negativo de um homem, quando não de muitos. Em consequência, agora dormem em celas frias, envoltos apenas por um fino cobertor de abandono, vergonha, insegurança e arrependimento.

Mencionei esses prisioneiros ao falar em um evento sobre o papel da igreja na restauração comunitária, em Plano, Texas. Ironicamente, o evento aconteceu em um edifício chamado Hope Center [Centro Esperança]. A verdade é que as estatísticas da ausência do pai na vida de cada preso deixam pouco espaço para esperança de qualquer mudança na geração seguinte, a menos que os homens comecem a responder em massa ao chamado para ser homens do reino. Cerca de 70% dos presos vêm de lares sem pai.[1] Cerca de 80% dos estupradores com descontrole emocional vêm de lares sem pai.[2] Fora da população prisional, as estatísticas sobre pais ausentes são igualmente alarmantes. Nada menos que 71% dos adolescentes que deixam a escola antes de terminar o ensino médio vêm de lares sem pai; 63% dos suicídios entre adolescentes acontecem em lares nos quais o pai era abusivo ou ausente.[3] Nos bairros residenciais, muitos pais estão "desaparecidos" por causa de divórcio, negligência ou excesso de condescendência. Muitos

> *Nos bairros residenciais, muitos pais estão "desaparecidos" por causa de divórcio, negligência ou excesso de condescendência.*

pais colocam a carreira à frente da família ou amam mais os campos de golfe que os filhos.

Quer aconteça por abandono direto, quer por formas mais sutis de afastamento, a ausência do pai deixa cicatrizes semelhantes. Quase todas as patologias sociais observadas em adultos estão ligadas a lares sem pai ou nos quais o pai e/ou marido foi ausente, abusivo ou negligente.[4]

Para muitos de nós, que levamos uma vida confortável longe dessas realidades estatísticas, tais números podem parecer impessoais e fáceis de ser ignorados, mas todos somos impactados por suas consequências. Segundo relatório divulgado pelo canal CBS News em maio de 2010, em média, os cidadãos norte-americanos gastam mais de 8 bilhões de dólares por ano em impostos dirigidos a programas de assistência social, como bolsa-alimentação, destinados a indivíduos que não terminaram o ensino médio.[5] Em território norte-americano, o indivíduo que não termina o ensino médio recebe, ao longo da vida, uma média de 260 mil dólares a menos do que um formado — o que significa uma perda cumulativa de mais de 300 bilhões de dólares por ano em renda tributável.[6] As gestações na adolescência custam uma média de 10 bilhões de dólares por ano aos contribuintes, valor esse que leva em consideração os gastos com assistência pública, perda de renda e despesas médicas crescentes.[7] E, como a população encarcerada aumentou em quase três vezes no período de 1987 a 2007, alcançando o maior índice *per capita* do mundo,[8] em 2009 o custo anual do sistema prisional norte-americano foi estimado em mais de 52 bilhões de dólares.[9]

Os problemas da sociedade não são apenas da sociedade. São problemas da igreja também. São nossos problemas. As consequências dos problemas sociais impactam toda a população e faz que os Estados Unidos permaneçam à beira do colapso econômico.

Os presos que visito vêm de culturas, contextos, gerações e experiências diferentes. Cometeram crimes diferentes. Mas algo que a maioria compartilha comigo é que ou veio de um lar sem pai, ou de um lar no qual o pai era ausente, negligente ou abusivo.

Quando olho nos olhos desses detentos, tanto de homens quanto de mulheres, não vejo estatísticas. Não enxergo números em uma página. Vejo dor real, vazio real, anseio real, raiva real, perda real e necessidade real. Eu gostaria que você também pudesse ver tudo isso, pois as estatísticas nunca são capazes de contar a história de uma alma.

Olhando para as perdas

Todavia, não preciso levar você comigo à prisão para lhe mostrar o que acontece quando um indivíduo falha em viver como homem do reino. É possível que você só precise olhar para seus próprios irmãos, esposa ou filhos. Espero que não seja o caso, mas é possível. Ou talvez baste olhar para o filho do vizinho ou para as crianças e os jovens de sua igreja. O esfacelamento dos lares. A decadência das famílias. As manchetes nos noticiários. O colapso da sociedade.

Dizer que os homens perderam a identidade é suavizar a situação. Por trás das perdas, estão muitos homens que não cumprem o papel que Deus lhes concedeu, a saber, prover liderança e espelhar o caráter e a administração divinos. Aliás, eu mesmo poderia ter sido uma dessas perdas. Tudo o que conheci até completar 10 anos foi o caos em meu lar. Eu era o mais velho de quatro filhos, e a atmosfera era instável para todos nós. Meu pai e minha mãe viviam em constante conflito, fazendo o divórcio parecer a única saída possível. Mas o exemplo que meu pai me deu no ano em que fiz 10 anos mudou minha vida para sempre. Foi nesse ano que papai se entregou a Jesus. Ele não só aceitou a salvação que vem de Deus, mas imediatamente se apaixonou por Deus e pela Bíblia. De imediato, tornou-se um evangelista, absorvido pela Palavra de Deus.

Minha mãe não gostava de papai quando pecador e gostou ainda menos dele como santo. Depois que meu pai se tornou cristão, mamãe fez tudo o que pôde para dificultar a vida dele. Papai não podia nem ler a Bíblia antes de mamãe dormir, porque ela o incomodava ao máximo se ele o fizesse. Mas meu pai se comprometeu em alinhar sua vida à vontade de Deus e, por isso, fez tudo o que estava ao seu alcance para demonstrar amor à minha mãe a despeito de como ela o tratava.

Meu pai fez tudo o que estava ao seu alcance para demonstrar amor à minha mãe a despeito de como ela o tratava.

Em vez de pedir o divórcio, ele a amou incondicionalmente. Dia após dia e mês após mês, mamãe tentou de tudo para que papai deixasse de se dedicar a Deus e parasse de amá-la. Mas nada funcionou. Meu pai permaneceu calmo, consistente e cuidadoso.

Um dia, por volta da meia-noite, mamãe desceu as escadas com lágrimas nos olhos. Papai estava lendo a Bíblia. Quando ele viu as lágrimas, perguntou o que havia de errado. Mamãe disse que não conseguia entender o fato de quanto mais ela o rejeitar, mais mal-educada se mostrar e mais tentar provar que era errado crer na Bíblia, tanto mais ele se portar de modo gentil para com ela e mais investir na Palavra.

"Quero ter o que você tem", disse ela, "porque isso só pode ser verdadeiro."

No mesmo instante, eles se ajoelharam e papai levou minha mãe a Cristo. Depois disso, conduziu cada um dos filhos a Jesus. Ele diariamente mostrou a nós o valor de fazer de Deus e de sua Palavra o foco central de tudo o que fizéssemos.

Se meu pai não tivesse demonstrado a coragem de se dedicar a Deus e à família, não obstante a oposição ferrenha, meu lar poderia ter feito parte das estatísticas. Eu poderia ter sido uma das perdas. Não só eu poderia ter sido uma perda, mas meus próprios filhos poderiam ter entrado nessa também.

Quando o assunto é o impacto que o pai exerce sobre o lar, o impacto do marido sobre o casamento e o impacto de um homem sobre a igreja ou comunidade, não há como alegar exagero. A influência do meu pai alterou drasticamente a trajetória da minha vida e, em consequência, tem impactado muito mais pessoas do que ele conhecerá nesta vida.

De modo inverso, a ausência de homens do reino não só tem deixado muitas de nossas famílias fracas e vulneráveis a ataques, como também tem conduzido o mundo a uma condição econômica, social e espiritual bastante delicada, como poucas vezes vimos.

Onde você está, Adão?

A pergunta em pauta ao começarmos a jornada de nos tornarmos homens do reino é: "Como viemos parar aqui?". Como é que acabamos nos afogando em um mar de tantos homens irresponsáveis? A resposta não é tão complexa quanto você possa imaginar. Na verdade, ela tem tudo a ver com o Livro do reino. Em algum ponto do caminho, esquecemos de consultar o Livro que deve nos governar.

Não faz muito tempo, minha nora Kanika participou do jogo televisivo *Wheel of Fortune* [Roda da fortuna]. Girar a roda e solucionar os enigmas não foi difícil para Kanika. Ao fim do programa, ela trouxe para casa um grande prêmio — para orgulho do marido, Jonathan. No entanto, mesmo tendo se saído muito bem durante o jogo, Kanika não conseguiu ganhar a rodada final.

Quando Kanika anunciou as letras que esperava que aparecessem na última palavra, só uma delas acendeu, deixando a maior parte do enigma em branco. Até o apresentador admitiu que aquela palavra era um desafio. Kanika não tinha letras suficientes para formar a palavra em apenas dez segundos.

A situação de Kanika lembra o contexto contemporâneo de muitos homens de hoje. Temos um pouco da definição de masculinidade aqui e mais um pouco ali, mas, como não definimos esse conceito totalmente baseados na Palavra de Deus, o Livro, acabamos olhando para um enigma em que faltam letras e palavras. Tentamos preencher as lacunas com nossas palavras, nossos pensamentos e nosso entendimento pessoal. No fim das contas, porém, o alarme soa e acabamos de mãos vazias.

Não dá para esperar que entenderemos ou viveremos a definição divina de masculinidade sem aplicar todo o conteúdo da Palavra de Deus. O árbitro que apitar um jogo usando somente parte do livro de regras será demitido de imediato. Contudo, por algum motivo, nós, homens, falhamos em reconhecer que precisamos viver de acordo com toda a Palavra de Deus. Sempre que esta é distorcida, limitada ou reduzida em seu domínio sobre a vida de um homem, as perdas se multiplicam. Exatamente como acontece hoje. Exatamente como ocorreu no jardim há milhares de anos. Exatamente como foi com Adão.

Qualquer discussão sobre o papel, o propósito e a liderança de um homem deve começar com Adão. A teologia de Adão não é meramente um conceito do Antigo Testamento. A teologia da responsabilidade masculina baseada na ordem da criação e na responsabilidade que Deus conferiu ao homem é levada para o Novo Testamento e até para a era da igreja (ver 1Tm 2.12-13; 3.1; 1Co 11.3). O motivo de não conseguirmos encontrar homens em seu posto hoje é o mesmo de quando Deus caminhou pelo jardim muito tempo atrás, dizendo: "Onde você está, Adão?". Ou, como falamos lá na minha terra natal: "Onde é que cê tá, Adão?".

A razão para Adão não ter sido encontrado no jardim naquele dia é a mesma pela qual tantas mulheres solteiras têm dificuldade para encontrar um homem do reino hoje. E é o mesmo motivo que leva tantas mulheres casadas a se frustrarem com o homem que têm. Também é a causa para pastores e líderes da igreja acharem difícil encontrar homens para dar continuidade ao seu trabalho. Eis o motivo: os homens têm interpretado erroneamente seu papel de governar e dirigir como homens do reino.

Não se esqueça de que escolhi intencionalmente usar a palavra *governo*, tantas vezes controversa, para expressar o destino do homem na terra porque, apesar da conotação negativa que o mundo tem dado ao termo, o governo de um homem — quando executado em conformidade com o domínio superior de Deus — é uma liderança libertadora não só para si, mas também para quem está à sua volta. O conceito bíblico de domínio ou governo não é uma ditadura, nem uma postura de dominação. Em vez disso, implica exercer autoridade legítima sob o senhorio de Jesus Cristo. A autoridade legítima abrange tudo o que Deus proporciona e permite que o homem faça, mas não tudo o que o homem deseja fazer.

O conceito bíblico de domínio ou governo não é uma ditadura, nem uma postura de dominação.

Os homens têm entendido mal seu direito de governar não só por causa do estigma causado por aqueles que o fazem mal, mas também por que nós, do corpo de Cristo, com frequência ignoramos os ensinos do reino de Deus. Em consequência, falhamos em compreender a teologia e o governo do reino. Enquanto caminhou por este planeta, Cristo falou muitas vezes sobre o governo divino por meio de seu reino. Aliás, Jesus mencionou a "igreja", ou o grego *ekklésia*, somente duas vezes no registro de seu ministério terreno. E todas elas se encontram no Evangelho de Mateus, que gira em torno do reino.[10] No entanto, o termo grego para reino, *basileia*, significando governo ou autoridade, é mencionado 162 vezes no Novo Testamento.[11]

Minha preocupação é que os líderes cristãos têm limitado nossos homens a construir templos e realizar programas eclesiásticos, falhando em fazer discípulos e deixando de ensinar-lhes o que significa pertencer ao reino. Não há nada de errado com a construção de igrejas, contanto que aqueles que fazem uso dos recursos nelas disponibilizados avancem de maneira estratégica no reino de Deus.

O reino de Deus corresponde a seu pleno governo sobre toda a criação. O propósito do Senhor é promover o reino e, ao fazê-lo, revelar sua glória. Os súditos de Deus foram colocados aqui na terra para cumprir seu objetivo. Logo, o homem do reino pode ser definido como *aquele que se posiciona e atua de acordo com o pleno domínio de Deus sobre cada área de sua vida*. E todas as áreas da vida devem ser impactadas pela presença de um homem do reino.

Você é responsável

Um dos elementos mais críticos para o avanço do reino de Deus é o entendimento de que você, homem, é responsável por aquilo que pertence à esfera de influência que o Senhor lhe designou: família, ministério, carreira, recursos, comunidade ou outras áreas de influência pessoal. Quando, por ações diretas, um homem abre mão da responsabilidade diante do caos ou da confusão que toma conta de sua esfera de atuação, ele impede que a situação seja remediada. Além de carecer do poder de Deus para avançar, ele também se desqualifica para consertar o que se perdeu.

Eu pastoreio uma igreja bem consolidada que conta com mais de duzentos funcionários. Na maior parte do tempo, a igreja funciona com tranquilidade e não me envolvo com a logística do dia a dia. Às vezes, porém, recebo o telefonema de alguém da congregação que parece chateado e me conta algo de que não gosta.

Nunca me esquecerei do dia em que uma mulher me ligou para contar que havia telefonado cinco vezes para a igreja no dia anterior e não conseguira falar com minha recepcionista em nenhuma dessas ocasiões. Todas as vezes que ela havia ligado para a igreja, a recepcionista não conseguira atender e os telefonemas acabaram parando na secretária eletrônica.

Quando recebo uma ligação desse tipo, preciso me segurar para não contar à pessoa do outro lado da linha a parábola da viúva insistente e incentivá-la a tentar uma sexta vez. Mas, falando sério, minha reação normal seria perguntar por que reclamar comigo, e não com a recepcionista. Afinal de contas, sou o pastor titular de uma igreja, de uma escola cristã e de um centro de evangelismo com centenas de funcionários. Como eu poderia saber por que razão minha recepcionista não estava ali naqueles momentos específicos? Talvez ela estivesse em outras ligações. Não quero soar rude, mas era só perguntar para a própria!

No entanto, mesmo que seja isso que eu sinta vontade de falar, não é o que realmente digo. Porque, para ser bem honesto, a mulher do outro lado da linha está certa. Ela identificou e contatou a pessoa certa para a reclamação.

Por ser o pastor titular, posso não ser o culpado direto pela questão das ligações perdidas, mas minha posição me torna responsável em última instância. E, quando recebo esse tipo de chamada ou reclamação, pode ter certeza de que procuro resolver imediatamente para que não aconteça de novo. Por quê? Porque eu sou o responsável final por garantir que o problema não se repita.

A mesma reclamação foi apresentada a Adão. Não acerca de um telefonema, mas de um fruto. Muito embora a serpente tenha tentado Eva a comer do fruto proibido no jardim do Éden (Gn 3.1-6), foi Adão que Deus procurou. Afinal, Adão era o responsável. Lemos em Gênesis 3.9: "Então o Senhor Deus chamou o homem e perguntou: 'Onde você está?'". Observe que Deus reafirmou sua autoridade no relacionamento com Adão ao dizer: "Então o Senhor Deus chamou o homem…". Da mesma maneira, em nenhum lugar está registrado que ele tenha dito: "Adão e Eva, onde estão vocês?".

Independentemente de quem fez o quê primeiro, a pergunta foi feita a Adão porque ele deveria prestar contas a Deus, em razão de ser o representante responsável por executar e garantir a execução do plano divino. Embora Eva tenha sido responsabilizada pelo papel que desempenhou, Adão também foi considerado responsável por causa de sua posição de liderança.

Adão foi colocado no jardim tanto para cultivá-lo quanto para tomar conta dele (Gn 2.15). Cultivar a terra significa torná-la produtiva e desenvolver seu potencial. Da produtividade da terra, Adão extrairia aquilo de que necessitava a fim de prover para os que estavam sob seus cuidados. A palavra hebraica para "tomar conta" é *shamar* e significa "guardar" ou "ter responsabilidade sobre" algo.[12] Na época, Adão deveria proteger o jardim da atuação de Satanás, que ainda hoje é a principal ameaça à nossa vida e à nossa família. Também travamos a batalha espiritual que vigorava lá no início, nos tempos de Adão.

> *Também travamos a batalha espiritual que vigorava lá no início, nos tempos de Adão.*

No entanto, como Satanás não costuma aparecer de roupa vermelha e tridente na mão, muitas vezes não identificamos as sutilezas de seus enganos, por mais abrangentes que sejam seus desdobramentos.

A anulação do senhorio no relacionamento entre Deus e Adão levou ao pecado e à desobediência. Estes, por sua vez, causaram desarmonia entre Adão e Deus, provocando decadência, destruição e morte. A retirada do conceito de SENHOR, feita por Satanás, é um grande problema, conforme vimos anteriormente em Gênesis 3, mas não é o único. De igual modo, o engano de Eva é uma questão significativa no mesmo capítulo. Mas o maior problema foi Adão não ter nada a dizer enquanto essas duas coisas aconteciam. Gênesis 3 nos apresenta uma dificuldade permanente entre os homens: o silêncio de Adão.

Até o episódio que envolveu a serpente e o fruto, Adão falava bastante. Ele não era nada quieto. Aliás, Adão vinha dando nome para tudo o que houvesse aqui e ali. Todavia, quando a serpente apareceu, Adão não teve nada a dizer, nem para ela, nem para a mulher. Em vez disso, ficou nos bastidores enquanto as duas interagiam.

Digo que Adão permitiu essa interação porque, ao contrário do que muitos de nós aprendemos em livros ilustrados de histórias bíblicas que retratam imagens desse acontecimento, Eva não estava sozinha durante o diálogo com a serpente. Gênesis 3.6 diz: "Depois, deu ao marido, que estava *com ela*". Durante todo o tempo em que a serpente falou, Adão esteve por perto. Em silêncio. Até mesmo quando Eva se voltou para ele e estabeleceu um novo plano para o lar do casal, Adão não disse nada. Ele apenas comeu do fruto.

Em resposta à escolha de Adão pelo silêncio, Deus pronunciou que, a partir de então, o solo no qual ele trabalharia seria amaldiçoado (v. 17-19). Aquilo que exigia pouco em termos de suor e esforço físico agora demandaria labuta e dificuldade porque Adão abrira mão de seu papel.

Um dos motivos para tantos de nossos filhos viverem sob o peso dos problemas, ou de muitos de nossos lares se encontrarem sob o peso do tumulto, ou de muitas de nossas igrejas operarem debaixo de uma nuvem de confusão, ou de nossa sociedade estar empreendendo tantos esforços para recuperar sua força é porque Adão não teve nada a dizer. Adão continua a se esconder de muitas maneiras. E, ao fazê-lo, voluntariamente abdica do direito de liderança que lhe foi dado por Deus. Em 1Coríntios 11.3, o apóstolo Paulo expressa com clareza a igualdade entre homens e mulheres, mas define distinções em papéis e responsabilidades.

O problema que impede muitos homens de nossa cultura de ser homens do reino é que, por silêncio ou culpa, eles abriram mão do direito que Deus lhes deu de governar ou liderar. Adão caiu nesses dois problemas, e muitos homens atuais fazem o mesmo. Assim, abrem mão da oportunidade de abordar a vida cristã como desafio, buscando o êxito, e vivem apenas de maneira reativa.

Homem, você tem um inimigo a vencer. Diariamente, uma legião de subordinados desse adversário aborda você e as pessoas que você ama, em uma competição acirrada para ver quem sairá glorioso: Deus ou Satanás.

A meu ver, uma das grandes falhas da igreja nos Estados Unidos é que não temos capacitado os homens para entender, reconhecer e colocar em prática plenamente seu destino divino de masculinidade bíblica. Nós os destituímos de sua masculinidade enquanto tentamos redefini-la com coisas como a participação em igrejas voltadas principalmente para mulheres (da decoração nas paredes à música, das viagens missionárias de curta duração — e, em geral, menor eficácia — ao serviço em numerosas comissões). Embora cada uma dessas coisas seja boa e importante, sem uma visão compartilhada acerca de um alvo comum contra nosso inimigo em comum, na maioria das vezes acabamos apenas mais ocupados, em vez de nos tornar deliberadamente estratégicos.

Poucos são os homens que se satisfazem mais em ficar *ocupados* do que em realizar as mais altas possibilidades por meio da maximização de recursos à sua disposição. No entanto, quando colocamos em evidência o rótulo de *ocupados*, por vezes desconectado de estratégias intencionais e de longo prazo para conquistar o inimigo e fazer o reino avançar, deixamos a porta bem aberta para que a masculinidade seja definida por conceitos que parecem mais atraentes, como investimentos financeiros, carros rápidos, mulheres mais rápidas ainda e a posição que se ocupa na hierarquia corporativa. E não é apenas Adão que se silencia de muitas maneiras hoje: a igreja também está em silêncio. Ao desaconselhar ou, no mínimo, ao menosprezar a presença do ímpeto masculino de vencer e competir — aspecto característico na maior parte do cristianismo ocidental formal —, nós praticamente tiramos o pulmão do homem e depois o culpamos por não estar respirando.

Acontece uma série de coisas com um homem que não consegue mais respirar. Uma delas é que se torna passivo. Ele vive em um mundo de indecisão, permitindo que todos ao redor lhe ditem o que fazer, como pensar ou o que valorizar. E, então, ele culpa os outros quando as coisas dão errado. Qualquer homem que culpe a esposa pelo caos no lar e, ao mesmo tempo, se exime da responsabilidade por resolvê-lo está declarando em público sua falta de masculinidade bíblica. Já aconselhei homens o bastante para saber que, embora muitos pareçam satisfeitos por fora, por dentro estão se sentindo sufocados, em busca de ar, porque não sabem ser masculinos.

Outra coisa que acontece quando um homem não consegue mais respirar é que ele tenta viver de maneira vicária, por meio dos outros. Isso se revela no enorme número de fanáticos por esporte que vemos por aí. Não estou me referindo a simples torcedores, mas a fanáticos mesmo. São homens que usam camisetas de time com o nome de outro homem e um número nas costas. E fazem isso regularmente. O homem que usa o nome de outro nas costas de sua camiseta talvez deva se perguntar como avalia a própria masculinidade.

Há ainda os homens que vivem de modo vicário por meio de personagens em filmes de ação ou programas de televisão cheios de mulheres com pouca roupa, aventura e intrigas. Esse tipo de homem não exerce sua masculinidade no próprio quarto, cuidando da mulher que tem para que ela responda voluntariamente e se relacione com ele; em vez disso, busca gratificação de segunda mão por meio da pornografia. O uso da pornografia é um dos maiores indicadores de que um homem perdeu o contato com a própria masculinidade, uma vez que precisa pegar carona na intimidade dos outros.

> *O uso da pornografia é um dos maiores indicadores de que um homem perdeu o contato com a própria masculinidade.*

Uma das coisas mais prejudiciais para quem convive com um homem que perdeu a habilidade de respirar ou tem medo demais para tentar é que ele se torna controlador, dominador e, às vezes, emocional ou fisicamente abusivo com alguém mais fraco que ele. Isso se revela de maneira típica no lar, entre marido e mulher. Embora ele possa parecer amigável, cooperador e respeitoso no trabalho, esse homem critica a esposa, não demonstra afeto, controla os gastos e a vida social dela, além de limitar seu desenvolvimento pessoal e profissional, para que ela permaneça em um estado de constante dependência em relação a ele. Esse homem faz isso porque não sabe como sentir ou exercer poder legítimo e, por isso, tenta dominar alguém mais fraco.

O poder legítimo é o poder que se sujeita ao controle e à autoridade dos limites claramente definidos por Deus. Trata-se do poder entregue às regras divinas — antes de mais nada, as regras principais do Senhor para você viver de modo que reflita e manifeste o amor por ele e pelas outras pessoas.

Os homens foram criados para respirar. Todavia, quando a sociedade é a única a oferecer condição de tomar fôlego, e quando a condição oferecida é uma expressão ilegítima de masculinidade, a igreja presta um desserviço aos homens. Pois, longe de Deus, não há autoridade legítima para governar. Quando não entendem que foram projetados de maneira única para liderar dentro do domínio no qual foram inseridos, os homens se atêm a uma definição confusa de masculinidade que acaba machucando não só a si próprios, mas também as pessoas à sua volta.

Peguei!

Não há nada em minha vida que eu ame mais que ser homem. Eu amo minha esposa. Amo minha família. Amo meu chamado (e, como já disse, amo futebol americano). Tudo isso, porém, se baseia no cumprimento de uma realidade maior: a de ser homem. Às vezes, quando acordo de manhã, antes que meus pés toquem o chão, eu digo: "Evans, como é bom ser homem!". Há um dia inteiro à frente, implorando para ser explorado, experimentado e conquistado.

Existe algo inerente ao DNA da masculinidade, algo que conclama os homens a se erguer à altura do desafio, resolver a equação, proteger, defender, derrotar e restaurar. Os desafios da vida nos incitam a enfrentá-los. As responsabilidades nos chamam para cumpri-las.

Eu amo ser homem.

No âmbito desse amor, porém, há uma paixão ainda maior por capacitar outros homens para que reconheçam a expressão completa de sua masculinidade no contexto das complexidades predominantes no reino de Deus. Se você é homem, deve amar ser homem. Mais que isso, precisa amar ser um homem do reino. Ser um homem do reino é o destino de todo homem. E toda mulher sonha em estar com um homem assim. Porque, quando um homem do reino governa bem sua realidade, todos se beneficiam.

Todos podem descansar bem.

Em nossa família, temos um sinal. Não me lembro ao certo de quando comecei a usá-lo, mas, quando surge um problema ou quando uma questão legítima abre espaço para preocupação ou inquietação, às vezes levanto três dedos. E pronto. Quando faço isso, sem precisar dizer uma palavra, consigo ver imediatamente a tensão deixar o rosto de minha esposa ou de qualquer integrante da família com quem eu esteja conversando. A tensão se vai porque esses três dedos os lembram de três palavras: *Pode deixar comigo.*

Pode deixar comigo.

Quando digo "Pode deixar comigo", significa que a pessoa que está ouvindo não precisa levar aquele fardo, preocupar-se, nem buscar uma solução. Eu assumirei responsabilidade pela questão. E, se for algo que eu não consiga resolver, providenciarei o conforto, a estabilidade e a empatia necessários para superar o assunto.

Isso não quer dizer que vou fazer tudo, literal e tangivelmente. Mas quer dizer que darei um jeito para que tudo seja feito.

Em seu papel de homem, ao demonstrar para as mulheres, as crianças ou as pessoas em sua esfera de influência que você é confiável, responsável e assume a função de consertar, resolver ou simplesmente carregar o fardo de algo que não pode ser resolvido, você os libera para que descansem. Você os deixa livres para relaxar porque sabem que podem confiar no homem que provou, por meio de ações passadas, que realmente resolve as coisas.

Não é diferente do que Deus faz por nós quando nos orienta a não nos preocuparmos. Em essência, o Senhor diz:

"Não tema! *Pode deixar comigo.*"
"Não se preocupe. *Pode deixar comigo.*"
"Aquiete-se. *Pode deixar comigo.*"

A maneira como Deus nos cobre por sermos seus filhos é um modelo de como os homens devem cobrir aqueles que estão sob seus cuidados. Cobrir ou dar cobertura para alguém significa nada mais que prover a proteção e a provisão de que o outro necessita, bem como um ambiente para a promoção e o desenvolvimento de sua saúde emocional, espiritual e física. Homem, quando você deixa tudo aos cuidados do Senhor e vive segundo os princípios e o governo divino, a fé que você tem nele transparece em sua maneira de se relacionar com as pessoas à sua volta. Em essência, elas acreditam no "Pode deixar comigo" porque você coloca sua confiança na verdade de que *Deus está no comando*, e essa crença pauta suas ações.

A maneira como Deus nos cobre por sermos seus filhos é um modelo de como os homens devem cobrir aqueles que estão sob seus cuidados.

Um dos retratos visuais que tenho dessa cobertura é a de uma estátua de bronze de uma águia macho cujas asas se espalham sobre a mãe águia e seus filhotinhos. A escultura fica em um lugar proeminente do meu escritório na igreja, para me servir de lembrete de qual é o meu papel para com aqueles que influencio. Como a águia que protege quem está sob seus cuidados, Deus não se senta no sofá e liga a televisão quando alguém necessita dele. Nem sai correndo para trabalhar como desculpa para se afastar. Em vez disso, ele assume a responsabilidade de confortar quem está em crise ou de corrigir a situação.

As pessoas podem deixar com você

Seu destino como homem do reino significa cumprir o motivo designado por Deus para glorificá-lo por meio do avanço de seu reino. Junto com o ímpeto por vitória experimentado por todo homem do reino deve haver uma convicção igualmente forte para oferecer cobertura. Essa cobertura inclui assumir responsabilidade por aquilo que Deus colocou sob seus cuidados. Homem, você pode assumir essa responsabilidade, ainda que se julgue desprovido das habilidades, da sabedoria ou da capacidade para cuidar da situação; basta alinhar-se com Deus, pois *você pode deixar com ele*. É tudo uma questão de alinhamento.

Estar alinhado com Deus significa tomar decisões, profissionais ou pessoais, em consistente harmonia com a Palavra de Deus. Isso quer dizer buscar as Escrituras de maneira intencional e estar regularmente com uma pessoa conhecedora da Bíblia para conversarem sobre algo que você esteja enfrentando. Por exemplo, se está tentando resolver uma questão financeira ou estabelecer firmes princípios financeiros de fidelidade a Deus, você pesquisa tudo o que puder encontrar na Palavra sobre o assunto e começa a aplicar em sua vida.

Quando eu era um jovem recém-casado plantando uma igreja, terminando o doutorado e iniciando o planejamento financeiro para o nosso futuro, li tudo o que consegui encontrar nas Escrituras sobre como administrar o dinheiro que Deus havia nos dado. Então, para ter a certeza de que estava alinhado com a Palavra de Deus, procurei pessoas com conhecimento financeiro e sabedoria divina sobre o assunto. Larry Burkett concordou em se encontrar comigo para me orientar sobre como fazer bom uso do pouco dinheiro que tínhamos como família, a fim de evitar o endividamento, enquanto equilibrávamos as despesas do seminário com a renda reduzida que acompanha o plantio de uma igreja. Esse é um exemplo prático de como se alinhar com Deus de maneira intencional.

No entanto, às vezes surge alguma situação em meu lar ou na igreja que me leva a pensar comigo: "Não vou conseguir dar jeito nisso de maneira nenhuma. É complicado demais, bagunçado demais ou caótico demais, e nada nas Escrituras aborda especificamente os detalhes dessa questão — além do básico de confiar em Deus, ter fé e honrá-lo". Mas sabe o que faço quando isso acontece? A mesma coisa de sempre: levanto três dedos. E os levanto acreditando no que esse sinal significa, não por fingir, mas porque vivo sob a direção de Deus e tenho fé de que posso deixar a situação com ele. Assim, as pessoas ao meu redor podem descansar porque essa é a minha maneira de comunicar a elas que podem abrir mão do fardo; eu vou cuidar do assunto. E o motivo que me faz ter confiança ao dizer isso é saber que posso deixar com Deus. Também o faço para me lembrar de que, em meu papel de homem e líder, posso não gostar do problema — e talvez nem tenha sido eu o causador —, mas faz parte da minha posição resolvê-lo, carregá-lo e cobrir, da melhor maneira que eu puder, quem está enfrentando a dificuldade.

Três dedos.

Pode contar comigo.

Os outros podem contar com você.

Mas lembre-se de que esses três dedos só funcionam se você estiver devidamente alinhado sob o pleno governo do reino de Deus em sua vida.

O texto de 1Coríntios 10.31 nos ensina a fazer tudo — mesmo que seja algo simples como comer ou beber — para a glória de Deus. Estar alinhado com Deus é seguir esse princípio nas dimensões aparentemente triviais da vida, bem como nas mais empolgantes. Alinhar-se é se perguntar de maneira consciente o que Deus pensa, diz ou quer que seja feito acerca do problema. O que o glorificará?

Um homem do reino é o sonho de toda mulher porque, quando ele age de acordo com os princípios do reino de Deus, ela pode descansar sob sua cobertura.

Ela o ouve dizer "Pode deixar comigo" e, quando isso acontece, consegue relaxar.

Como homem, você é responsável. Você deve assumir plena responsabilidade por fazer o melhor para governar tendo em vista seu aperfeiçoamento pessoal e também o dos que estão sob seu domínio. Isso não significa que você tem a obrigação pessoal de resolver toda questão que aparece, mas quer dizer que você é obrigado a supervisionar a solução do problema caso ele ocorra dentro de sua esfera de influência e autoridade.

Ela o ouve dizer "Pode deixar comigo" e, quando isso acontece, consegue relaxar.

Homem, lembre-se também de que *governar* não significa dominar nem controlar, mas liderar com sabedoria. E, conforme veremos no próximo capítulo, enquanto faz isso você deve ter em mente seu chamado para a grandeza. Você foi criado para ser grande. Foi feito para isso. Está à sua disposição. Há homens demais que simplesmente não sabem disso, ou não sabem como alcançar a grandeza que lhes pertence.

Entretanto, por ser um homem do reino, você está destinado à grandeza.

3

O CHAMADO DO HOMEM
PARA A GRANDEZA

Nada pode se comparar à energia que permeia o ar, saturado com o cheiro de suor, de homens bem altos batalhando face a face e mão a mão na busca por nada menos que uma cesta. Tendo sido o capelão que atuou por mais tempo em um time da NBA, após servir os Dallas Mavericks por mais de três décadas, tornei-me extremamente familiarizado com a sensação e o cheiro dessa atmosfera, como se fizessem parte de mim. É ao mesmo tempo empolgante e irresistível. Eu amo!

Não dá para deixar de reconhecer esse ambiente assim que se entra na arena. O ar fica pesado com expectativa e anseio, consumindo todos que se aproximam dos jogadores e da equipe técnica. Dizer que a paixão domina a atmosfera é subestimar a ocasião. É mais como uma dor causada pelo desejo de grandeza.

Quando os Mavericks foram para a final em 2011, dois times de cinco homens em quadra tentaram, com todos os esforços possíveis, provar quem era melhor. Eram homens em missão — homens com um objetivo que consistia em nada mais nada menos que declarar sua grandeza ao mundo inteiro.

Enquanto as mulheres fantasiam sobre relacionamentos, os homens fantasiam sobre grandeza. Enquanto as mulheres fantasiam sobre receber carinhos, os homens fantasiam sobre alcançar conquistas. Nós, homens, queremos *fazer* alguma coisa. Ansiamos por significado, influência e impacto. Esse desejo por grandeza se revela nos esportes que jogamos, em nossas aventuras na natureza ou nos filmes aos quais assistimos. As mulheres podem até gostar de romances com uma bela e tranquila história de amor, mas os homens — a maioria, pelo menos — querem guerra. Queremos ver sangue, batalha, intriga e sentir a adrenalina de perseguir um objetivo. Nós saímos para matar o dragão, tomar o castelo e resgatar a donzela em perigo. Somos homens. Qualquer coisa inferior a isso seria comum, e os homens não anseiam pelo comum.

Os homens anseiam por ser grandes.

Além de ansiar por ser grandes, também desejamos ser reconhecidos como tal. Nenhum jogador do time vencedor do campeonato da NBA vira seu anel para baixo. Ele o mostra a todos, a fim de que saibam o que fez. Aliás, há homens que venceram o campeonato há vinte anos e ainda usam o anel. Mesmo que muito tempo tenha se passado, fazem isso porque querem que os outros saibam de sua grandeza.

Nós saímos para matar o dragão, tomar o castelo e resgatar a donzela em perigo.

Quando um homem passeia de mãos dadas com uma bela mulher, você sabe o que ele deve estar pensando. É possível que queira que o máximo de homens possível o veja, pois deseja que os outros saibam que ele a conquistou, que foi ele o guerreiro a ganhar o coração da bela.

Aliás, o desejo de um homem por grandeza é tão forte que ele pode tentar experimentá-la por meio de outra pessoa. Conforme mencionei antes, uma maneira comum de identificar isso é quando um homem usa uma camiseta esportiva em que se lê o nome de outro homem, e nela sempre está o número de um jogador considerado excelente. Raramente você verá um homem usando a camiseta de um zagueiro ou de um jogador da reserva. Em geral, os homens compram e usam a camiseta do atacante, do centroavante ou de outro destaque do time — e pagam caro por isso.

Quer nos sintamos confortáveis o bastante para admitir isso nos círculos espirituais, quer não, os homens querem ser grandes.

Eu admito, não me importo — eu quero ser grande.

E, se você for brutalmente honesto, aposto que você também quer ser grande.

Mas o que pode surpreendê-lo e o que eu gostaria de sugerir é que, ao contrário do que ouvimos com frequência nos ensinos bíblicos sobre humildade e serviço, Deus também deseja que você seja grande.

Deus não só quer que você seja grande no reino dele, como também o destinou para isso.

A grandeza é a maximização do seu potencial para a glória de Deus e para o bem dos outros. O apóstolo Paulo incentivou as pessoas que estavam sob sua influência quando orientou à igreja de Tessalônica que fizesse "ainda mais" (1Ts 4.1). Ele insistiu que os cristãos de Corinto sempre trabalhassem para o Senhor "com entusiasmo" (1Co 15.58) e buscassem a grandeza em tudo o que fizessem, uma vez que todas as suas obras eram "para a glória de Deus" (1Co 10.31).

Homem, meu desejo é que você experimente essa verdade.

Ouça-me: tudo bem desejar a grandeza. Isso não é algo que você precisa sussurrar quando ninguém estiver ouvindo, nem uma ideia que você precisa reprimir quando estiver à porta da igreja. Reconheço que essa afirmação pode parecer contrária àquilo que você já escutou sobre o chamado para ser manso, humilde e servo de todos. Todavia, a grandeza autêntica nunca nega nenhuma dessas características. Aliás, ela inclui a real definição de cada uma delas.

A força da mansidão

Ser manso não significa andar por aí com o corpo encurvado, cabeça para baixo, fazendo tudo o que pedem as pessoas que o cercam. Isso não é mansidão de maneira nenhuma. De fato, é a tentativa do mundo de enjaular e emascular um homem. É a estratégia do inimigo para castrar o ímpeto masculino e tirar de campo os primeiros corredores do time do reino de Deus. Ao retratar a complacência como virtude e a mediocridade como meta, Satanás faz adormecer o coração dos homens.

A verdadeira definição de mansidão não nega a fome, nem desconsidera a sede. Tampouco remove a paixão pura e livre de falsificações. Não se esqueça de que a paixão em si não é algo ruim. Significa simplesmente desejo. O desejo só se torna mau quando é erroneamente direcionado.

Entretanto, o que Satanás faz é distorcer o que Deus disse, na tentativa de transformar a verdade em uma realidade não mais reconhecível, assim como fez com Eva no jardim. Distorcer a verdade é exatamente o que Satanás continua a fazer em relação à grandeza quando o assunto é mansidão. Mansidão não é fraqueza, conforme muitos foram levados a crer. Mansidão significa tão somente submeter o poder pessoal a um Controle superior — é sujeitar-se ao domínio do reino de Deus.

Números 12.3 nos conta que Moisés era um homem manso. Aliás, foi o homem mais manso de todos: "Era o varão Moisés mui manso, mais do que todos os homens que havia sobre a terra" (RA). Sim, Moisés, o homem mais manso de sua época, liderou uma das maiores e mais corajosas fugas para a liberdade. Só um galã como Charlton Heston poderia interpretar esse homem nas telas de cinema. Moisés era um homem poderoso, cheio de influência e relevância.

Uma vez que Moisés se sujeitou à autoridade divina, Deus fez nele e por meio dele coisas grandiosas. Deus tornou Moisés um grande homem. No entanto, Moisés era considerado manso porque estava disposto a servir aos propósitos de Deus e a refletir a glória divina, em vez de mostrar seu próprio valor.

Homem, o desejo de ser grande nunca pode fazê-lo tentar roubar ou usurpar a glória divina. Esse é um princípio crucial. Separe um momento para destacar isso. A tentativa de roubar ou usurpar a glória divina é o caminho mais rápido para interromper a busca por grandeza e também para impedi-la. Fazer isso equivale a seguir os passos do faraó. Você lembra o que ele disse a Moisés quando este explicou que Deus queria que o povo fosse liberado para partir? O faraó respondeu: "Não". Em essência, estava dizendo o seguinte: "O meu trabalho, a minha carreira e o meu bem-estar financeiro é que estão em jogo, então sou eu quem tomo as decisões aqui. Eu estou no comando".

Toda vez que assumir a mentalidade do faraó acerca daquilo que Deus lhe deu ou pediu, você estará abordando a grandeza por meio do poder, e não da mansidão. E quando alguém tenta demonstrar poder diante de Deus, assim como tentou faraó, Deus rapidamente vai "desengrandecer" esse indivíduo. O Senhor acabou reduzindo o faraó a nada por meio das pragas e da desintegração de seu exército porque esse governante abordou a grandeza de maneira errada. O faraó não estava disposto a se submeter à autoridade divina. Moisés, no entanto, ao se colocar debaixo da proteção do Senhor, testemunhou o sobrenatural invadir o natural, pelo que seu nome entrou para a história e ele se tornou alguém lembrado como um grande homem.

Deus não se opõe à grandeza. Ele é contra o orgulho.

Deus não se opõe à grandeza. Ele é contra o orgulho. Há uma enorme diferença. Infelizmente, não são todos que entendem essa diferença e a colocam em prática.

Deus quer que você seja grande

Deus quer tanto que os homens sejam grandes que, em Gênesis 18.17-18, ele se refere a Abraão não só como um grande homem, mas também como uma grande nação. A passagem diz: "Então o SENHOR disse: 'Devo esconder meu plano de Abraão? Afinal, Abraão certamente se tornará uma grande e poderosa nação, e todas as nações da terra serão abençoadas por meio dele'".

Anteriormente, em Gênesis 12.2, Deus havia dito diretamente a Abraão: "[Eu] o abençoarei e o tornarei famoso".

Em 2Samuel 7.9, Deus ecoa esses pensamentos a Davi ao dizer: "Estive com você por onde andou e destruí todos os seus inimigos diante de seus olhos. Agora, tornarei seu nome tão conhecido quanto o dos homens mais importantes da terra!".

Tenha em mente que é Deus quem está falando. É Deus quem diz a Abraão e a Davi que planeja tornar grande o nome de cada um deles. O próprio Deus daria um jeito de esculpir seus nomes na rocha. Deus garantiria que tais homens não viriam apenas para viver aqui, ficar um tempo e então ir embora. Ele se certificaria de que eles seriam conhecidos para sempre como homens grandes.

Antes de prosseguir, quero fazer uma pausa, pois consigo ouvir suas preocupações. Ouço o que você está dizendo. Suas dúvidas são: "Mas, Tony, você está falando de Abraão, de Davi. Esses *são* grandes homens. Eu não sou um deles. Não passo de um homem comum. Deus nunca disse nada para mim".

Ah, como você está errado!

Ele disse, sim.

Aliás, foi Jesus quem disse, em João 14.12: "Eu lhes digo a verdade: quem crê em mim fará as mesmas obras que tenho realizado, e até maiores, pois eu vou para o Pai".

Esse não é um versículo pregado com muita frequência no meio cristão. Mas não entendo o porquê disso. Trata-se de uma verdade bem direta. Talvez a maioria de nossos pregadores tenha dificuldade em acreditar que algo que parece tão bom possa realmente ser verdade. Entretanto, Jesus disse com toda clareza que quem crê nele pode fazer coisas que nem mesmo ele chegou a realizar na terra. Trata-se de uma realidade poderosa da qual você não pode ficar de fora. É uma verdade do reino. Além de fazer as grandes coisas que Jesus fez, você fará coisas ainda maiores.

Durante seu ministério terreno, Jesus nunca percorreu mais que algumas centenas de quilômetros a partir do lugar onde nasceu. Contudo, o evangelho se espalhou pelo mundo por homens que se propuseram a fazer *obras maiores* na terra.

Bem, se foi Jesus quem disse que faremos "obras maiores" do que ele, então fica evidente que Deus não tem problema nenhum com a grandeza. Nem tem problema em reconhecê-la, conforme vimos anteriormente, quando ele afirmou que tornaria grande os nomes de Abraão e Davi. Toda vez que Deus torna grande o nome de alguém, isso significa que ele está reconhecendo a grandeza.

Portanto, se, na tentativa de ser espiritual, você se esquivou de seu desejo inato por significância, preciso lhe dizer que, ao fazê-lo, caiu direto na armadilha do inimigo. O adversário não quer que você reconheça que a verdadeira grandeza envolve analisar seus dons, talentos, habilidades e capacidade em nome de Deus para a glória do próprio Deus, visando maximizar esses aspectos no esforço de expandir seu impacto sobre os outros.

O objetivo de Deus é fazer seu reino avançar pelo campo da vida e, para isso, está em busca de homens que se colocarão à altura da ocasião em sua busca por grandeza. No entanto, para estar à altura da ocasião que nos torna grande, primeiro é preciso que nos permitamos, nos liberemos e nos sintamos no direito de querer isso. Você foi criado para a grandeza. Tudo bem desejar ser grande. Na verdade, é mais que tudo bem — é uma ordem.

Há homens demais que se satisfazem em permanecer no pelotão de treinamento. Há homens demais satisfeitos em ficar de boa, sobrevivendo ou levando uma vida trivial e comum. Muitos, se não a maioria, dos problemas que enfrentamos hoje ocorrem porque os homens pensam pequeno demais. Ou nem pensam em grandeza, ou pensam nela de acordo com o padrão do mundo.

Imagine se alguns ladrões entrassem em uma loja, mas não roubassem nada. Eles só mudariam as etiquetas. Tirariam uma etiqueta de quarenta mil reais de um Rolex e a colocariam em um relógio mais simples. Pegariam a etiqueta de trezentos reais do relógio mais simples e a colocariam no Rolex. Imagine se fizessem isso com tudo o que houvesse na loja. No dia seguinte, as pessoas entrariam e comprariam um monte de coisas, gastando muito dinheiro em itens sem valor e pouco dinheiro em coisas caras.

Vivemos em uma cultura que trocou as etiquetas de preço da grandeza. Tal cultura dá muito valor a um estilo de vida extravagante, ao passo que atribui pouco valor ao caráter. Ela coloca muito valor em carros e carreira, mas só alguns centavos em integridade, família e impacto.

Deus fica no vestiário de nossa alma com um chamado pessoal por grandeza, a qual só ocorrerá sob autoridade divina e só será expressa mediante esforço para refletir sua glória. Isso é algo que o mundo não diz necessariamente que é valioso, mas é algo que a eternidade considera inestimável. A compreensão do valor da verdadeira grandeza é a chave para experimentar tudo o que você foi destinado a ser.

Grandeza para o bem maior

Quando Tiago e João, conhecidos como Filhos do Trovão, procuraram um lugar de honra no reino de Cristo expressando desejo por significância, os outros dez discípulos se incomodaram e demonstraram na hora sua desaprovação. No entanto, em nenhum momento Jesus corrigiu os dois homens por aquilo que queriam. Afinal, sabia como eles eram formados. Sabia o que havia dentro deles. Tinha consciência de que eram homens, e desejar grandeza no reino de Deus não é errado. Jesus os corrigiu apenas pelo método que almejavam empregar para alcançar a grandeza:

> Vocês sabem que os governantes deste mundo têm poder sobre o povo, e que os oficiais exercem sua autoridade sobre os súditos.

Entre vocês, porém, será diferente. Quem quiser ser o líder entre vocês, que seja servo.

Mateus 20.25-26

Jesus não disse aos homens que não desejassem ser grandes. Não lhes disse que não desejassem significância, influência e capacidade de causar um impacto duradouro. Jesus só lhes disse que não tentassem obter grandeza da mesma forma que os gentios. Estes exerciam grandeza dominando sobre os outros. Mostravam-se grandes mediante jogos de poder e política, de maneira bem parecida com o que acontece hoje. Vivemos em um mundo impulsionado pelo poder. Os homens governam por meio da intimidação, de táticas de medo e influência. Mas Jesus disse: "Entre vocês, porém, será diferente". Os governantes do reino de Deus são bem diferentes dos governantes do mundo, bem como as estratégias que empregam. Jesus não diminuiu a necessidade do homem por grandeza; apenas definiu como obtê-la, a saber, pelo serviço. A verdadeira grandeza tem foco externo e é voltada para os outros. Não se trata de dominação, mas de domínio que beneficia as pessoas ao redor.

Se um zagueiro assume a posse da bola e fica com ela durante todo o restante da partida, por ter gostado do poder que desfrutou quando a teve nos pés, não está usando sua posição para servir à necessidade mais ampla do time. O melhor jogador de qualquer time — de uma empresa, uma família, um ministério ou uma equipe esportiva — é aquele que faz questão de que sua contribuição se encaixe nos objetivos e nas estratégias do time. Isso não quer dizer que ele não pode se destacar ou executar jogadas individuais. Significa apenas que tudo o que realiza deve ser feito em harmonia com o bem maior, a serviço do qual deve estar. A grandeza não está apenas em uma posição ou um título, mas no modo como essa posição ou esse título opera em conjunto com o alvo geral.

Reflita sobre a lua. Ela não tem luz própria. Aquilo que vemos ao testemunhar a grandeza lunar à noite não passa de um reflexo da luz do sol. Embora Deus tenha criado você para ser grande, sua grandeza sempre deve refletir a dele. A grandeza divina foi demonstrada de maneira clara por intermédio do Filho, que não "veio para ser servido, mas para servir e dar sua vida em resgate por muitos" (Mt 20.28). Em outras palavras, sua grandeza deve melhorar, e não piorar, a vida daqueles que estão sob sua influência. Ela deve inspirar outros homens simplesmente pelo fato de eles verem seu impacto para o bem na vida de outras pessoas.

Não se esqueça de que a grandeza tem um aspecto diferente para cada um de nós, conforme nossa posição, nossa personalidade e nosso potencial. Alcançar grandeza não significa que nosso nome sempre estará brilhando sob os holofotes públicos. Quando, em uma partida transmitida em tempo real pela televisão, Drew Brees superou o recorde de número de passes em uma única temporada — marca que antes pertencia a Dan Marino —, fez questão de que o time todo soubesse que o crédito não era somente dele. "Esse recorde não diz respeito a apenas uma pessoa", disse Brees em seu discurso no vestiário. Então, agradeceu ao time, à equipe técnica e a todos os demais envolvidos. Foi por causa da grandeza dessas pessoas que ele conseguiu fazer o que fez.[1]

Alcançar grandeza significa maximizar tudo o que você foi destinado a ser para a glória de Deus e o bem dos outros. Um dos maiores jogadores em um time de futebol americano é o *punter*, responsável por fazer os chutes de devolução. Se ele não se dedicar a levar o time adversário à pior posição possível no campo, o jogo pode mudar. O estado de espírito pode mudar. O placar pode mudar. O resultado pode mudar.

No entanto, poucos torcedores sabem o nome do *punter* do seu time. Ainda assim, conhecido ou desconhecido, ele precisa ser grande.

Conhecido ou desconhecido, você precisa ser grande.

Para um homem do reino, a grandeza começa quando ele se alinha com o objetivo do reino de Deus para beneficiar os outros. Em primeiro lugar, é preciso decidir não apenas querer grandeza, mas também buscá-la seguindo os métodos de Deus. É aí que tudo começa. Eu entendo que essa decisão pode ser difícil para alguns. Talvez você sinta que as circunstâncias da vida lhe entregaram cartas ruins e que tudo está contra você. Isso pode acontecer por motivos diferentes para homens diferentes. Talvez você enfrente preconceito racial ou, quem sabe, foi criado sem pai ou sem uma figura masculina positiva. É possível que você esteja afundado em um buraco financeiro, ou que seus colegas de trabalho ou chefe não estejam sendo justos. Pode ser que sua família hoje esteja em frangalhos, ou que você já tenha se acomodado em uma liderança passiva dentro do lar.

Quaisquer que sejam as dificuldades, nunca permita que elas determinem seu destino. Deus o destinou para a grandeza. Jesus disse que, se você crer nele, *fará* obras maiores que as dele. Cristo não afirmou que talvez você possa fazê-las. Também não alegou que você seria capaz disso. Ele disse que, se você crer, as *fará*.

Pode ter certeza.

4

O PODER DE UM HOMEM
DE VERDADE

Certo homem do Antigo Testamento cria em seu destino de grandeza e isso se revelou em suas ações, apesar das circunstâncias parecerem voltar-se todas contra ele. Se eu fizesse uma pesquisa com todos os que estão lendo este livro agora, suspeito que nem um quarto dos leitores já teria ouvido falar dele. Esse homem não ganhou muita audiência em comparação com tipos como Sansão, Davi ou Josué. Até mesmo a história de Jabez foi contada com mais palavras na Bíblia do que a deste personagem (cf. 1Cr 4.9-10; Jz 3.31; 5.6).

No entanto, se você compreender as duas lições encontradas nos dois versículos sobre esse homem, elas transformarão não só a sua vida, como também o seu mundo. Conforme você verá, foi necessário somente um homem de verdade chamado Sangar para salvar toda a nação de Israel.

Para esclarecer, já que talvez você não saiba muito sobre Sangar, a história desse israelita ocorreu no tempo dos juízes. Como você bem deve saber, o período dos juízes foi uma época de caos sucedida por paz e, em seguida, caos de novo. Era bem semelhante ao que chamamos de era pós-moderna. A era pós-moderna é constituída pelo domínio do relativismo. Não há verdades absolutas, nem diretrizes para governar os indivíduos ou a sociedade. Segundo o registro bíblico, diversas vezes na era dos juízes — e de maneira bem semelhante à nossa experiência com a cultura contemporânea — "cada um fazia o que parecia certo a seus próprios olhos" (Jz 21.25). O que era certo para uma pessoa não necessariamente era certo para outra. Cada um fazia o que queria, sem nenhum governo ou administração mais abrangente. Como você deve imaginar, era uma época terrível para se viver.

Sabemos que o período em que Sangar viveu era amedrontador porque os detalhes de um dos dois versículos sobre esse homem nos revelam isso. Juízes 5.6 declara: "Nos dias de Sangar, filho de Anate, e nos dias de Jael, ninguém passava pelas estradas, e os viajantes tomavam caminhos tortuosos".

As pessoas não viajavam pelas estradas principais. E, quando tinham de viajar, precisavam dar a volta por caminhos menores, alternativos. Uma nação só recorre a viagens por caminhos secundários após ter perdido o controle das estradas principais. Sair em público, naquela época, era colocar a vida em risco. Eram dias de terrorismo nos quais bandos de salteadores e homens irresponsáveis criavam confusão, colocando as mulheres e crianças sob ameaça. A violência dominava a terra de tal maneira que as pessoas precisavam andar pelos arredores das cidades para conseguir chegar aonde precisavam.

Eram dias de terrorismo nos quais bandos de salteadores e homens irresponsáveis criavam confusão.

Mas, então, surge Sangar. Só o nome dele já se parece com o de um super-herói. Pronuncie devagar: *S-a-n-g-a-rrr.* Quase dá para ouvir o rugido no final. Há poder nesse nome. Mais que o nome, porém, o próprio Sangar tinha poder. O outro versículo sobre ele nos fala da dimensão do poder encontrado em um homem de verdade. Juízes 3.31 diz: "Depois de Eúde, Sangar, filho de Anate, libertou Israel. Certa vez, ele matou seiscentos filisteus com um ferrão de conduzir bois".

Sangar, a quem conhecemos hoje como o terceiro juiz menor da história de Israel, não começou a vida assim. Ele se tornou juiz. E, embora as Escrituras não se aprofundem nos detalhes sobre sua vida, podemos chegar a algumas conclusões com base nas normas culturais da sociedade agrária e economicamente confusa em que ele vivia. A primeira é que a vida de Sangar começou de modo bem comum. Levando em conta que ele usou um ferrão de conduzir bois, podemos presumir que era como a maioria dos homens honestos de sua época: tentava sustentar a família como fazendeiro. O ferrão de conduzir bois de Sangar devia ser como o de todos os outros — uma vara de quase dois metros e meio de comprimento, com uma extremidade afiada. A outra ponta do ferrão servia de talhadeira.

Nos tempos bíblicos, quando o fazendeiro seguia um boi de arado e este se tornava vagaroso, o homem o impelia a prosseguir. Da mesma maneira, quando o fazendeiro encontrava uma raiz que não estava brotando como deveria, enfiava a talhadeira bem dentro do solo para retirá-la. O ferrão era uma ferramenta agrícola essencial.

Sangar não era militar, nem político. Contudo, o mais importante que temos a aprender com a vida desse homem é que ele não esperou as coisas ficarem "fáceis" para fazer algo em prol de sua nação. Ele não esperou se tornar grande para fazer algo grande. Não adiou para a semana seguinte aquilo que precisava fazer naquele dia. Sangar salvou toda a nação de Israel sendo fazendeiro.

Lição 1: Pare de dar desculpas

A primeira lição sobre o poder de um homem de verdade é parar de dar desculpas. Deixe de adiar o que precisa ser feito até sentir que está na posição certa para realizar a tarefa. Em vez de reclamar que ainda não é juiz, ou que ainda não foi promovido, ou que não tem todos os recursos que sente necessitar, descubra o que pode fazer agora mesmo e faça. Pare de dar desculpas.

Hoje em dia, há homens demais dando desculpas para o fato de não irem bem no trabalho. Ficam sentados, relembrando dias de glória, quando fecharam o primeiro negócio, criaram a própria equipe ou fizeram a primeira grande compra.

Homem, eu entendo que a vida pode não ser como você gostaria. Compreendo que ela traz desafios que não são resolvidos tão facilmente quanto no parquinho de areia, na quadra ou em épocas menos complicadas. Mas a primeira lição para se tornar um homem do reino que exerce influência e impacto é parar de dar desculpas. Talvez você não esteja na posição em que gostaria. Pode ser que a vida tenha lhe dado um golpe difícil. Você não teve pai. Não teve uma figura masculina positiva. Cometeu erros no lar, na vida financeira, ou pulou de um emprego para outro sem conseguir expressão em nenhum deles. Eu compreendo. Entendo mesmo. Mas o que você pode fazer agora?

Um dos motivos para haver tantos homens cristãos ineficazes em nossa sociedade é que eles estão esperando que algo aconteça antes de saírem para fazer o que podem no lugar onde estão. Se você é fazendeiro e isso é tudo o que você sabe fazer, então precisa perguntar a Deus como ele quer que você use seu trabalho para influenciar e impactar a esfera na qual vive agora.

Talvez você não esteja no emprego dos sonhos, não viva a vida dos sonhos. É possível que esteja literalmente preso em um lugar obscuro, mas pegue a dica de um homem chamado Sangar. Sangar era fazendeiro. Aliás, ele era fazendeiro em uma época na qual todo o mundo à sua volta estava em caos. Se as estradas estavam fechadas por causa de bandidos, como você acha que o fazendeiro conseguiria distribuir seus produtos? Todos os canais de propaganda e distribuição estavam fechados. A segurança econômica de Sangar estava em risco. Todavia, isso não o deteve de salvar a nação inteira com a ferramenta de que dispunha. Sangar estava insatisfeito com a cultura na qual vivia e, em vez de se sentar e lamentar como um comentarista de sofá, decidiu fazer algo. Ele decidiu salvar Israel.

Lembre-se de que Sangar era fazendeiro antes de se tornar juiz. No entanto, caso tivesse dado a desculpa de que era apenas um trabalhador rural, nunca teria se tornado juiz, garanto que não. Sangar se tornou juiz porque libertou a nação. Homem, não espere se tornar grande para dizer: "Ei, agora eu vou fazer alguma coisa!". Não espere se tornar importante para fazer coisas importantes. Sangar não esperou ter uma ferramenta maior, uma arma maior, um nome maior ou um exército maior. Não usou como desculpas o fato de não ter nada daquilo. Ele identificou uma necessidade e a enfrentou com os recursos que tinha à sua disposição.

> *Não espere se tornar importante para fazer coisas importantes.*

O que você pode fazer com o que tem nas mãos?

Como você deve imaginar, por causa desse ministério em que atuo via rádio e televisão e que alcança milhões de pessoas, muitas vezes jovens pastores se aproximam de mim depois que prego em algum lugar ou tentam entrar em contato comigo por telefone ou na igreja. E sempre têm uma pergunta em mente. Eles querem saber como podem chegar aonde cheguei. Esses pastores me abordam para perguntar qual é o segredo. Querem saber: "Tony, como posso conseguir tudo isso também?".

Eu sempre respondo: "Conte-me qual foi a última vez que você pregou em uma prisão. Ou qual foi a última vez que se sentou com um grupo de adolescentes do nono ano para lhes explicar o que é necessário para que se tornem homens do reino". A maioria dos homens não gosta dessa resposta. Não é isso que buscam quando fazem a pergunta. Entretanto, assim como em qualquer carreira ou ministério, se você não estiver disposto a começar do início e a ser responsável no lugar onde está, como espera que Deus lhe dê mais? Nós não fazemos isso com nossos filhos. Por que o Senhor deveria fazê-lo? Se você der uma moeda de um real para seu filho e ele a perder, você lhe entregará duas logo em seguida? É claro que não. Primeiro você quer ver o que seu filho é capaz de fazer com a moeda de um real; só então decidirá dobrar o valor. É importante que os homens parem de dar desculpas para o fato de não estarem maximizando as coisas em sua realidade e de culpar a Deus por não lhes dar mais.

Eu não comecei no rádio, nem na televisão. Ninguém começa assim. Eu comecei quando era um rapazinho de 15 anos, pregando com meu pai e distribuindo folhetos nas esquinas toda semana, na grande cidade de Baltimore, em Maryland. Aliás, às vezes eu literalmente subia em cima de um carro estacionado e pregava para qualquer um que estivesse passando. Meu pai ainda faz piadas comigo sobre isso. Ele fala que eu queria ter a certeza de que todos poderiam me ouvir.

Então, depois de eu ter feito isso por um tempo, meu pai me promoveu a pregar na prisão local. Quando entrei na faculdade, pregava em paradas de ônibus. Quase toda sexta à noite, você me encontraria pregando a qualquer um que quisesse ouvir nos pontos de ônibus de Atlanta. Na época, eu só conhecia um sermão: "Arrependam-se e sejam salvos no nome de Jesus Cristo". E eu o pregava toda semana. Não havia honorários. Não havia pagamento. Na metade do tempo, ninguém nem me olhava — ou, quando olhava, era para dar aquela encarada. Mas, naquela fase da minha vida, aquela era a melhor congregação de que eu dispunha. Não havia nenhuma igreja me convidando para pregar. Deus, no entanto, me convidara para anunciar sua Palavra, então eu não ia ficar esperando uma igreja me chamar. Eu precisava criar uma igreja.

Depois de um tempo, após terminar a faculdade bíblica e o seminário, acabei reunindo dez famílias em minha casa todo domingo de manhã. Elas me chamavam de pastor. Ainda não era muito pelos padrões do mundo e, sem dúvida, insuficiente até para pagar nosso aluguel. Mas era o que eu tinha, então foi o que fiz. Não fiquei sentado reclamando: "Bem, são só dez famílias, e boa parte dessas pessoas são parentes meus. Como vou pagar minhas contas? Preciso arranjar outro emprego e esperar por um templo maior, com mais vidas a serem impactadas, antes de começar a obra de pregação". Não! Transformei em alvo a intenção de impactar aquelas dez famílias para o reino de Deus de todas as maneiras que eu pudesse. A cada domingo de manhã, com dez famílias em casa, eu ficava em pé atrás de um púlpito improvisado e lia linha por linha das notas de estudo e do esboço de sermão que havia preparado para a semana. E, ao longo de anos, bati de porta em porta, levando o evangelho às pessoas do bairro que estava tentando alcançar. Com o tempo, as dez famílias se transformaram em cem e aquelas cem em mil e as mil em quase dez mil.

Basta que você faça o seu melhor onde está, e Deus fará o restante.

Homem, meu desejo é que você se aproprie deste princípio, pois ele mudará a sua vida: basta que você faça o seu melhor onde está, e Deus fará o restante. Ele quer ver o que você fará primeiro com aquilo que já lhe deu, quando ninguém mais está prestando tanta atenção.

O fazendeiro Sangar pegou o recurso limitado de que dispunha, um ferrão de conduzir bois, e o colocou nas mãos de Deus para os propósitos de Deus. Ao fazer isso, ele multiplicou suas possibilidades. Tudo o que Sangar possuía era um ferrão, mas a chave para o êxito era que ele sabia como usar aquele instrumento. Ele olhou para aquilo que tinha em mãos e percebeu que a extremidade afiada poderia ser um míssil voador ou uma lança. Quando dirigiu um olhar diferente para seu recurso limitado, viu que poderia ser usado para muito mais do que havia imaginado inicialmente.

Nunca permita que suas limitações restrinjam aquilo que Deus pode fazer com você. Se você olhar mais de perto para aquilo que tem, pode descobrir, assim como Sangar, que já tem mais que o suficiente para cumprir o plano de Deus em sua vida. Afinal, Moisés tinha apenas um cajado, mas abriu o mar Vermelho. Tudo o que Davi possuía era uma funda e cinco pedras redondas, mas livrou sua nação do inimigo. Sansão tinha apenas a mandíbula de um jumento, mas matou os filisteus. Tudo o que um menino tinha eram dois peixes e cinco pães de cevada, mas Deus usou seu lanche para alimentar cinco mil homens. Nunca olhe apenas para o que você tem. Enxergue o que seu recurso pode vir a ser.

Tudo o que Michael Jordan tinha era uma bola, mas ele passou a valer milhões de dólares por causa dela. Tudo o que Hank Aaron tinha era um martelo — que ele usava como bastão de beisebol —, mas isso gerou negócios de sucesso em todo o sul dos Estados Unidos, prêmios, estátuas em vários campos de beisebol, um campo que recebeu seu nome no Alabama e o ingresso de entrada para o Hall da Fama do beisebol.[1] Sim, você pode ser limitado em recursos ou até mesmo em habilidades, mas, embora Deus nem sempre chame os capacitados, ele sempre capacita os chamados. O que você tem é tudo de que necessita para fazer o que Deus o destinou a realizar agora mesmo. Use isso!

Sangar era um fazendeiro. E mais: aparentemente, todas as circunstâncias se voltavam contra ele. A despeito disso, não deu desculpas. Não esperou ter um diploma de juiz. Simplesmente usou aquilo que tinha.

Lição 2: Avance um passo de cada vez

Após parar de dar desculpas, o próximo princípio que você pode aprender com a vida de Sangar é avançar um passo de cada vez. Por ser fazendeiro, Sangar provavelmente conhecia esse princípio como a palma de sua mão. Sabia que o plantio de um grão de trigo produziria um pedúnculo de três cabeças, cada uma delas com cerca de quinze a trinta novos grãos, o que significava quase cem grãos ao todo. Sangar sabia que, semeados aqueles cem grãos, eles acabariam produzindo dez mil grãos, os quais, quando plantados, representariam um milhão de novos grãos. Esse é o princípio da multiplicação. Nós o usamos nos negócios. Nós o usamos em planejamento estratégico. Nós o usamos no evangelismo e nas missões. Mas, estando bem familiarizado com esse princípio, Sangar o usou em batalha.

Quando olhamos para Juízes 3.31, lemos que Sangar matou seiscentos homens. Se você ler isso rápido demais, pode deixar escapar o fato de que alguém matar seiscentos homens não faz lá muito sentido. Além de ilógico, não parece possível. Mesmo que ele tivesse uma metralhadora em mãos, poderia acertar alguns homens, mas o indivíduo que se lança contra seiscentos adversários uma hora será derrubado.

Como, então, Sangar enfrentou seiscentos homens e permaneceu de pé?

Derrubando um homem de cada vez.

É da mesma maneira que se perde peso um quilo de cada vez, se escreve um livro um capítulo de cada vez e se ganha o Super Bowl uma partida de cada vez. É assim que se faz. Não dá para realizar tudo de uma vez. Se você tentar, não conseguirá avançar muito.

Considerando que Juízes 5 nos conta que, naquela época, ninguém viajava pelas estradas principais da região, podemos presumir que os inimigos de Israel atuavam em conjunto, em gangues. Essa era a única maneira de conseguirem cobrir tanto território de uma vez. Se todas as estradas eram perigosas, isso significa que havia pelotões em pontos esparsos para intimidar viajantes provindos de todas as direções. Assim, ao fazer sua sondagem, Sangar mirou como alvo um grupo por vez. Não atacou os seiscentos homens ao mesmo tempo. Atacou uma gangue aqui e outra ali. E assim os desmantelou.

Uma das maiores desculpas usadas pelos homens ao enfrentar o que parece ser um desafio ou objetivo intransponível é dizer que, se não puderem fazer tudo, não farão absolutamente nada. Mas, assim como o grão de trigo plantado no chão, se você simplesmente enfrentar cada desafio um passo por vez, um dia por vez, um projeto por vez, ficará surpreso ao ver onde acabará.

Muitos homens querem ficar milionários jogando na loteria. Mas cada um de nós já teve a oportunidade de virar milionário: bastava ter economizado cem dólares por mês desde os 18 anos de idade e deixado o dinheiro render. No entanto, como não enxergamos no longo prazo, nem planejamos muito além do que conseguimos ver, pouquíssimos entre nós dão os pequenos passos necessários para alcançar a grandeza.

> *Pouquíssimos entre nós dão os pequenos passos necessários para alcançar a grandeza.*

Um homem salvou uma nação simplesmente porque não tentou salvá-la de uma vez. Ele realizou o que podia onde estava e com o que tinha — e logo fez picadinho de seiscentos! Homem, esse é o segredo. E é um segredo poderoso se você tão somente se apropriar dele e colocá-lo em prática.

Sua origem não determina seu propósito

Há, porém, mais uma lição que podemos extrair da vida de Sangar, algo relacionado ao seu nome. Sangar é um nome incomum para ser atribuído a um herói entre os israelitas, principalmente porque deriva de um radical hurrita que significa "Shimig (o deus) deu". Além de seu nome se revelar claramente desvinculado da língua hebraica, seu sobrenome mostra o mesmo. Ele era conhecido como filho de Anate, ou seja, a etimologia da família de Sangar estava relacionada à deusa cananeia da guerra.[2]

Contudo, embora Sangar não viesse da linhagem certa para ser um juiz hebreu, ele agiu como juiz hebreu antes de ser instituído nessa posição. Sangar não permitiu que seus recursos limitados e sua origem não ortodoxa o refreassem. E você deve fazer o mesmo. Não importa de onde está começando, de onde você vem, as limitações que enfrenta ou as pessoas em meio às quais nasceu e foi criado — Deus pode torná-lo grande.

Quando você escolhe buscar a Deus e os caminhos dele, assim como fez Sangar, não precisa mais ser refém das definições deste mundo. Não precisa mais ser refém da ideia de que talvez não seja inteligente o bastante, rápido o bastante, bem-arrumado, talentoso, influente ou poderoso o suficiente para alcançar a grandeza. O que as outras pessoas pensam ou dizem é irrelevante quando Deus diz algo diferente. Jesus afirmou: "Aquele que crê em mim, também fará as obras que eu faço. E fará obras ainda maiores que as minhas".

Jesus está falando de você.

Você foi destinado para a grandeza. Há algo cuja execução compete a você. Há algo que você ama, com o qual está disposto a se comprometer e que almeja buscar. É o seu destino.

Sim, reconheço que pode ser tarde para alguns. Você pode ter perdido esse propósito, ter se esquecido dele ou mesmo nunca ter sabido qual é. Talvez o sonho de seu destino lhe tenha sido arrancado na infância, ou por seu cônjuge, pelas circunstâncias ou pela dor. Mas todo homem tem um destino. Os homens foram criados para exercer domínio — para governar com sabedoria sobre a esfera na qual foram colocados (sempre lembrando que governar significa liderar de acordo com a vontade de Deus para o bem daqueles que influenciamos).

Lá fora pode haver seiscentos filisteus a serem vencidos, mas você nunca os pegará se estiver esperando para fazer isso depois que conseguir sair da fazenda. Deus está chamando você agora. Ele tem algo para você usar agora. Talvez você não saiba o que é, mas descobrirá se buscar o Senhor. Você tem um ferrão de conduzir bois — aquela ferramenta única que pode ser potencializada, se estiver disposto a tentar.

Homem, para que avancemos dentro do lar, da igreja, da comunidade e da nação, não podemos ser fracos de coração. É preciso que sejamos homens de coragem e nos ergamos à altura devida na realidade onde fomos colocados.

Você é o escolhido

O sucesso de bilheteria *Matrix* enfoca um homem comum chamado Thomas Anderson. De dia, Anderson é um programador de sistemas em uma empresa que não só o usa, como também o entedia. De noite, Anderson tenta ganhar dinheiro extra como *hacker*, mas isso também não melhora muita coisa. Até que, certo dia, Anderson é levado a tomar uma decisão. Ele é conduzido a um lugar no qual lhe explicam que, além da dimensão física e visível na qual ele vive, existe outra que ele ainda não consegue enxergar. Na verdade, essa outra dimensão que ele não vê dita o que acontece na dimensão visível.

Também lhe contam que forças da dimensão invisível destinaram ao desastre a esfera física na qual ele vive — a menos que alguém adentre aquela realidade não visível e intervenha. Alguém como ele, especialmente criado para esse momento. No entanto, para entrar nessa outra dimensão, Anderson precisa fazer uma escolha. Ele não pode viver em ambas as realidades ao mesmo tempo. Precisa abrir mão do comum e previsível para abraçar o poderoso e extraordinário. E deve demonstrar essa decisão engolindo uma pílula vermelha, que o transportará imediatamente para a nova realidade.

Thomas Anderson escolhe tomar o comprimido.

Assim que o engole, deixa de ser simplesmente Thomas Anderson. Em vez disso, ganha um novo nome. Passa a se chamar Neo. Junto com o novo nome vêm roupas novas e um novo conjunto de habilidades e poderes para fazer o que ninguém jamais realizou antes. Ele agora consegue lutar contra cem homens de uma vez. Voar na ionosfera. Deter mil balas — com a mente.

Neo pode fazer qualquer coisa que deseja na nova dimensão. Até encontra um amor, uma bela mulher chamada Trinity, que acreditava nele e sonhara com sua chegada.

O mais importante de tudo, porém, é que Neo descobre seu propósito. Seu significado. Sua essência. Sua razão de existir.

Ele fora levado para a nova dimensão por ser o escolhido para livrar os que estavam presos no ambiente do qual viera, um lugar fadado à ruína.

Neo era *o escolhido*.

Como muitos de vocês sabem, o filme se transformou em uma trilogia. Ao longo de batalhas e guerras, Neo acabou vencendo as legiões que se reuniam contra ele, um exército de milhões de clones chamados Smith. E o mais impressionante é que ele fez tudo isso sendo apenas um. Neo derrotou a todos sozinho.

Ele era *o escolhido*.

Esses filmes são meus preferidos não só por causa da ação e da aventura, mas também por causa da moral que pode transcender a tela e mudar sua vida. Se nós permitirmos — se você permitir, porque, assim como Thomas Anderson, você também tem um propósito. Significado. Essência. Uma razão para existir. Você tem uma batalha para vencer. Um inimigo para conquistar. E uma dimensão para libertar.

Você é *o escolhido*.

A escolha é sua. Você pode tomar a pílula vermelha — aquela que lhe foi oferecida, aquela cheia do poder e da autoridade concedidos pelo sangue de Jesus Cristo — e ser levado ao seu chamado para a grandeza. Ou pode tomar o outro comprimido, somente para terminar de viver os dias de sua existência comum.

Você é *o escolhido*.

Você foi escolhido para fazer a diferença em seu destino, em sua família, em sua igreja, em seu trabalho, em sua comunidade, em sua nação e no mundo inteiro.

Ninguém o forçará a dar o passo e aceitar seu chamado. A escolha é sua. Ninguém o fará tomar a pílula vermelha. É uma decisão que você precisa tomar, algo que determinará se vai permanecer preso e concentrado neste reino — um homem terreno — ou se vai operar e se engajar nos poderes de outro reino, trazendo essa autoridade para influenciar a terra, por meio da escolha de se tornar um homem do reino.

Ninguém o forçará a dar o passo e aceitar seu chamado. A escolha é sua.

Seja *o escolhido.*

5

PREPARE-SE PARA O IMPACTO

Faltando poucos segundos e não havendo mais nenhum tempo técnico permitido na final do campeonato da NFL de 1958, os Baltimore Colts precisavam tomar uma decisão crucial: tentar um *touchdown* ou fazer um gol de campo. Muito embora a atuação de Johnny Unitas, *quarterback* dos Colts, tivesse sido impecável até então, carregando a bola por 62 jardas em um dos movimentos mais conhecidos da história do futebol americano, os Colts ainda precisavam pontuar durante os sete últimos segundos.[1] Perdendo por três pontos dos New York Giants e tendo a bola na linha de treze jardas, é possível que o técnico do time, Weeb Ewbank, tenha se lembrado do gol perdido e da queda no quarto *down*,[2] quando disse a Unitas que fosse "com tudo".[3] Em vez de pontuar, os Colts levaram uma surra dos Giants, perdendo a posse de bola quando faltavam quatro jardas, entregando-a para o time adversário nos *downs*.

Embora um gol de campo apenas empatasse a final, era melhor do que perder. À medida que os segundos se passavam, o *kicker* do Colts, Steve Myhra, seguiu as ordens de Ewbank e saiu correndo feito um louco para chegar à posição. O chute de

Myhra voou pelo ar, passou pelo meio da trave e deixou a NFL em pânico. O placar agora marcava 17 a 17.[4]

Até então, os jogos regulares da NFL que terminavam em empate permaneciam assim. Mas aquela era a final. E mais: tratava-se da final de um esporte que lutava para ganhar notoriedade e fãs, visto que desfrutava de popularidade bem menor se comparado com o beisebol, passatempo nacional. Os jogadores travavam uma batalha ferrenha todos os anos, com hematomas, concussões (e até perna quebrada, nesse jogo em particular[5]), para ganhar pouco respeito nacional e um pagamento irrisório. Sem o apoio econômico de uma base forte de torcedores, o futuro do futebol americano profissional nos Estados Unidos parecia prestes a se assemelhar a uma perda inesperada da posse de bola.

Mas aquele campeonato transmitido nacionalmente via televisão fizera muitos olhos permanecerem grudados na tela, o que sem dúvida abriu o apetite de fãs em potencial. E agora, diante daquele empate em plena final, nenhum dos 45 milhões[6] de espectadores conseguia desviar o olhar.

Eu inclusive.

Por ter crescido em Baltimore, eu sentia que aquele era o meu time. Eram meus Colts. Meu herói de infância no mundo esportivo, o *half-back* do Colts, Lenny Moore, fora um dos primeiros negros a ter a honra de receber o Prêmio Novato do Ano,[7] da NFL, apenas algumas temporadas antes. Eu tinha 8 anos e meus olhos encaravam a tela junto com milhões de outros. Todos estávamos segurando o fôlego e esperando para ver o que aconteceria em seguida.

> *Por ter crescido em Baltimore, eu sentia que aquele era o meu time. Eram meus Colts.*

Técnicos e jogadores também aguardavam.

Então, em uma decisão sem precedentes, os árbitros entraram em campo e anunciaram que o jogo teria prorrogação. Pela primeira vez na história da NFL, por uma decisão tomada basicamente ali mesmo, uma partida foi para a prorrogação.[8] Eu, juntamente com o restante de Baltimore, fiquei feliz quando isso aconteceu, porque, algumas jogadas depois, os Colts conseguiram fazer seis pontos,[9] transformando-se nos campeões da final da NFL de 1958. Desde então, essa final tem sido chamada de "a maior partida já jogada".[10]

Tenho certeza de que você não se surpreenderá se eu lhe disser que os garotos saudáveis de Baltimore se reuniam nas ruas ou no parque local todos os sábados depois disso para jogar futebol americano. Eu já tinha o hábito de jogar *touch football* durante a semana no beco atrás da minha casa e *tackle football* todo sábado no parque da região. Contudo, os Colts venceram não só o campeonato de 1958, mas também o de 1959,[11] então os meninos começaram a aparecer aos montes em nossos jogos, cada um tentando ser como Moore, Unitas ou Raymond Berry.

Não sei o que leva os meninos a essa busca por heróis, mas pode perguntar a qualquer homem quem era sua inspiração quando garoto e ele começará a citar um nome, dois, ou mesmo dez. As realizações dos homens incentivam os meninos a se tornarem como eles. Sem dúvida, as vitórias dos Colts plantaram sonhos no coração e na alma dos garotos de Baltimore. Em consequência, quase todos os meus amigos queriam ser jogadores de futebol americano quando crescessem.

Eu também.

Mas havia outra coisa que eu queria ainda mais quando crescesse.

Eu queria ser homem.

Ser homem

Há algo em ser homem que me estimula. A despeito do que seja, esse estímulo nunca falha em me acordar a cada manhã com o ímpeto de resolver o desafio da vez ou conquistar o objetivo em que venho trabalhando. A autoridade e a responsabilidade que

Deus conferiu de modo ímpar à masculinidade bíblica às vezes foge da minha compreensão. Se nós, homens, conseguíssemos compreender plenamente tudo o que Deus planejou e providenciou para nós, conseguiríamos, além de melhorar nossa vida e a de nossa família, impactar nossas igrejas, comunidades e o mundo inteiro.

Infelizmente, a maioria dos homens parece não entender isso. Grande parte da masculinidade tem sido negligenciada porque os homens não compreendem a perspectiva teológica do que significa ser um homem do reino, ou não vivem de acordo com ela. Quando um homem não vive segundo a definição bíblica de masculinidade, isso se revela em sua vida e na daqueles que estão sob seu cuidado e influência.

Não faz muito tempo, levei meu carro para o mecânico a fim de trocar o óleo e fazer outras manutenções de rotina. Pouco depois de eu ter deixado o carro na oficina, o mecânico me ligou dizendo que havia descoberto outro problema com meu veículo: os pneus estavam se desgastando de forma desigual. No entanto, a questão não eram os pneus. Estava tudo certo com eles. Na verdade, eram pneus da melhor qualidade. O mecânico me explicou, então, que o ponto era o alinhamento do veículo. Ele me disse: "Mesmo que eu troque os pneus, Tony, se eu não consertar o alinhamento, você terá o mesmo problema com os pneus novos".

Substituir os pneus desgastados não resolveria meu problema. Na verdade, seria apenas desperdício de dinheiro na compra de pneus novos que acabariam na mesma condição, ou pior. O problema com meus pneus era que as rodas do carro não estavam corretamente alinhadas.

Atualmente, quando olhamos para nosso mundo, dá para ver muito desgaste e ruptura. Há muito desgaste e ruptura em mulheres maltratadas, abusadas ou negligenciadas. Há muito desgaste e ruptura em crianças esquecidas, desencaminhadas ou abandonadas. Há muito desgaste e ruptura em igrejas que se dividem, permanecem estagnadas ou falham no desenvolvimento de homens que entendam o significado de uma vida plena ou o alto chamado ao discipulado. Há muito desgaste e ruptura em nossa sociedade à medida que guerras econômicas, educacionais, raciais, criminais, sociais e de saúde desmantelam nossa estabilidade.

Todavia, não podemos resolver nenhuma dessas questões sem primeiro abordar a causa de todas elas. Pois, se tudo o que fizermos for substituir uma esposa por outra, uma carreira por outra, um sistema educacional ou de saúde por outro, uma identidade por outra, uma igreja por outra, ou entregar nossos filhos para pseudobabás representadas por jogos de computador, televisão, círculos sociais ou escola, acabaremos exatamente com os mesmos problemas.

Homem, nós não temos um problema com a esposa, a família, os filhos, a comunidade ou o emprego. Nós temos um problema de homem. Por mais difícil que possa parecer, tudo se resume a você. E se resume a mim também. Resume-se a nós. Pois, se um homem está desalinhado em relação à prescrição divina para a masculinidade, isso atrapalha não só esse indivíduo, mas todo e qualquer um que entrar em contato com ele, especialmente se estiver sob sua autoridade.

Uma das principais causas para as crises que enfrentamos hoje em tantas arenas é a existência de homens que não se alinham com os propósitos do reino de Deus. Enquanto esse alinhamento não é acertado, o desgaste e a ruptura se perpetuarão. O resultado é que os escritórios pastorais e de aconselhamento, como o meu, continuarão a transbordar de gente afetada por essa condição.

Que tipo de homem é você?

Muitos homens não estão alinhados com Deus porque derivam sua definição de masculinidade de fontes ilegítimas, inadequadas ou errôneas, incluindo a mídia, homens influentes em sua vida, o lar no qual cresceram ou até mesmo músicas que ouviram. Mas há muito mais em ser homem do que essas fontes afirmam. Ser um homem do reino implica exercer autoridade e responsabilidade junto com sabedoria e compaixão. Um homem do reino alinha intencionalmente sua vida, suas escolhas, seus pensamentos e suas ações ao senhorio de Jesus Cristo. Ser um homem do reino envolve mais que meramente a identificação de sexo masculino em sua certidão de nascimento. Na verdade, um homem pode cair em três categorias diferentes.

Todos os homens começam na primeira categoria, a saber, *ser macho*. Ser macho tem a ver somente com a identidade sexual. No passado, isso era descoberto por ocasião do nascimento, mas, com a tecnologia do ultrassom, pode se saber com bastante antecedência se o bebê dentro do útero é macho ou não. Infelizmente, alguns homens permanecem a vida inteira definidos somente pela identidade sexual.

A segunda categoria pela qual todos os homens passam e na qual muitos permanecem é *ser menino*. Ser menino diz respeito à imaturidade aliada à dependência. Uma coisa verdadeira acerca de qualquer menino é que ele é imaturo. Os meninos não tomam decisões por conta própria, e não há problema nenhum nisso — *quando se tem 7 anos de idade*. Contudo, o difícil hoje é que temos muitos homens que já passaram dos 7 anos há bastante tempo e continuam procurando uma pessoa que tome conta deles. Estão em busca de alguém que seja responsável por eles. Querem alguém que limpe a bagunça que fazem — não só física, mas também a bagunça emocional, financeira ou relacional que deixam em seu rastro enquanto correm pela vida tomando decisões tolas ou egoístas. Qualquer esposa que precise tomar conta do marido está, na verdade, cuidando de um menino, pois essa é uma característica da meninice. Embora seja rara a mulher que goste de admitir sua idade, tem sido raro o homem que age conforme a soma de anos que viveu, deixando um legado de confusão mundana em vez de um impacto duradouro do reino para o bem.

Há diversos problemas conjugais que derivam da tentativa de viver nessas duas categorias ao mesmo tempo — ser macho e ser menino. Nessa combinação, além de se mostrar irresponsável e dependente, o homem também exige satisfação sexual baseada em sua identidade de macho. Isso leva a padrões relacionais conflitantes, que não

Os meninos não tomam decisões por conta própria, e não há problema nenhum nisso — quando se tem 7 anos de idade.

só causam confusão no casamento, como também levam a esposa a se sentir usada. Que mulher quer ter intimidade com alguém cuja bagunça ela precisa limpar, de quem precisa cuidar como se fosse uma babá e a quem precisa acordar para ir à igreja? Sua mente lhe diz o seguinte: se ele pode ser homem na cama, então por que não pode ser homem na sala, no escritório, na vida financeira, no papel de pai ou no relacionamento conjugal? É uma pergunta justa a se fazer.

Mas não é só o casamento e a família que sofrem quando os homens se perpetuam na condição de meninos. A igreja, a comunidade e o país sofrem também. Sempre que há uma ausência de homens, seja ela física, seja apenas pela definição do que significa ser um homem do reino, o impacto é semelhante ao de um *tsunami*.

Quando Deus quis enfraquecer o domínio egípcio sobre os israelitas escravos, seu ato definitivo foi exterminar os primogênitos do sexo masculino. Ao fazê-lo, ele praticamente eliminou uma geração de líderes, pois, historicamente, homens primogênitos costumam ocupar as posições elevadas na sociedade. Aliás, tal realidade não é encontrada somente nos registros da cultura egípcia antiga. Isso ocorre também na sociedade contemporânea.

No livro *Mais velho, do meio ou caçula*, o autor, dr. Kevin Leman, apresenta algumas estatísticas interessantes sobre os homens primogênitos. Mais da metade dos presidentes dos Estados Unidos eram os primogênitos da casa. E todos os 23 astronautas que dirigiram o programa espacial norte-americano se classificam como primogênitos do sexo masculino — 21 primogênitos de fato e 2 filhos únicos. Até mesmo o papel de pastor titular é ocupado com mais frequência por homens primogênitos,[12] e o total de CEOs primogênitos supera o número de CEOs categorizados em qualquer outra ordem de nascimento.[13] Ao extirpar os homens primogênitos do antigo Egito, Deus não só afetou a situação da nação naquele momento, como também as gerações vindouras.

Infelizmente, com o aumento da promiscuidade e o número excessivo de filhos, em especial primogênitos, de mães solteiras (o recorde norte-americano ocorreu em 2010: 40,6%, de acordo com o National Vital Statistics Report [Relatório Nacional de Estatística Vital]), temos um país em risco. No capítulo 2, já vimos as consequências que sobrevêm a filhos que crescem em lares sem pai; e 40% de todos os bebês que nascem nos Estados Unidos são levados para lares desse tipo. Esse número é maior entre as crianças negras, chegando a 72%.[14] Homem, não se esqueça: as mulheres não conseguem ficar grávidas sozinhas. Esse é um problema masculino.

Uma nação desprovida de homens do reino que a liderem sucumbe a muitos males. Conforme revelado em Isaías 3.12, uma cultura enfrenta problemas quando é difícil encontrar homens de verdade: "Líderes imaturos oprimem meu povo, mulheres o governam. Ó meu povo, seus líderes o enganam e o conduzem pelo caminho errado".

Quando os homens abdicam das posições que o Senhor lhes conferiu, no pior dos cenários uma sociedade inteira pode vir a sofrer a ira de Deus, e no melhor deles, pode experimentar a falta da bênção divina. Em Malaquias 4.4-6, Deus disse aos homens o que era necessário acontecer para escaparem de sua maldição:

> Lembrem-se de obedecer à lei de Moisés, meu servo, a todos os decretos e estatutos que dei a todo o Israel no monte Sinai. Vejam, eu lhes envio o profeta Elias antes da vinda do grande e terrível dia do Senhor. Ele fará que o coração dos pais volte para seus filhos e o coração dos filhos volte para seus pais. Do contrário, eu virei e castigarei a terra com maldição.

Conforme registrado em Ezequiel, Deus enviou seu juízo sobre toda uma cultura em consequência direta da ausência de masculinidade bíblica. Ele disse: "Procurei entre eles um homem que erguesse o muro e se pusesse na brecha diante de mim e em favor desta terra, para que eu não a destruísse, mas não encontrei nenhum" (Ez 22.30, NVI). Quando o Deus onipotente e onisciente não consegue encontrar um homem, o problema é sério. Se um Deus que sabe de tudo e conhece a todos não consegue encontrar um homem para se colocar na brecha em favor da nação inteira, então deve ser difícil haver homens de verdade. O problema de Deus não era simplesmente localizar alguém do sexo masculino ou um garoto. Deus não conseguia encontrar um homem que atendesse à sua definição de masculinidade.

Quando o Deus onipotente e onisciente não consegue encontrar um homem, o problema é sério.

A definição divina de homem do reino tira o homem do papel de macho ou de menino e o coloca em uma terceira categoria: *ser masculino*. De maneira mais específica, ele é elevado à categoria da masculinidade bíblica. Isso acontece quando o homem entende os princípios e as verdades da Palavra de Deus, adere a eles e os coloca totalmente em prática.

A responsabilidade é crucial. Embora não possa controlar as circunstâncias de sua vida ou daqueles com quem convive, você sempre tem controle sobre como reage e o que tenta conquistar em determinada situação. No ano em que Tony Dungy atuou como técnico do Indianapolis Colts e levou seu time à vitória no Super Bowl, eu e ele orávamos regularmente por telefone. Ao longo de toda a temporada, nós oramos — não só pela vitória no campeonato, mas também para que Deus fosse glorificado por meio dela. Aliás, eu nunca me esquecerei de quando Tony me ligou na semana do Super Bowl e disse: "Perdendo ou ganhando, esta é minha oração: quero ter a certeza de que estou engrande-cendo o nome de Deus". E foi isso que ele fez.

Todavia, o caminho de Tony Dungy até o Super Bowl não foi pavimentado em ouro. Em vez disso, foi uma estrada longa e difícil, cheia de obstáculos e desafios. Certa vez, Tony contou como seu pai o havia ensinado a enfrentar os desafios da vida como homem. Assim como eu e muitos outros, Tony cresceu em uma época de segregação racial e escolas separadas, mas não iguais. O pai de Tony trabalhava como professor em um sistema escolar com ferramentas desiguais, equipamentos desiguais, livros didáticos de-siguais, estrutura desigual, pagamento desigual e, com frequência, até mesmo número de funcionários desigual. Tony relata que seu pai sempre se mantinha fiel ao chamado que Deus lhe fizera para instruir os alunos em um ambiente desigual, mas da forma mais igualitária que pudesse. Ele dizia que se seu filho Tony e os outros alunos não podiam frequentar escolas mais bem equipadas para o ensino e o preparo das crianças então, dependia dele dar-lhes edu-cação de mesmo nível, da maneira que pudesse.

Tony Dungy conta que seu pai o ensinou a nunca reclamar. Foi um modelo da responsabilidade que caracteriza a masculini-dade, qualquer que seja oposição que venha a enfrentar. Ele ensi-nou Tony a administrar o trabalho da melhor maneira possível, com os recursos que se tem em mãos. Nunca pediu a Tony e aos outros alunos que ignorassem o fato de a segregação e o racismo serem injustiças, mas não queria que passassem o tempo inteiro concentrados no que não podiam mudar em vez de assumir responsabilidade por aquilo que podiam.

Por causa disso, Tony conta que se emocionou alguns anos atrás quando ele e os jogadores do Indianapolis foram até a Casa Branca para receber os cumprimentos do presidente dos Estados Unidos por haverem ganhado o Super Bowl. O pai de Tony trabalhara a poucos quilômetros *Tony Dungy conta que seu pai o ensinou a nunca reclamar.* da Casa Branca, lecionando em escolas desiguais e segregadas. E ali estava Tony, o primeiro técnico afro-americano a vencer o Super Bowl. Isso aconteceu, em grande parte, porque seu pai foi exemplo do que significa assumir responsabilidade por aquilo que podemos controlar, enquanto esperamos que o Senhor mude aquilo que nos escapa ao controle. Seu pai viveu alinhado com Deus e se manteve responsável por aqueles que estavam sob seus cuidados.

As dificuldades que enfrentamos em nossa vida, família, igreja e comunidade não estão fundamentalmente ligadas às nossas diferenças de personalidade ou à situação em que vivemos. Os problemas que enfrentamos hoje estão essencialmente ligados àquilo que Adão deu início no jardim: falta de alinhamento. O diabo tem tentado explorar defeitos de personalidade, diferenças, contextos, histórias e questões relacionais, mas o que lhe abre a porta para distorcer, subverter e tirar vantagem nessas áreas é o fato de nos encontrar fora de alinhamento. Em consequência, aqueles pelos quais somos responsáveis e que se encontram sob os nossos cuidados acabam afogados no rastro do nosso caos. O alinhamento não é uma mera sugestão! Ele é essencial para que coloquemos em prática a razão divina de nossa existência.

Mulheres e crianças primeiro

No dia 26 de fevereiro de 1852, por volta das duas horas da manhã, um navio da marinha real britânica, o HMS *Birkenhead,* com 643 pessoas a bordo, chocou-se repentinamente contra uma rocha próxima à costa de Point Danger [Ponto do perigo], local com nome muito apropriado. Tendo partido pouco tempo antes da Cidade do Cabo, África do Sul, o navio estava a algumas horas do destino final. A embarcação a vapor com rodas de pás e casco de ferro tinha em sua maioria militares como passageiros, mas, como era o costume na época em áreas de relativa segurança, também havia esposas e filhos a bordo.

O irreparável dano causado ao imenso navio abriu um buraco em sua curvatura entre o pique-tanque de vante e a praça de máquinas. De fato, vinte minutos após a colisão com a rocha, o navio se esfacelou em milhões de pedaços impossíveis de resgatar, naufragando rumo ao esquecimento. Mas aqueles vinte minutos finais foram decisivos não só para os que estavam a bordo do HMS *Birkenhead*, como também para incontáveis vidas desde então.

Poucos instantes após o impacto, tanto o capitão do navio, Robert Salmond, quanto seu braço direito, o tenente-coronel Alexander Seton, compareceram ao convés. A maioria dos tripulantes tinha menos de um ano de experiência militar, pelo que o capitão e o tenente enfrentavam um caos em potencial. Em uma primeira avaliação, ficara claro que o dano faria o navio afundar em minutos. A única esperança de sobrevivência naquelas águas infestadas de tubarões, a cerca de cinco quilômetros de distância da terra firme, eram os oito botes salva-vidas disponíveis. Infelizmente, somente três daqueles botes conseguiriam ser colocados na água. Os outros cinco não dispunham de correntes por causa dos prejuízos causados pela exposição à chuva.

Assim que todos chegaram ao convés, o tenente-coronel Seton logo estabeleceu a ordem.

A história não registra que Seton ou Salmond tenham usado as palavras exatas "mulheres e crianças primeiro", mas todos os que sobreviveram ao naufrágio disseram que eles deixaram perfeitamente claro quem teria prioridade para entrar naqueles três botes salva-vidas. Até então, em embarcações navais ou militares, nos momentos de emergência durante uma guerra, era cada um por si. Mas aquele navio carregava algo precioso: mulheres e crianças. Os que estavam no comando não permitiriam desordem numa situação daquelas. Primeiro, encheram os botes com mulheres e crianças. Em seguida, seguiram o protocolo conhecido como "ordem funeral", colocando os mais jovens primeiro.

Em dez minutos, os três botes ficaram cheios e foram baixados para que se distanciassem da região do naufrágio. Contudo, enquanto o *Birkenhead* balançava e começava a se partir em ruína final, os homens que ainda estavam no navio correram mais um risco: a chaminé da embarcação se desprendeu de sua base e caiu. Isso fez aumentar a ansiedade e, por um tempo, chegou a alterar a formação em que estavam os remanescentes. Seton, que conhecia muito bem a ruína causada pela desordem, não aceitou aquilo. Bradou rapidamente para que os homens reassumissem suas posições. E eles o fizeram de imediato.

No entanto, quando o navio começou a dar suas últimas guinadas em meio à calma lúgubre que precedia seu fim, os homens começaram a entrar em pânico, ameaçando pular no oceano e nadar rumo aos barcos. Na verdade, até mesmo o capitão Salmond incentivou os homens a pularem na água e correrem para os botes.

Certos de que isso significaria a morte inevitável das mulheres e crianças que ocupavam os botes, dois oficiais de baixa patente, os capitães Wright e Girador, ergueram a espada no ar e ordenaram aos homens que permanecessem onde estavam.

Sem hesitar, todos os homens se mantiveram em seu lugar, em forte submissão.

Sem hesitar, todos os homens se mantiveram em seu lugar, em forte submissão, mesmo quando o navio se partiu debaixo deles e as águas tragaram a maioria para a morte certa. Poucos foram os que conseguiram nadar os cinco quilômetros até a praia e sobreviver aos ataques dos tubarões. A maior parte morreu, inclusive o tenente-coronel Seton e o capitão Salmond.

Contudo, todos os que estavam nos três botes salva-vidas sobreviveram.

Muitos foram os homens de bem que perderam a vida naquele dia para que algumas mulheres e crianças pudessem viver. Pouco tempo depois, os sobreviventes relataram que, mesmo enquanto o navio afundava, nenhum dos homens que lutava para sobreviver naquelas águas frias e infestadas de tubarões tentou se aproximar dos botes. A ordem fora dada. Eles receberam a instrução de permanecer firmes. Graças a isso, todas as mulheres e crianças se mantiveram seguras.

Instantaneamente, "Mulheres e crianças primeiro" tornou-se o protocolo não só para futuras emergências marítimas na Grã-Bretanha, mas também para muitas situações de perigo em todo o mundo. Uma história do regimento da infantaria britânica conhecido como 74th Highlander diz que a ação no navio *Birkenhead* "lança mais glória sobre aqueles que participaram dela do que cem batalhas bem travadas".[15]

Se homens exaltados houvessem superlotado os botes salva-vidas naquela manhã fria de fevereiro perto da costa de Point Danger, é provável que todos os passageiros, inclusive os próprios homens, teriam perdido a vida quando os barcos afundassem em meio ao caos.

No entanto, como aqueles indivíduos honravam os valores do reino colocados diante deles, não só as mulheres e crianças sobreviveram, como também o legado de tais homens.

Homem, nós servimos a um reino. Deus é nosso Rei. Cristo é nosso cabeça, nosso líder. E ele nos pediu que permaneçamos firmes em nossos postos. Ele nos pediu que prestemos lealdade completa à ordem de Cristo por meio de sua liderança em nossa vida, seja qual for o custo. É nossa responsabilidade como homens garantir que os que estão sob os nossos cuidados — aqueles que dependem de nós dentro de nossa esfera de influência — tenham todas as oportunidades de receber proteção, provisão e segurança. Se não lhes assegurarmos isso, não apenas eles acabarão sofrendo, mas outros também.

Permaneça em seu posto

Embora eu tenha gostado demais de assistir a cada minuto da final do campeonato da NFL de 1958 e de ver os Colts, da minha cidade natal, ganharem o título não só uma vez, mas de novo no ano seguinte, mesmo quando criança eu sabia que queria algo mais que apenas jogar futebol americano. Assim como muitos outros garotos, eu sonhava em crescer e jogar profissionalmente. Mas algo dentro de mim dizia: "Não importa o que você fizer, Evans, faça direito. Seja um homem de verdade".

Quando mencionei meu herói esportivo da infância, o jogador de futebol americano Lenny Moore, não contei que ele não era meu único herói. Havia alguém que eu admirava ainda mais. Aquele que eu mais admirava quando menino usava uma capa em vez de um capacete. Ele voava em lugar de correr. Às vezes, as pessoas o chamavam de Clark. Em outras ocasiões, ele era o Super-Homem. Conforme já disse, eu queria ser um homem. Queria *ser* o Super-Homem. Eu almejava uma vida que beneficiasse os outros, combatesse os caras maus, resgatasse os fracos e cativasse o coração da Lois a cada aventura.

Nunca usei uma capa, com exceção do dia em que me formei no seminário, e nunca aprendi a voar, exceto como passageiro frequente de aviões comerciais para pregar pelo país. Mas tive a sorte de cativar o coração da minha Lois, que permanece fielmente ao meu lado já há mais de quarenta anos. E, em meu papel de homem, transformei em meta diária cumprir minhas responsabilidades, bem como buscar o bem-estar de toda e qualquer pessoa a quem eu vier a impactar de forma legítima dentro de minha esfera de influência.

Posso não ter me tornado o Super-Homem, mas não foi por falta de tentativa. Mesmo naqueles momentos, horas ou dias em que não consegui viver à altura do meu herói de infância, já que ninguém é perfeito, algo dentro de mim não deixava a ideia ir embora. Eu não conseguia fugir dela. Era meu objetivo.

Algo importante a se lembrar acerca do Super-Homem é que ele não vinha da terra. O Super-Homem pertencia a outro reino, que operava de acordo com outro conjunto de regras. Assim como a equipe de árbitros de futebol, ele funcionava em conformidade com um livro diferente, segundo um nível de autoridade diferente. Por causa disso, era capaz de transformar o ordinário em extraordinário aqui na terra.

> *O Super-Homem pertencia a outro reino, que operava de acordo com outro conjunto de regras.*

Da mesma maneira, você, homem do reino, não é desta terra. As Escrituras deixam claro que você se sentou com Cristo no reino celestial (Ef 2.6). E, por causa disso, opera de acordo com um conjunto de regras sustentado pela autoridade de um reino que, quando usada da maneira correta, tem poder para transformar sua existência comum em uma vida extraordinária.

Ser um homem do reino é mais que ser apenas um ótimo jogador de futebol, um ótimo empresário, um líder comunitário de sucesso ou um homem rico. Ser um homem do reino envolve ser o herói que se alinha sob a liderança e o senhorio de Jesus Cristo para que tenha total acesso ao poder e à autoridade do próprio Cristo, impactando e influenciando positivamente tudo e todos dentro de sua esfera.

O homem do reino segue o modelo do maior Homem do Reino de todos, que, há mais de dois mil anos, resgatou um mundo em perigo quando, em vez de chamar doze legiões de anjos para livrá-lo da cruz, voluntariamente se submeteu às ordens de seu Capitão e Rei — permanecendo firme em seu posto em prol de todos que, de qualquer outra maneira, teriam se perdido.

6

O QUE REALMENTE SIGNIFICA SER O CABEÇA

Não faz muito tempo, minha esposa Lois e eu separamos um tempo para ficar juntos por alguns dias. Viajamos para a Ásia Menor e participamos de uma expedição pelas ruínas nas quais o apóstolo Paulo transitou. Lois é uma grande fã de história e o entusiasmo dela, aliado ao meu, tornou a viagem inesquecível. Um dos lugares que me impactou de forma mais profunda foi Corinto. Isso aconteceu porque, entre as ruínas escavadas dessa cidade, havia um *bema*. Paulo fez referência a *bemas* (ou assentos de juízos) diversas vezes como ilustração terrena de onde Jesus Cristo examinará cada um de nós, de acordo com nossa fidelidade ao chamado divino para nossa vida.

Aquele *bema* se elevava sobre uma plataforma muito alta, tendo outrora servido de local de discursos políticos, aparição pública de oficiais, bem como de pódio onde os vencedores dos jogos atléticos eram coroados com seus lauréis. Na ilustração de Paulo, o *bema* era um lugar onde se recebiam recompensas inteiramente baseadas em desempenho pessoal.[1]

No entanto, quando Paulo fala do *bema* como um local onde o indivíduo recebe a recompensa por sua conduta cristã, o que muitos homens deixam de perceber é que nesse lugar a pessoa também reconhece aquilo que perdeu por não ter vivido uma vida cristã (tanto 2Co 5.10 quanto Rm 14.10-12 falam sobre comparecer perante o trono do juízo). O que o *bema* revela é se você foi um homem do reino na terra, adequadamente alinhado sob a autoridade de Jesus Cristo, ou se foi um homem terreno. Seu êxito em viver para fazer avançar a causa de Deus na história determinará os direitos e privilégios que lhe serão concedidos durante o reinado milenar de Cristo.

Vivemos em uma sociedade cheia de ensinos bíblicos ministrados em praticamente uma igreja em cada esquina, e também por meio das ondas do rádio e da televisão, mas o que me preocupa é o número de indivíduos que não vivem à luz do *bema*. Isso me incomoda porque, se negligenciarmos quão extenso, quão real, quão tangível e quão autêntico será esse reinado de Cristo por mil anos — do qual nós, cristãos, participaremos —, é possível que um dia venhamos a comparecer diante do *bema* somente para lamentar a perda por não termos enfocado nossa vida no reino de Deus. São mil anos! É tempo demais, não importa quanto você tente dividi-lo. Agora é o momento de se posicionar, seja como varredor de ruas, seja como governante de vilas, cidades e nações, e esse posicionamento é baseado na maneira como você se alinha sob a liderança de Cristo e a agenda de seu reino.

O principal princípio que molda seu destino como homem do reino, tanto agora quanto no futuro, envolve o conceito de alinhamento e liderança. Paulo apresentou essa verdade no contexto da caótica igreja de Corinto, localizada bem no coração da cidade mais libertina do primeiro século.

Se você já leu 1Coríntios, sabe que capítulo após capítulo traz um problema depois do outro. Em Corinto, tudo estava fora de ordem. Aliás, cada um fazia o que queria, o que resultava em uma quantidade inédita de divisão, dor e confusão dentro da igreja. O que se via não tinha precedentes naquela época, embora agora seja, com frequência, considerado normal. No entanto, quando Paulo escreveu à igreja de Corinto, precisou lidar com o caos, conduzindo aquela gente de volta ao princípio. Por causa do tamanho da bagunça, teve de levá-los novamente para os fundamentos da fé.

Em Corinto, tudo estava fora de ordem. Aliás, cada um fazia o que queria.

As palavras de Paulo são tão icônicas que me lembram o lendário técnico de futebol Vince Lombardi no dia em que revelou a seus jogadores que o time que defendiam, o Green Bay Packers, passava por dificuldades. A cena ecoa com clareza na mente de todos nós, tenho certeza. Com uma bola de futebol americano em mãos, Lombardi se virou para encarar o ambiente cheio de atletas profissionais que tinham metade de sua idade e o dobro de seu tamanho e, então, disse: "Senhores, isto é uma bola de futebol".[2]

Lombardi acabara de fazer a declaração mais simples da história do futebol americano.

A lição do técnico era que, antes de os jogadores poderem ir além, primeiro deveriam dominar o básico. O mesmo é verdadeiro no que diz respeito a ser um homem do reino. Homem, antes de irmos mais fundo nas áreas de autoridade, domínio e governo corajoso, Paulo disse que devemos começar com o básico no que diz respeito a alinhamento e liderança. Não dá para ir mais fundo sem primeiro se apropriar disso, já que tudo o mais depende desses dois elementos. Paulo escreveu em 1Coríntios 11.1,3: "Sejam meus imitadores, como eu sou imitador de Cristo. [...] Quero que saibam de uma coisa: o cabeça de todo homem é Cristo, o cabeça da mulher é o homem, e o cabeça de Cristo é Deus".

Não dá para ser mais básico que isso. Cristo é o cabeça de todo homem.

O homem é o cabeça de *uma* mulher.

E Deus é o cabeça de Cristo.

Qualquer pessoa que me conheça bem sabe que abordo as coisas de trás para a frente. Começo com o objetivo final ou a grande lição e depois volto para ver como esse alvo foi alcançado ou como deveria ser atingido. Agora que você sabe disso, não ficará surpreso ao ver que começarei a analisar esses versículos iniciando pelo final.

Deus é o cabeça de Cristo

Para começar, vejamos o que significa a ideia de *cabeça*. O conceito de "cabeça" vai muito além de meramente delinear uma autoridade. A ideia de ser cabeça inclui cobertura, provisão, proteção, orientação e responsabilidade. Essas características definem o relacionamento de Cristo como o cabeça da igreja. Em Efésios 5.25-33, lemos que o homem deve imitar a Cristo, como cabeça, em seu casamento.

O termo grego que Paulo usou para "cabeça" nesse versículo é *kephale*,[3] que denota a cabeça física posicionada sobre o corpo de um ser humano ou animal. Como você sabe muito bem, a cabeça é o centro de comando de quatro dos cinco sentidos corporais. Ela faz muito mais que tomar a decisão final acerca de qualquer coisa. De fato, quando Herodias, a esposa do rei Herodes, quis deter as críticas de João Batista acerca de seu casamento, só precisou pedir ao marido que lhe apresentasse a cabeça de João em uma bandeja. Sem cabeça, João Batista não poderia fazer mais nada. A cabeça é crucial para o funcionamento de tudo o que se encontra sob sua influência, seja um corpo físico no sentido literal, seja uma pessoa, seja um grupo específico no sentido metafórico.

"Ser cabeça" não está relacionado à essência ou ao que se é, mas, sim, a uma função. Sabemos que o ser ontológico de Cristo tem a mesma essência de Deus, mas, quando desceu à terra, Jesus veio em sujeição a Deus para executar o plano divino. A teologia também nos diz claramente que Jesus é igual a Deus. Ser cabeça não determina nem reflete falta de igualdade. Aliás, o próprio Jesus afirmou com clareza: "O Pai e eu somos um" (Jo 10.30). De igual maneira, "ser cabeça" não nega a unidade. Em vez disso, cabeça tem a ver com função.

Se cabeça não fosse função, a crucificação nunca teria acontecido. Jesus nunca teria sido enterrado. Ele nunca teria ressuscitado. Em resultado, nós nunca teríamos redenção, justificação, santificação, nem poderíamos aguardar com expectativa a glorificação. Pois, no Getsêmani, enquanto suor e sangue se misturavam e escorriam de seu corpo, Jesus expressou com clareza que, se houvesse alguma chance de não completar o plano à sua frente — a cruz —, ele desejava tal possibilidade. Mas, como entendia os princípios de seguir o cabeça e vivia segundo esses princípios, Jesus sujeitou sua reticência à vontade do Pai, dizendo: "Pai, se queres, afasta de mim este cálice. Contudo, que seja feita a tua vontade, e não a minha" (Lc 22.42).

A melhor ilustração que já houve da natureza crucial e do cumprimento do princípio bíblico do cabeça foi o Calvário. Jesus foi capaz de se manter alinhado no Calvário, em meio ao calor da batalha, porque tinha uma compreensão adequada e prática estabelecida antes daquela ocasião. Em outra circunstância, em João 6.38, ele disse: "Pois desci do céu para fazer a vontade daquele que me enviou, e não minha própria vontade". Jesus operava com a disposição mental correta. Por causa da submissão de Cristo ao cabeça que estava sobre ele, você, eu e qualquer um que depositar a confiança da salvação em Jesus terá uma eternidade drasticamente diferente do que teria caso Cristo houvesse optado por agir de outra maneira. Não sei você, mas eu sou muito grato por essa coisa de ter um cabeça.

O homem é o cabeça da mulher

Antes de prosseguirmos para a parte do versículo que fala diretamente do relacionamento do homem com Cristo, quero abordar a seção intermediária de 1Coríntios 11.3, por vezes tão controversa, a qual afirma que "o cabeça da mulher é o homem". Como este é um livro para homens, não entrarei em todos os detalhes da submissão feminina aqui.[4] E, homem, se você for solteiro, preste bastante atenção a esta parte, para que tenha a compreensão correta ao se casar. O que quero destacar é que as Escrituras deixam claro que o homem é o cabeça de *uma* mulher, e não de *todas* elas. Não se trata de livre licença para a dominação masculina. Em vez disso, consiste na estrutura hierárquica para o lar (se a mulher for casada) e para a igreja (se a mulher for solteira e não estiver mais sob a autoridade de seu pai).[5]

De igual maneira, quero destacar que isso não significa que o homem tem autoridade absoluta sobre sua mulher. Ele só tem autoridade sobre a mulher enquanto for consistente com a Palavra de Deus. Por exemplo, um homem não pode mandar a esposa assaltar um banco e depois culpá-la de ser insubmissa caso ela não o faça. Conforme veremos, para que seja legítima, a autoridade do homem deve ser colocada diretamente sob a autoridade de Jesus Cristo. É por isso que Paulo diz que a mulher deve ser submissa ao marido "como ao Senhor" (Ef 5.22).

Quero ainda mencionar algo acerca de uma das coisas mais belas sobre as mulheres. Talvez você já saiba do que estou falando, antes mesmo de eu começar. É que as mulheres foram projetadas para ser responsivas. No âmago da mulher há um mecanismo de resposta que a capacita a cumprir de modo único seu destino divino de completar o homem e ser completada por ele.

Por causa da criação que receberam, quem sabe em um ambiente abusivo ou em um lar fortemente matriarcal, é possível que algumas mulheres não reconheçam nem demonstrem essa característica, mas as mulheres foram criadas para receber e responder. Faz parte do modo como Deus as programou. Faz parte até mesmo da biologia que têm, conforme foram anatomicamente desenhadas. Não se demore muito nessa última informação — quero que você permaneça focado comigo. As mulheres foram criadas para receber e responder nas esferas fisiológica, emocional e espiritual.

Mas o que você precisa saber acerca das mulheres é que, assim como são capazes de receber e responder de forma positiva, elas também recebem e respondem de maneira negativa. Se lhes forem ditas ou feitas coisas erradas, elas podem reagir de um jeito que reflita esse erro. Por causa disso, você pode se ver diante de um coração implicante ou rebelde. Ou, caso falte à mulher atenção e proteção, ela receberá isso e responderá fazendo tudo o que estiver ao seu alcance para se proteger e cuidar de si mesma, posicionando-se de maneira tal que não corra o risco de ser decepcionada outra vez. Tudo o que ela está fazendo é responder segundo aquilo que você lhe oferece. Ela é um espelho que reflete o impacto que você ou outros homens lhe causaram.

Se você quer uma esposa de verão, não traga para dentro de casa o clima do inverno. Mas, se você tem uma esposa invernal, então é hora de trazer o sol para o lar. As mulheres foram criadas para receber e responder.

Portanto, é você quem regula boa parte da temperatura em seu lar. É claro que pode haver circunstâncias atenuantes que

Se você quer uma esposa de verão, não traga para dentro de casa o clima do inverno.

fogem ao seu controle, mas, na maioria das vezes, os homens simplesmente não reconhecem nem maximizam o poder de sua influência dentro do lar.

Tenha em mente, porém, que esse processo pode levar tempo. O tempo em que a mulher deixou de experimentar a influência da masculinidade bíblica em sua vida pode ser o tempo que levará para receber e responder, pois ela necessita ter a certeza de que a masculinidade bíblica é verdadeira quando esta aparecer. Ela não se exporá com vulnerabilidade só porque você disse que ouviu um sermão, leu um livro, participou de um congresso ou teve um ótimo período de devoção pessoal pela manhã. Nem se mostrará receptiva se achar que você só está falando coisas boas para aquecer a temperatura dentro do quarto. Para que uma mulher receba e responda voluntariamente, reconhecendo-se encabeçada pelo homem, ela precisa saber que se trata de um homem do reino que está sob a liderança de Cristo, o grande cabeça.

Esse conceito está totalmente ligado à cobertura. Quando ela souber que Deus cobre você, responderá permitindo que você a cubra. Ela descansará. Quando ouvi-lo dizer: "Pode deixar comigo" e vir que tais palavras são confirmadas por seus atos, ela o seguirá.

Quando você for um homem do reino, quando liderar com compaixão, consistência e sabedoria, quando a envolver em todas as decisões significativas, quando valorizar sua opinião e seus desejos, descobrirá que o relacionamento entre vocês alcançará um patamar nunca sonhado. Para um homem ser "o cabeça da mulher", ele precisa levar a sério a responsabilidade de fazê-la sentir-se bem. Deve cobri-la de tal maneira que ela se veja livre para responder bem.

Cristo é o cabeça de todo homem

Certa vez, enquanto aconselhava um casal, perguntei ao homem se ele colocaria em prática aquilo que acabara de admitir como orientação da Palavra de Deus.

Sua resposta foi:

— Não tenho certeza.

Então, separei um momento para esclarecer se ele acreditava que o que Deus diz é verdadeiro. Ele disse que sim. Perguntei mais uma vez se ele colocaria em prática. Ele ainda assim achava que não. Continuei:

— Suponha que sua mulher diz que o ama, mas não faz o que você quer...

Ele não gostou nenhum pouco. A liderança do cabeça e a cobertura são como via de mão dupla. O homem dá cobertura à mulher porque Cristo o cobre. Responsabilizar a mulher por realizar algo que você não está disposto a fazer é agir na base de dois pesos e duas medidas — e esse é um dos maiores motivos para a ruína das famílias.

Se o homem espera que a mulher lhe preste contas, deve dar exemplo do mesmo princípio, respondendo à liderança divina. Nesses tantos anos de aconselhamento, deparo com frequência com homens que esperam que todos respondam à sua liderança sem que eles respondam ao senhorio de ninguém. O que muitos homens fazem é desrespeitar Cristo como cabeça, esperando, ao mesmo tempo, que a mulher dentro de sua casa o respeite como tal.

Deus governa o mundo de maneira representativa. Embora seja o grande Governante e Soberano sobre todos, historicamente ele governa por meio de representantes, tais como juízes, profetas e reis, e na era da nova aliança ele estabeleceu seu governo na igreja por intermédio dos presbíteros e líderes (cf. 1Tm e Tt 1). No entanto, quando a liderança não está adequadamente alinhada, ela mostra que comprometeu ou mesmo perdeu a presença do Senhor, seu poder e sua autoridade.

Considerando que Paulo escrevia para a igreja, sabemos que ele estava falando em particular aos homens cristãos quando disse que "o cabeça de todo homem é Cristo" (1Co 11.3). Logo, todo homem tem um cabeça, da mesma maneira que Jesus, o Filho de Deus, tinha Alguém que o cobria, o sustentava e o guiava e a quem deveria prestar contas. Nenhum homem cristão está por conta própria. Todo homem cristão, solteiro ou casado, responde a Jesus Cristo. Quando aprende a sujeitar sua natureza de macho ao senhorio de Jesus, o homem passa a viver os princípios básicos da masculinidade do reino.

Mas a pergunta que ouço com frequência quando faço um estudo bíblico mensal para homens ou aconselho casais casados é a seguinte: como colocar isso em prática na vida diária, em que nos baseamos naquilo que vemos, sentimos, ouvimos, tocamos e cheiramos? Afinal, Jesus Cristo não aparece de pé bem à nossa frente. De fato, muitas vezes, no aconselhamento, a mulher se mostra preocupada por ter de se submeter ao homem enquanto ele se submete a Cristo, o que significa que não há espaço para prestação de contas terrena da parte dele.

No entanto, se olharmos mais fundo nas Escrituras, encontraremos uma prestação de contas significativa para os homens, pois Deus instituiu a igreja como manifestação humana do governo de Cristo. Em muitas de nossas igrejas, a falta de uma compreensão eclesiológica abrangente tem conduzido à escassez de prestação de contas pelos homens no corpo de Cristo.

Em capítulo posterior, escreverei mais sobre a natureza abrangente da igreja, bem como sobre o papel do homem nela e por meio dela. Mas quero apresentar brevemente a igreja como a expressão visível do governo de Cristo na terra hoje, no que diz respeito à função de cabeça. Colossenses 1.18 diz: "Ele [Jesus Cristo] é a cabeça do corpo, que é a igreja. Ele é o princípio, supremo sobre os que ressuscitam dos mortos; portanto, ele é primeiro em tudo".

Paulo escreveu em Efésios 1.22-23: "Deus submeteu todas as coisas à autoridade de Cristo e o fez cabeça de tudo, para o bem da igreja. E a igreja é seu corpo; ela é preenchida e completada por Cristo, que enche consigo mesmo todas as coisas em toda parte". A igreja, estabelecida como corpo governante em sujeição a Cristo, foi projetada para desempenhar com singularidade o papel de manifestar

A igreja bíblica, com a mentalidade do reino, era um lugar central que envolvia diversos aspectos da vida cotidiana.

o governo de Deus na terra.[6] O homem que não se submete à liderança e à orientação da igreja local não vive sob a liderança de Cristo como cabeça, uma vez que a igreja é o corpo e a plenitude de Cristo. Lembre-se de que vestir um terno aos domingos não implica estar sob a liderança e a orientação da igreja. A igreja bíblica, com a mentalidade do reino, era um lugar central que envolvia diversos aspectos da vida cotidiana.

A *ekklésia*, traduzida pela palavra contemporânea "igreja", envolvia, em essência, um grupo de cidadãos reunidos em um local específico com o propósito de deliberação, bem como de estabelecimento ou comunicação de diretrizes de governo. Na sociedade grega, ao participar de uma *ekklésia*, o homem pertencia a um grupo de indivíduos que criava a legislação e a colocava em vigor em prol da população. Era mais que um mero lugar para ouvir músicas bonitas ou pensamentos inspiradores. Tratava-se de um ambiente formal designado ao estabelecimento de um código formal para questões relativas à sociedade.[7]

O envolvimento do homem na igreja, a *ekklésia*, deve ultrapassar as duas horas do domingo. É por meio desse envolvimento que ele recebe orientação e presta contas, bem como participa da elaboração de uma estratégia abrangente para influenciar os cidadãos que o rodeiam.

No entanto, o homem que apresenta maior grau de envolvimento na igreja não está isento de conduzir a esposa ou a família no culto familiar, nem deve deixar de orar, estudar a Palavra de Deus e crescer como seguidor de Cristo. A igreja deve funcionar como um local de direcionamento que o ajude a viver como homem do reino. Na verdade, a igreja deve ser o lugar onde ele colhe as verdades da Palavra de Deus a fim de levá-las de volta para sua família e ensiná-las em detalhes.

A igreja também é o lugar onde aqueles que são treinados na Palavra de Deus estão disponíveis para responder às perguntas de homens que buscam ensinar e discipular as pessoas com quem convivem. No entanto, com grande frequência, parece que são as mulheres que chegam cheias de perguntas para os pastores e líderes da igreja. Homem, essa tarefa é sua! Se sua esposa ou seus filhos têm uma dúvida, é sua responsabilidade buscar uma resposta. Caso sua esposa esteja citando mais o nome do pastor que o seu durante a semana, isso quer dizer que você não está cumprindo satisfatoriamente seu papel de cabeça espiritual do lar. *Você* é o pastor da sua esposa.

Um dos principais aspectos do pastoreio consiste em refletir sobre o que é preciso para que as pessoas sob os seus cuidados cresçam espiritualmente. Por ser o pastor de sua esposa, você deve tomar a iniciativa de analisar aquilo de que ela necessita para amadurecer na caminhada com Cristo. E, então, deve providenciar que tais coisas cheguem até ela.

O papel do pastor envolve cuidado, discipulado consistente, mediação, aconselhamento (ouvir com empatia e sabedoria) e supervisão. Quantas pessoas frequentariam uma igreja na qual o pastor só aparece para pregar uma vez a cada três ou quatro meses? Não muitas. Assim como o pastor da igreja precisa levar sua função e suas responsabilidades a sério, você, o pastor do seu lar, deve criar um ambiente no qual sua esposa procure a sua liderança e cobertura espiritual.

O papel da igreja

Uma das minhas preocupações crescentes em relação à nossa cultura é a transição rumo a uma mentalidade que vê a igreja como uma loja de conveniências, afastando-nos perigosamente do papel significativo que a congregação deve desempenhar na vida de cada cristão. Dentro de uma igreja totalmente operacional — e dependendo da profundidade da situação —, a orientação e o auxílio de que os homens necessitam a fim de maximizar sua masculinidade bíblica acontecem de diversas formas. Para alguns homens, a igreja serve de local de ensino, ministério pessoal, comunhão e encorajamento. Para outros, a necessidade de discipulado pessoal pode ser tão elevada que precisam de um sistema mais profundo de prestação de contas, além de todos os outros fatores. Quando os homens começam a cumprir sua função no lar, prestando contas de suas ações de acordo com a orientação e o direcionamento de um líder da igreja, as coisas mudam. Já testemunhei homens transformarem o próprio casamento depois de pensarem que a única saída era o divórcio. As transformações aconteceram quando eles se submeteram voluntariamente à orientação e ao conselho de um pastor ou líder de igreja.

Conforme já mencionei antes, as mulheres foram criadas para responder à maneira como um homem se porta consigo mesmo e como se relaciona com ela. Homem, quando você lidera bem, não é necessário pressionar, puxar, exigir ou repreender para que a mulher cumpra o papel dela dentro da família. Quando você lidera bem e quando a mulher se sente segura por saber que pode tê-lo como o cabeça — porque você está sujeito a Cristo como o cabeça—, essa mulher responde a você, desde que ela tenha sensibilidade espiritual, é claro. Quando você estiver disposto a substituir temporariamente a intimidade sexual por intimidade espiritual, conforme Paulo instruiu em 1Coríntios 7.5, não apenas sua esposa perceberá sua seriedade e a respeitará como também o céu fará isso.

O problema nos casamentos atuais não é a falta de mulheres que queiram ser submissas. O problema é que temos homens demais que não querem ser submissos a Jesus Cristo como seu cabeça. Não se surpreenda se sua mulher não estiver seguindo sua liderança, caso você não esteja seguindo a liderança de Cristo. Se você não se submete aberta e ativamente à liderança de Cristo, não pode reclamar que sua mulher se comporta de modo idêntico em relação a você.

Não se surpreenda se sua mulher não estiver seguindo sua liderança, caso você não esteja seguindo a liderança de Cristo.

O pecado, seja de omissão, seja de comissão, o priva de alinhar-se corretamente sob a autoridade de Deus. A retidão — que não significa perfeição, mas, sim, a confissão honesta e regular dos pecados, o afastamento destes e a busca intencional por fazer e pensar o que é reto segundo a verdade de Deus — o mantém alinhado sob o Senhor.

Se você descobrir que está desalinhado com Deus, necessitará voltar a se alinhar o mais rápido possível por meio da confissão e do arrependimento. Se você não é cristão, então não está alinhado com Deus. Para se alinhar com ele, quero incentivá-lo a depositar sua confiança em Jesus Cristo como seu Salvador pessoal, para o perdão de seus pecados, baseado na morte de Cristo na cruz — morte essa que cabia a você — e em sua ressurreição dos mortos. Depois que você o fizer, quero ser o primeiro a parabenizá-lo como meu irmão em Cristo.

Se você é cristão, mas não tem seguido o plano divino para o reino — ou seja, não está alinhado debaixo de Deus —, quero incentivá-lo a fazer o compromisso pessoal de alinhar cada área de sua vida de modo que ela funcione sob a liderança do cabeça Jesus Cristo. Quando você estiver alinhado debaixo dele, aqueles em sua esfera de influência — e você mesmo — serão abençoados. Na teologia, descobrimos algo poderoso chamado "princípio da representação". Mencionei brevemente a representação quando disse que Adão foi criado para ser o protótipo de toda a humanidade e que Jesus é o novo protótipo de homens do reino. Nas Escrituras, esses protótipos também são chamados de *primeiro* e *último* Adão (1Co 15.45). O primeiro Adão nos conduziu ao pecado e à consequente destruição, enquanto o último Adão nos trouxe vida eterna.

Todavia, o essencial na compreensão e na aplicação das verdades da liderança do cabeça em sua vida é que, no princípio da representação, a pessoa colocada sobre você pode agir em seu lugar. Portanto, dependendo de quem for — ou de quem não for —, essa pessoa determinará muitas coisas em sua vida. Quando você é um homem do reino submetido à liderança de

Jesus Cristo como o cabeça, recebe os benefícios de tê-lo como representante perante Deus no céu. Você obtém o que ele recebe por "procuração", e os que estão sob sua liderança recebem essas coisas também.

Mais adiante, quando analisarmos minha passagem preferida das Escrituras, o salmo 128, eu lhe contarei mais sobre as bênçãos que você receberá ao se colocar sob a liderança representativa de Jesus Cristo, seu cabeça. Mas não fique apenas com a minha palavra a esse respeito! Coloque-a em prática e experimente essa bênção em sua vida!

Parte II

O fundamento do homem do reino

7

O RUGIDO DE QUEM DOMINA

O leão, o rei da selva, tem um rugido que pode ser ouvido a até oito quilômetros de distância. Isso impressiona sobretudo quando se sabe que somente quatro animais da família dos felinos rugem: o leão, o tigre, o leopardo e a onça. Os quatro pertencem ao grupo chamado *Panthera* por causa do osso que lhes é único, chamado hioide e dividido em duas peças, localizado na garganta. Ninguém mais o tem. No entanto, dentre os felinos que rugem, o leão é o que mais ruge, o que ruge por mais tempo e o que ruge mais alto.[1]

O rugido do leão é tão forte que é capaz de levantar o pó da terra e, com este, criar um grande círculo giratório no ar. Sabe-se que o som do rugido faz a estrutura metálica dos veículos vibrar. E, sem dúvida, faz cada cabelinho da parte de trás do pescoço humano arrepiar ao ouvi-lo, inclusive em mim!

Tive a oportunidade de ver leões na selva quando viajei para a África do Sul a fim de ensinar a teologia e filosofia da Agenda do Reino para pastores de lá. De todos os animais que já vi, nenhum é tão majestoso como o leão. Até mesmo o guepardo, que pude conhecer bem de perto e mesmo acariciar, empalidece em comparação com o leão que avistei a uma distância relativamente segura.

Muitos homens já dedicaram incontáveis horas ao estudo desse rei indomável. A força do leão não só nos fascina como também nos inspira. Sua proeza não só nos cativa como também nos estimula. Sua realeza não só nos seduz como também desperta a nossa própria magnificência.

Uma das coisas mais estudadas acerca dos leões é *por que* eles rugem com tamanha força. Por que o leão espalha seu rugido com enorme poder para que ecoe por oito quilômetros? Pense nisso! Oito quilômetros não é ali do lado. Oito quilômetros equivalem a oitenta campos de futebol ou 283 quadras profissionais de basquete. Para uma Ferrari atravessar essa distância em velocidade máxima, são necessários quase dois minutos. O que impele o leão a rugir com tamanha intensidade para que o som se estenda por um território tão grande? Ao longo dos anos, os pesquisadores descobriram que esses felinos rugem por diversos motivos.

Às vezes, o leão ruge para afastar intrusos, cumprindo seu papel de protetor. Em outras ocasiões, ele ruge para assustar a presa, enquanto se aproxima para enfim derrubá-la, cumprindo, assim, seu papel de provedor. Há, ainda, situações em que o leão ruge para reunir os membros dispersos do bando, desempenhando seu papel de líder. Outra causa para o leão rugir, é claro, é a intenção de atrair uma leoa no cio, desempenhando seu papel de companheiro. Mas provavelmente eu nem precisava lhe contar essa.[2]

De todos esses motivos que levam o leão a rugir, um se destacou para mim enquanto eu aprendia sobre esse magnífico animal em minha viagem: o leão ruge para declarar domínio.

Às vezes, os leões são animais nômades pela necessidade de caçar presas migratórias e, então, rugem fora de seu próprio território ou domínio. Mas eles o fazem bem raramente, somente em situações de necessidade extrema ou agressão intencional. Todavia, quando um leão está no próprio território, dentro de seu domínio, ele ruge diversas vezes ao longo de várias horas, normalmente à noite, quando o bando está em nível máximo de vulnerabilidade. O leão ruge como se estivesse comunicando: Eu tenho o domínio sobre esta terra. Eu governo este bando. Eu protejo, sustento, lidero e participo. Este é o meu domínio.

Além de enviar a mensagem de domínio para outros felinos que estejam tentando entrar em sua terra, o leão também ruge para confortar os integrantes de seu bando, mostrando-lhes que estão em segurança. O que o leão declara, por meio de seu rugido, é que ele, o governante, é responsável. Ele tem autoridade para tomar decisões relativas

Se um leão não protege sua área de domínio, outro leão toma o que ele tem.

a qualquer coisa que aconteça dentro de seu território. Se fizer boas escolhas, manterá a terra e seu bando. Na verdade, caso decida bem, ele se mostrará apto a expandir seu território e seu bando.

Contudo, se um leão não protege sua área de domínio, outro leão toma o que ele tem.

Homem, antes de prosseguirmos, quero fazer uma pausa para perguntar-lhe uma coisa: Qual foi a última vez que você rugiu?

Não estou perguntando qual foi a última vez que você grunhiu, murmurou ou reclamou sobre a dificuldade das circunstâncias, a péssima condição da economia, a dureza da situação no seu trabalho, o péssimo gosto da comida, ou porque sua esposa e seus filhos nunca parecem ouvir o que você diz. O que eu preciso saber é qual foi a última vez que você realmente rugiu. Qual foi a última vez que a força confortadora do seu rugido foi ouvida e sentida por todos aqueles dentro de sua esfera de influência e sob os seus cuidados? E qual foi a última vez que a força do seu rugido espantou com firmeza todos aqueles que tentavam devorar os que integram sua área de domínio?

Para expressar autoridade em sua zona de domínio, você deve rugir. Não se trata de uma opção. Você tem de proteger aqueles que influencia, dar-lhes provisão, liderá-los e mostrar-se bom parceiro. Você também tem de manifestar seu domínio governando com responsabilidade.

Achados e perdidos

Recentemente, ao passar pelo setor de achados e perdidos da minha igreja em Dallas, no Texas, percebi que o número de itens depositados ali parece estar crescendo. Ou as pessoas não sabem que perderam algo, ou não ligam para o que perderam. Aliás, em nossos achados e perdidos, o objeto mais comum é a Bíblia. Aquelas Bíblias ficam ali por um longo período, sem dono e, portanto, sem uso.

Muitos homens precisam visitar os "achados e perdidos" de Deus para recuperar o poder da Palavra em sua vida, a fim de exercitá-lo. Há homens demais desviando para o lugar errado sua habilidade de maximizar as verdades da Palavra de Deus. Eles deslocam aquilo que é absolutamente essencial para realizar seu propósito, cumprir seu destino e justificar sua significância. Em consequência, têm dificuldade de localizar, entender e cumprir seu direito de governar.

O motivo para tão poucos homens buscarem recuperar aquilo que se extraviou é não saberem o que perderam ou não reconhecerem o real valor do que foi desviado — por isso, não se importam em não tê-lo. Outra razão para muitos homens não reivindicarem aquilo que lhes pertence por direito é não saberem onde encontrá-lo. No entanto, quando abdica de seu direito de governar ou o perde, o homem, muitas vezes sem o saber, acaba governado por aquilo que é ilegítimo. Ele é governado pelas circunstâncias, pelas pessoas ao seu redor, pelos problemas e desafios que enfrenta. Essas coisas o governam porque ele perdeu de vista a própria autoridade espiritual. Em vez de ser cabeça, ele se torna cauda, jogado de um lado para outro durante as tempestades da vida.

Recuperando a masculinidade

Meu pai gosta de me fazer lembrar que eu amava ser homem antes mesmo de me tornar um. Toda vez que o visito, ele conta que eu sempre quis ser um homem adulto. Diz que muitas vezes eu tentava fazer mais do que um adolescente deveria. Tentava assumir mais responsabilidades do que ele estava pronto para me dar, ou pedia mais liberdade do que ele estava pronto para permitir.

Invariavelmente, toda vez que isso acontecia, ele me dizia:

— Tony, você ainda não é um homem adulto.

Ao que eu sempre respondia:

— Mas estou quase lá!

Eu mal podia esperar! Há algo nisso de ser homem que me enche de energia. Nenhum outro assunto sobre o qual ensino, prego ou escrevo me enche mais de paixão. Não digo isso por acreditar que os homens foram colocados aqui para dominar ou controlar, mas porque as Escrituras nos dizem que temos enorme responsabilidade, bem como o direito, de governar ou administrar aquilo que foi colocado sob nosso domínio. Temos autoridade para influenciar e impactar tudo o que há dentro de nossa esfera de influência. Se isso não fizer o sangue esquentar dentro das veias, não sei o que mais o fará. No entanto, há homens demais que parecem se esquivar do domínio ou não ter consciência do direito de exercê-lo por meio do governo justo sobre a realidade em que vive.

Há homens demais que parecem se esquivar do domínio ou não ter consciência do direito de exercê-lo por meio do governo justo sobre a realidade em que vive.

Quantas perdas já testemunhei no corpo de Cristo ao longo de várias décadas de ministério, tanto relacionadas ao homem em si quanto às pessoas ligadas a ele. Elas resultam diretamente da falta de compreensão, apropriação e prática da autoridade que Deus nos deu por meio do direito de governar.

Por sua vez, a análise da teologia que fundamenta sua autoridade espiritual — autoridade essa manifestada pelo direito de governar — leva você a enxergar como funciona a responsabilidade de gerir o seu mundo. A esfera de sua responsabilidade, o seu domínio, é algo que eu às vezes chamo de *jardim*. Assim como Adão foi colocado por Deus em um jardim com a missão de guardá-lo, cada um de nós tem um jardim, nosso domínio, que Deus confiou aos nossos cuidados. Há uma área de influência cujo governo cabe a você. Entretanto, para entender por que recebeu um jardim, primeiro você precisa compreender qual é sua autoridade como homem do reino. O entendimento de por que você deve exercer plenamente o governo bíblico e legítimo é crucial para que sejam lançadas as bases da compreensão de todo o restante.

Disse Deus

Quando Deus criou a terra, demonstrou sua genialidade apenas por sua palavra. Tudo o que ele falava vinha à existência. E, além de passar a existir, sua criação também era boa. Em cinco dias, Deus havia criado uma terra espetacular, com todas as nuanças e peculiaridades necessárias para que vivamos em plenitude. No sexto dia, Deus declarou a existência de sua obra-prima: o ser humano. Acerca do homem, lemos que, primeiro:

"Deus disse..." (Gn 1.26).
Em seguida, "Deus criou" (Gn 1.27).
Por fim, "Deus os abençoou" (Gn 1.28).

Tudo relacionado ao ser humano no texto da criação está diretamente conectado a Deus e ao plano divino para a humanidade. Deus disse, Deus criou e Deus abençoou. É claro que essa era a intenção dele. Como estamos prestes a pisar em território mais delicado, não quero que você aceite a minha palavra. Fique com a Palavra de Deus.

Em Gênesis 1.26, lemos: "Façamos o ser humano à nossa imagem; ele será semelhante a nós. Dominará...".

No sexto dia, Deus criou o ser humano à própria imagem. Tanto o homem quanto a mulher foram feitos à imagem de Deus e receberam domínio. Contudo, conforme revela a teologia do líder-cabeça, os homens foram chamados a liderar no exercício desse domínio. Por causa disso, bem como para o propósito deste livro, no contexto desta discussão escolhi me concentrar no governo do homem.

A pluralidade de "façamos" e "nossa imagem" se refere à natureza trinitária de Deus, indicando que a plenitude da função encontrada na criação do homem é um reflexo de Deus. O homem é um portador da imagem divina no sentido de ser responsável por espelhar o caráter e a conduta de Deus.

Em vez do selo "fabricado no país X", a humanidade recebeu o selo "fabricado à imagem de Deus".

Em vez do selo "fabricado no país X", a humanidade recebeu o selo "fabricado à imagem de Deus".

Assim como um automóvel fabricado em uma linha de montagem reflete a natureza, o propósito e a intenção de seu criador, a humanidade foi projetada para refletir nosso Criador. As caminhonetes que saem da fábrica na cidade natal de Henry Ford, Dearborn, no Michigan, carregam não só seu nome, mas também sua visão. O veículo sai da linha de montagem depois de ter sido "imbuído da força de um Ford". De maneira semelhante, como os homens foram criados à imagem de Deus, cada um de nós foi "imbuído da força de Deus". Tanto que o próprio Deus voluntariamente confiou a nós o domínio administrativo da terra.

Delegados no comando

Quando Deus criou o homem à sua imagem, delegou a este a responsabilidade de cuidar de sua criação e administrá-la. Até então, Deus fizera todo o trabalho. Ele separou a água da terra, fez a luz, criou as plantas, colocou as estrelas no céu e realizou tudo o mais. Até esse ponto, Deus havia cuidado de tudo por meio de sua Palavra pronunciada. No entanto, no sexto dia, quando criou o ser humano, o Senhor entregou o governo, o domínio e a mordomia da terra às mãos do homem. Deus nos concedeu tanto a oportunidade quanto a responsabilidade de administrar o que ele havia feito. Quando Deus criou o homem, deu-lhe uma ordem: a ordem do domínio. Essa ordem ("Dominará") colocou sob o governo ou a administração humana aquilo que o próprio Deus havia criado.

Isso não é pouca coisa! Em essência, Deus voluntariamente abriu mão do controle direto sobre a terra ao mesmo tempo que delegou esse controle direto à raça humana para que administrasse as questões da história.

Antes de prosseguirmos, quero fazer uma distinção clara entre o que as Escrituras dizem e o que o deísmo alega. O deísmo é um sistema de crenças que afirma que Deus criou o mundo e, então, desapareceu deixando-o seguir seu curso livremente, sob os cuidados do ser humano. Não é isso que a Bíblia diz. Deus não abriu mão de sua posição de dono. Salmos 24.1 não deixa espaço para dúvida: "A terra e tudo que nela há são do Senhor; o mundo e todos os seus habitantes lhe pertencem".

Deus não entregou a propriedade absoluta da terra à humanidade. O que ele delegou foi a responsabilidade administrativa de governá-la. Ao entregar a administração ao ser humano, Deus estabeleceu um processo — pautado por certos limites — por meio do qual respeita as decisões humanas, mesmo que estas contrariem a vontade dele ou não contribuam para os melhores interesses daquilo que está sendo administrado. Deus disse:

"Dominará…" (Gn 1.26). Embora o Senhor continue a ter autoridade e propriedade soberanas e absolutas, ele delegou autoridade relativa ao ser humano, atribuindo uma esfera de influência, ou domínio, a cada homem.

Por exemplo, o banco pode ser dono da casa na qual você vive, mas é sua responsabilidade pagar uma parcela mensal do financiamento do imóvel que você diz "possuir", bem como conservá-lo, bem ou mal. A maioria das pessoas sabe como é ótima a sensação de entrar em uma casa que acabou de comprar e pensar consigo: "Esta é a minha casa". Mas a verdade é que, na maioria das vezes, o banco é o verdadeiro dono.

O banco não se envolve com os deveres cotidianos referentes à administração da casa — essa responsabilidade é sua. Tampouco o banco força você a limpar a casa, nem o impede de que ela fique cheia de lixo. Isso depende de você. Contudo, de maneira semelhante, o banco não abre mão da posse final sobre a casa só porque você mora nela e a administra. Caso você não pague as prestações, precisará enfrentar as consequências de perder o imóvel.

Do mesmo modo, um técnico não é dono do time que treina, mas, com frequência, refere-se a ele como "meu time" ou "meus jogadores". Embora exista um dono do time em última instância, o técnico atua como administrador do time. Ele é responsável pelo funcionamento da equipe. Isso acontece, em especial, quando o time começa a jogar mal. Em geral, a carta de demissão não vai para o atacante que perdeu seis gols na temporada, ou para o lateral que não conseguiu fazer oito passes nos últimos quatro jogos, nem para o zagueiro que não conseguiu fazer a defesa da pequena área. Em vez disso, como resultado da combinação desses fatores, o técnico perde o emprego quando seu time não tem um bom desempenho na temporada.

O mesmo se aplica à esfera cujo governo foi designado a você. Deus é o grande dono. Ele delegou a responsabilidade de administrá-la sem entregar sua soberania divina sobre ela. As decisões que você toma afetam diretamente a qualidade de vida dentro dessa esfera e, em grande medida, definem se esse domínio aumentará ou diminuirá com o tempo. Deus não impediu Adão de comer o fruto, mas controlou as consequências quando ele o comeu, limitando o domínio do primeiro homem em relação àquilo para que fora originalmente criado.

O que Satanás fez ao tentar aumentar sua influência na terra foi lançar sombra sobre o direito legítimo que o homem tem de governar, direito esse ordenado por Deus. A sombra de Satanás é composta por nuanças manchadas de complacência e insignificância. Ele faz isso na tentativa de algemar os cristãos, impedindo-os de desempenhar as responsabilidades que lhes foram atribuídas e de correr até os "achados e perdidos" para recuperar a autoridade de sua posição debaixo de Deus.

Davi, homem segundo o coração de Deus e rei que exerceu grande autoridade, articulou com clareza o elevado nível no qual Deus posicionou a humanidade (para o bem ou para o mal), mostrando-nos a verdade de como devemos operar em nossa esfera de influência. Davi escreveu em Salmos 8.3-6:

> Quando olho para o céu e contemplo a obra de teus dedos,
> a lua e as estrelas que ali puseste, pergunto:
> Quem são os simples mortais, para que pense neles?
> Quem são os seres humanos, para que com eles te importes?
> E, no entanto, os fizeste apenas um pouco menores que Deus
> e os coroaste de glória e honra.
> Tu os encarregaste de tudo que criaste
> e puseste sob a autoridade deles todas as coisas.

Nessa passagem, Davi não só louva a Deus pela grandeza de sua criação, como também pela glória e majestade que concedeu à humanidade e pelo domínio do homem. Deus colocou uma coroa na cabeça de cada homem, chamando-o, assim, de majestoso. Você é majestoso. Você pertence à realeza. Você é incrível.

Você foi criado para ser um homem do reino. O inimigo não quer que você saiba dessas coisas. Satanás não quer que você saiba que tem glória, honra e domínio dados pelo próprio Deus.

Enquanto Satanás puder impedi-lo de pensar como alguém da realeza, ele o impedirá de agir como alguém da realeza. Enquanto conseguir fazer você pensar que não é ninguém, que você não importa ou que suas palavras não têm espaço, continuará fazendo-o agir como se não fosse ninguém, como se não importasse e como se suas palavras não tivessem espaço. Em consequência, Satanás pode impedir que os homens do reino façam o reino de Deus avançar como deveria. Ele faz cair no sono aqueles que receberam autoridade legítima, levando-os a crer que não têm importância, domínio, nem autoridade.

No entanto, você foi coroado com majestade no reino de Deus. Depende de você usar os direitos que acompanham essa majestade. Embora Deus seja o Rei soberano e absoluto, ele lhe concedeu uma área para que você a governe no nome dele, por meio das regras dele e conforme a imagem dele, como homem do reino. Você

Você é um reflexo de Deus, um portador da imagem divina. Você é quem toma decisões, para o bem ou para o mal.

é um reflexo de Deus, um portador da imagem divina. Você é quem toma decisões, para o bem ou para o mal, e o modo como decide determina quão caótico ou produtivo seu *jardim* se tornará. Deus colocou você em um jardim. Ele lhe deu ordem de domínio ao dizer: "Dominará...".

Assuma sua autoridade

Deus tem um plano para você. Um plano específico. O que você pode fazer para descobrir que plano é esse é examinar suas paixões, habilidades, personalidade e experiências, a fim de, então, perceber em que ponto esses quatro elementos convergem. Isso ajudará a revelar o plano para o qual Deus o destinou.

Deus também lhe deu a autoridade de que você necessita para desempenhar bem esse plano. Talvez você tenha perdido a influência de sua autoridade em algum lugar do caminho, por causa de decisões ruins ou negligência, ou quem sabe tenha se esquecido de onde colocou sua autoridade. Mas Deus tem um setor de "achados e perdidos" que você pode visitar e no qual pode recuperar aquilo que o inimigo levou embora.

Você, homem, tem uma ordem a cumprir e um domínio a governar. Assim como o rugido do leão que se estende por até oito quilômetros declarando o domínio desse animal, há uma dimensão específica que Deus o autorizou a governar. Pode não ser uma localização física, mas, sim, uma esfera de influência. A qualidade das decisões que você toma enquanto governa o seu mundo determina o tamanho do mundo que receberá para governar.

Umas das coisas de que mais gosto no meu ministério é atuar como capelão dos Dallas Cowboys. Como você sabe, antes do início de qualquer partida de futebol, o time da casa se reúne e emite um grito de guerra eletrizante. Você já viu os jogadores formarem um círculo coeso de força mútua, movimentando-se de maneira rítmica como se estivessem seguindo algum ritual antigo antes da batalha. A cadência do grito que soltam penetra o ar como um rugido coletivo. Fazendo isso, declaram domínio. Declaram que aquela é a casa deles. Outro time chegou para tentar invadi-la. Mas o rugido lembra aos próprios jogadores e a todos os demais que o time defenderá sua casa e dominará cada jarda que a compõe.

Deus lhe fez governante sobre um domínio. É sua responsabilidade não só defendê-lo, mas também expandi-lo.

Você tem uma casa — um reino, uma esfera. Deus lhe fez governante sobre um domínio. É sua responsabilidade não só defendê-lo, mas também expandi-lo.

Homem do reino, chegou a hora de o mundo ouvir o seu rugido!

8

AUTORIZADO A GOVERNAR

Deus disse que você deve exercer domínio. Ele também lhe deu tudo de que você precisa para isso. Se tiver que decorar apenas um versículo da Bíblia ao longo de sua vida, memorize 2Coríntios 9.8. A verdade expressa em tais palavras revolucionará sua mente: "Deus é capaz de lhe conceder todo tipo de bênçãos, para que, em todo tempo, vocês tenham tudo de que precisam, e muito mais ainda, para repartir com os outros".

Tudo o que você fizer em nome de Deus para a glória dele, qualquer boa ação, será feito pelo poder dele. É uma garantia. Espere que Deus faça isso. Não espere fazer coisas por conta própria.

Quando enviou Moisés ao Egito a fim de livrar os israelitas do cativeiro, Deus concedeu ao seu servo o poder para realizar a imensa tarefa. Liderar os israelitas rumo à liberdade estava dentro do domínio de Moisés. Pertencia à sua esfera de influência, ou ao seu jardim, o lugar no qual Deus o havia colocado. Deus o mandou ir. E quando o fez, disse: "Eu o farei parecer Deus para o faraó, e Arão, seu irmão, será seu profeta. Diga a Arão tudo que eu lhe ordenar, e Arão mandará o faraó deixar o povo de Israel sair de sua terra" (Êx 7.1-2).

O Senhor disse a Moisés que o faria "parecer Deus para o faraó", muito embora, para todos na terra, o monarca egípcio aparentasse estar no comando. Todos pensavam que o faraó tinha o controle, que era ele quem rugia mais alto e por mais tempo, quem mandava no pedaço. No entanto, Deus está acima de todas as pessoas e, quando encaminha alguém para determinado domínio, ele confere a esse indivíduo o poder necessário para justamente governar sobre esse domínio. O Senhor não fez Moisés *ser* Deus, mas, sim, *parecer* Deus para o faraó. Isso significa que Deus designou Moisés como seu representante. Moisés foi escolhido para exercer autoridade até mesmo sobre alguém que parecia ter mais autoridade terrena.

Não importa a oposição que você, homem, enfrenta. Não importa o tamanho do faraó. Se você está no jardim — ou domínio — no qual Deus o colocou, ele lhe dará poder para governar com autoridade e fazer avançar seu reino.

Aceite a responsabilidade

Não se esqueça, porém, de que Deus não o forçará a governar, assim como não forçou Moisés a confrontar o faraó. Isso depende de você. Moisés poderia ter se esquivado e dito: "Quer saber, Deus, tudo isso parece bom, parece bem valente, é um ótimo discurso de vestiário, mas o Senhor já viu o faraó? Faz ideia de quantos homens ele tem à disposição? Aprecio o voto de confiança, Deus, mas o Senhor simplesmente não está sendo realista".

Por medo ou pura complacência, Moisés poderia ter abdicado de seu direito de governar.

Moisés poderia ter dito tudo isso e ido embora. Por medo ou pura complacência, Moisés poderia ter abdicado de seu direito de governar. Se tivesse feito isso, estaríamos lendo sobre outra pessoa a quem Deus teria usado para libertar seu povo. Em vez disso, Moisés por fim disse: "Pode deixar comigo".

Trata-se de algo semelhante ao que Davi disse quando enfrentou o seu "faraó". Lembre que a anatomia do "faraó" de Davi inclua uma estrutura que se agigantava a quase três metros de altura. Só para você ter uma ideia, se um homem desse tamanho estivesse ao lado de uma cesta de basquete regulada na altura usada pela NBA, o alto de sua cabeça ficaria logo abaixo do aro. Se ele se colocasse na ponta dos pés, ficaria mais alto que o aro. Esse mamute gigantesco era chamado pelo nome de Golias de Gate. Tenho certeza de que ele babava ao falar.

O mais importante a ser compreendido acerca desse gigante chamado Golias é que ele provavelmente vinha de um povo cujas origens iam além deste planeta. Está em Gênesis o texto que nos apresenta tais indivíduos pela primeira vez: "quando os filhos de Deus tiveram relações com as filhas dos homens, elas deram à luz *filhos* que se tornaram os *guerreiros famosos* da antiguidade" (Gn 6.4). Essa é uma história épica com a qual nenhum filme de nossa época premiado em Hollywood pode se comparar. Essa descendência consistia em uma raça mista de anjos caídos chamada de nefilins, ou gigantes. Embora a maioria desses gigantes tenha sido exterminada durante o dilúvio, alguns puderam ser encontrados mais tarde. Aqui estão três deles, que poderiam muito bem ir para as telas do cinema:

Em outra batalha com os filisteus em Gate, havia um homem de *grande* estatura com seis dedos em cada mão e seis dedos em cada pé, 24 dedos ao todo, que também era descendente de gigantes.

2Samuel 21.20

O rei Ogue de Basã foi o último sobrevivente dos refains. Sua cama era feita de ferro e media mais de quatro metros de comprimento e quase dois metros de largura. Ainda hoje é possível vê-la na cidade amonita de Rabá.

Deuteronômio 3.11

Todas as pessoas que vimos são *enormes*. Vimos até gigantes, os descendentes de Enaque! Perto deles, nos sentimos como gafanhotos, e também era assim que parecíamos para eles.

Números 13.32-33

É bem provável que Golias viesse dessas espécies raras, de uma raça de gigantes em extinção cuja reputação bastava para manter os inimigos longe e cuja presença assustadora dominava a paisagem.

No entanto, ao se aproximar de Golias, Davi viu muito mais que um gigante. Com metade do tamanho de Golias, Davi só precisava olhar bem à sua frente para lembrar-se de muito mais acerca daquele homem — a posição onde Davi estava o fazia recordar que Golias não havia sido circuncidado.

O ângulo correto

Perspectiva nunca é somente aquilo que você vê. Perspectiva é como você enxerga aquilo que vê. Para um homem do reino, a perspectiva é uma ferramenta-chave que lhe permite governar com sucesso e autoridade sobre o domínio que recebeu de Deus. Os israelitas viam o mesmo gigante que Davi. Eles só não o enxergavam da mesma maneira. Os israelitas olhavam para o tamanho, a força e a estrutura corporal do homenzarrão. Davi olhava bem à frente, para uma realidade crítica: Golias não havia sido circuncidado. "Então Davi perguntou aos soldados que estavam por perto: 'O que receberá o homem que matar esse filisteu e acabar com suas provocações contra Israel? Afinal de contas, quem é esse filisteu incircunciso para desafiar os exércitos do Deus vivo?'" (1Sm 17.26).

Os israelitas viam o mesmo gigante que Davi. Eles só não o enxergavam da mesma maneira.

Todos os outros haviam visto o tamanho do gigante, mas Davi percebeu algo mais importante. O gigante não fora ao médico.

A incircuncisão só podia significar uma coisa: ausência de cobertura. A circuncisão era um ritual da aliança entre Deus e seu povo. Todos os homens em Israel eram circuncidados ao oitavo dia de vida, um modo de sinalizar que pertenciam a essa aliança e estavam sob a provisão, o poder e a cobertura do Senhor.

Ser circuncidado significava pertencer à família de Deus. Ser incircunciso queria dizer que Deus não estava ao seu lado — não havia cobertura divina. Era um pagão. Podia até ser um pagão grande e intimidador, mas, ainda assim, não passava de um pagão. Simples, ou tão complicado, assim. Digo que é simples por ser uma verdade óbvia. Mas também é complicado porque tantos homens do exército israelita falharam em reconhecê-la. Olharam para um brutamontes grandão em pé diante deles e se acovardaram com medo. Davi não olhou para cima. Ele olhou bem à sua frente e disse: "Podem deixar comigo porque eu posso deixar com Deus. Esse homem não foi circuncidado". Em consequência, Davi acessou a autoridade divina para derrotar um gigante que tinha o dobro do seu tamanho.

Homem, nunca permita que o tamanho do seu gigante determine o tamanho do seu Deus.

E a sua decisão...

Infelizmente, muitos homens têm aberto mão de sua autoridade espiritual porque carecem de uma perspectiva do reino. Satanás nem precisa batalhar para que seja assim. Eles apenas examinam a situação, veem o tamanho do desafio ou olham para as próprias inadequações e desistem. Ao fazer isso, entregam a Satanás a autoridade sobre aquela situação no trabalho ou no lar, aquele problema, aquele vício, aquela intenção ou aquele objetivo.

Autoridade para governar não é pouca coisa e deve ser protegida ou administrada com todo vigor. Aliás, o direito que você tem de governar é tão inerente à vida que Deus sempre espera sua decisão antes de fazer o que está prestes a realizar. Muito embora a batalha fosse do Senhor, Davi ainda assim precisou jogar a pedra. Ao entregar a autoridade administrativa de governo da terra, Deus se colocou em uma posição na qual às vezes espera voluntariamente o homem. "Na verdade, o Senhor não demora em cumprir sua promessa, como pensam alguns. Pelo contrário, ele é paciente por causa de vocês. Não deseja que ninguém seja destruído, mas que todos se arrependam" (2Pe 3.9). Deus é paciente; ele aguarda uma ação do homem antes de colocar em prática sua promessa.

Lembre-se do que aconteceu quando Deus pediu a Abraão que sacrificasse seu filho Isaque no altar, em Gênesis 22. O carneiro sacrificial substituto estava junto ao arbusto o tempo inteiro, mas o anjo só o revelou a Abraão quando este ergueu o cutelo em obediência à ordem de Deus para sacrificar seu filho.

Da mesma maneira, décadas antes Abraão recebera a promessa de ter um filho, mas, como a criança não viera rápido, ele decidiu governar de acordo com a própria sabedoria, tendo um filho com sua serva Hagar, em vez de tê-lo com a esposa Sara. Nessa ocasião, Deus não interveio no governo de Abraão: permitiu que ele governasse, para o bem ou para o mal. Por causa disso, porém, adiou em cerca de 25 anos a chegada do herdeiro que, segundo a promessa, viria por intermédio de Sara.

Deus nunca força você a governar seu mundo ou a administrar o domínio que ele lhe deu. Mas ele proveu tudo o que é necessário para maximizar a sua vida e a de quem está em sua esfera de influência. Você não é apenas um monte de pó juntado para existir por algumas décadas e depois morrer. Contudo, há homens demais que se arrastam pela vida com essa mentalidade — acordam para tomar o mesmo café da manhã todos os dias, vão para o mesmo trabalho, almoçam no mesmo horário, voltam para casa e assistem aos mesmos programas de televisão e então dormem na mesma cama —, somente para acordar no dia seguinte e fazer tudo de novo sem paixão, zelo ou propósito de ver o reino de Deus avançar por meio de um bom governo. Lembre-se: aquilo que você faz na terra se refletirá em sua recompensa eterna. O que você faz importa não só para os outros, mas para você também.

O fato de você ser o CEO de uma das maiores empresas do país ou um motorista de táxi não é o que define a relevância daquilo que faz. O que você realiza é importante, independentemente de qual seja a sua profissão. O reino de Deus abrange tudo. Assim como não há jogadores desnecessários em um time de futebol, não existem posições menos valiosas no reino de Deus.

Deus entregou a você a operação e a execução do plano dele, conforme limites predeterminados. Assim como um campo de futebol tem laterais que servem de limites físicos, dentro dos quais o técnico apresenta suas jogadas, Deus estabeleceu limites para sua criação. Dentro desse perímetro, ele lhe dá liberdade para escolher as jogadas. O jogador de tênis não está livre para jogar se não houver uma linha de base. O jogador de futebol não está livre para jogar se não houver linha de meio de campo. Sempre há limites nos esportes, para que o jogo seja maximizado. Foi por isso que Deus deu limites em sua Palavra, para nos dar a oportunidade de aproveitar ao máximo o domínio por eles demarcado. Em primeiro lugar, tais limites envolvem a vontade do Senhor por meio dos dois maiores mandamentos: amar a Deus e amar os outros.

Está esperando o quê?

Alguns evangélicos afirmam que não se pode entrar no jogo e, em vez disso, é preciso esperar que Deus decida fazer tudo. Então, acabam sem fazer nada pelo reino, nada que seja eternamente produtivo. Pois, enquanto estão ocupados esperando em Deus, Deus está esperando por eles.

A Bíblia de fato diz que há ocasiões nas quais devemos esperar: "Espere pelo Senhor e seja valente e corajoso; sim, espere pelo Senhor" (Sl 27.14). Mas esperar no Senhor não significa ficar sentado sem fazer nada. Esperar no Senhor por um emprego não quer dizer que você fica sentado em casa o dia inteiro aguardando o telefone tocar. Se isso for tudo o que fizer, você esperará um emprego por bastante tempo. Se você necessita de trabalho, precisa levantar, vestir-se, escovar os dentes, passar desodorante e sair para procurar emprego, mesmo que creia que Deus prometeu lhe prover um.

Esperar no Senhor não significa ficar sentado sem fazer nada.

Lemos sobre isso em Mateus 6.26, que diz: "Observem os pássaros. Eles não plantam nem colhem, nem guardam alimento em celeiros, *pois* seu Pai celestial os alimenta". O pássaro não cria nem produz o próprio alimento, mas, ainda assim, precisa fazer algo para pegar a comida que lhe foi providenciada. Não dá para a ave ficar empoleirada em um galho, com o bico bem aberto, esperando que Deus faça cair uma minhoca do céu. Qualquer pássaro que fizer isso não vai durar muito tempo no galho antes de morrer de fome e se estatelar no chão.

Em vez disso, o pássaro necessita procurar a minhoca, o inseto ou a semente que Deus providenciou. Esperar no Senhor não significa deixar de assumir responsabilidade. Quer dizer apenas não sair do domínio de Deus enquanto se exerce autoridade de forma ativa. Significa esperar nos métodos, na orientação e na provisão de Deus para realizar aquilo que ele o guiou a fazer ou disse que fará.

Esperar em Deus não significa fazer nada — a menos que de fato não haja nada a ser feito. Esperar em Deus quer dizer permanecer na revelação deixada por ele para que algo seja feito. Deus espera que você dê o passo de fé ou siga o plano de ação que ele lhe deixou. E você espera nos recursos, no direcionamento e nos métodos de Deus para realizar isso. Na maioria das vezes, é necessário primeiro agir com fé. Eu digo "com fé" porque, com frequência, os recursos espirituais de Deus nem sempre refletem as realidades físicas que enxergamos.

Quando eu era bem mais novo, na época em que fazia a pesquisa do doutorado no seminário e plantava uma igreja, em meu papel de jovem pastor, o dinheiro era muito curto. Em casa, éramos seis tentando sobreviver com um salário reduzido, junto com a grande despesa das mensalidades escolares. Lembro-me de certa ocasião em que meu carro começou a fazer muito barulho. Aliás, o barulho era tão alto que Lois conseguia saber, bem antes que eu chegasse em casa, que estava me aproximando. Na época, tudo o que me sobrava eram cinquenta dólares por mês. Mas aqueles cinquenta dólares já estavam separados como dinheiro de Deus. Era o nosso dízimo.

Quando chegou o domingo, eu precisava tomar uma decisão. Confiaria na Palavra de Deus e deixaria meus atos refletirem minha fé? Ou pegaria um pouco do dinheiro, ou mesmo todo ele, para consertar o carro? Quando passaram a salva, os cinquentas dólares foram para dentro dela.

Alguns dias depois, meu carro fez mais que barulho. Começou a sair fumaça pelo capô. Logo depois de eu estacionar e sair do veículo, a fumaça se transformou em chamas e a frente do meu carro queimou. Então, ali estava eu, ao lado do meu carro incendiado!

Lembrando-me da fé que demonstrei ao dar a Deus o dinheiro que lhe pertencia, admito que comecei a me sentir decepcionado. Eu o havia honrado da maneira que ele instruía em sua Palavra, e era assim que ele vinha ao meu socorro?

É claro que eu tinha seguro para o conserto, mas precisava pagar a taxa de reboque, além de duzentos dólares de franquia. Era o mesmo que eu precisasse dar vinte mil de franquia, pois não dispunha de dinheiro nenhum. No entanto, quando cheguei à oficina, percebi que já haviam começado a consertar o carro. Corri até o mecânico e lhe pedi que parasse.

— Não tenho o dinheiro da franquia — falei. — Você precisa parar o conserto, pois não tenho como pagar.

Foi então que ele perguntou se eu havia lido as letras miúdas da apólice do seguro, a qual eu havia lhe entregado.

— Não li — respondi, perguntando-me que importância aquilo teria, já que duzentos dólares continuavam a ser duzentos dólares do mesmo jeito.

— Bem, as cláusulas da sua apólice dizem que você não precisa pagar a franquia caso o carro pegue fogo.

A despeito de minha necessidade, Deus havia esperado que eu lhe desse aquilo que ele pedira de mim, meus cinquenta dólares. E ele o fez antes de atender à minha necessidade conforme havia prometido.

Homem, Deus nos deu uma vida, uma esfera de influência dentro da qual devemos alinhar nossas escolhas e decisões de maneira que cause impacto sobre os outros. Com frequência, porém, o Senhor espera para ver o que faremos antes de ele revelar o que faz, já que "sem fé é impossível agradar a Deus. Quem deseja se aproximar de Deus deve crer que ele existe e que recompensa aqueles que o buscam" (Hb 11.6).

> "Quem deseja se aproximar de Deus deve crer que ele existe e que recompensa aqueles que o buscam."

Salmos 115.16 nos explica a plenitude do governo que nos foi confiado: "Os céus pertencem ao Senhor, mas ele deu a terra à humanidade". Fomos criados para administrar o terceiro planeta do Sistema Solar — para o bem ou para o mal. A terra foi entregue à humanidade. A propósito, esse é um presente bem grande. E todo presente grande implica uma responsabilidade igualmente grande. Todavia, qualquer homem que já tenha ocupado posição de liderança sabe com clareza que responsabilidade sem autoridade acaba não sendo responsabilidade nenhuma. Deus não lhe deu apenas responsabilidade ao dizer: "Dominará", mas também lhe confiou autoridade para exercer o governo dentro do domínio que coube a você, dentro dos limites soberanos determinados por ele.

Isso explica por que, quase todas as vezes em que Deus quis fazer algo na terra, conforme registrado nas Escrituras, ele encontrou uma pessoa por meio da qual pudesse agir. Ele não desceu sozinho e fez tudo por conta própria. Deus criou Adão, encontrou Noé, achou Abraão, foi em busca de Moisés, levantou um juiz, identificou um profeta, escolheu um rei e, quando as coisas degringolaram de vez, tornou-se homem. Deus projetou seu reino para funcionar de maneira que a humanidade atue como sua equipe administrativa. Deus tem um fluxograma, e você está nele — logo acima de seu domínio, de sua esfera de influência. O Senhor o colocou na terra para que a domine e cumpra o plano de seu reino.

O próprio Deus lhe deu autoridade, dentro de limites, para agir em favor dele na história. Você é um intermediador de Deus, erguendo-se para tocar o céu e transformar a terra.

Deus criou

Conforme vimos antes em Salmos, o homem foi criado "um pouco menor que Deus". Há uma grande diferença entre essa afirmação e o que o mundo lhe conta ao dizer que você foi feito um pouco maior que os macacos. Enorme diferença!

A imagem de Deus no homem se manifesta tanto de maneira ontológica quanto funcional. Esse reflexo ontológico de Deus é encontrado na natureza espiritual. Deus é espírito, e as Escrituras nos dizem que, por causa disso, devemos adorá-lo "em espírito e em verdade" (Jo 4.24). A Bíblia conta que, ao criar o ser humano, Deus "soprou o fôlego de vida em suas narinas, e o homem se tornou ser vivo" (Gn 2.7). Adão se tornou uma alma vivente quando o espírito imaterial foi colocado dentro dele.

No entanto, além de a imagem humana refletir Deus onto-
logicamente, ela também o reflete funcionalmente. Por ter sido
criado à imagem de Deus, o homem que almeja ser bem-sucedido
deve refletir, em seu domínio, o governo divino. Dessa maneira,
a realidade física do homem deve espelhar a realidade espiritual
de Deus, mediante o governo segundo a prescrição do Senhor.

O homem espiritualmente conectado com Deus executa o
governo de Deus por meio da combinação entre a dimensão espiritual e a realidade física funcional. Nós fomos criados como
seres holísticos, que refletem a imagem de Deus. Todavia, Satanás tem obtido êxito em nos fazer separar a realidade ontológica
da funcional. Assim, somos espirituais aos domingos, mas, de
segunda a sábado, abordamos a vida de maneira independente
de Deus por meio das realidades físicas e tangíveis. Isso tem causado uma espécie de esquizofrenia espiritual no corpo de Cristo,
estorvando o homem de fazer avançar o reino de Deus.

Para coincidir com tudo aquilo que Deus planejou, o governo
do homem deve acontecer debaixo do pleno governo do Senhor
e, ao mesmo tempo, refletir a imagem divina. O domínio nunca
pode se separar da imagem. O que frequentemente ocorre em
nossa cultura é que os homens querem dominar sem a imagem.
Quando tentam governar sem integrar o aspecto espiritual ao
domínio físico, Deus acaba sendo deixado de lado, e as consequências se acumulam.

O homem do reino governa com ajuda

Um componente essencial de integração do aspecto espiritual ao
domínio físico é a compreensão correta da função planejada por
Deus para o homem e para a mulher. Boa parte da confusão que
hoje cerca o casamento resulta de uma percepção incorreta da natureza desse relacionamento. Quando as pessoas leem que Deus
disse que não era bom para Adão estar só, em geral entendem
que isso subentende que Deus acabou com a solidão de Adão por

meio da criação da mulher. Compreendem que se tratava única e essencialmente de uma companhia.

No entanto, caso Adão carecesse apenas de uma companhia, é bem mais provável que o próprio Adão o afirmasse. Em vez disso, foi Deus quem proferiu essas palavras. Adão não mencionou nada disso. Além do mais, as palavras hebraicas usadas para descrever a mulher como uma auxiliadora criada especificamente para Adão não se referem, de maneira nenhuma, a uma pessoa feita apenas para acabar com a solidão de outra. De fato, só há um motivo claro para Deus ter dito "Farei alguém que o ajude e o complete" (Gn 2.18): Adão obviamente precisava de ajuda.

Embora Adão tenha sido criado perfeito, ele também foi criado incompleto. Deus criou Adão de tal maneira que a tarefa de exercer domínio não poderia ser realizada a contento sem auxílio. Sozinho, Adão não conseguiria executar o plano de Deus para a sua vida. Para avançar a um nível ainda maior de domínio, Adão necessitava de ajuda.

Isso não nega o valor de Eva como companheira, nem significa que ela não tenha satisfeito a necessidade de Adão por companhia, mas essa não foi a primeira preocupação de Deus ao criar a mulher. A preocupação divina era dar poder ao homem e, em consequência, dar poder a ambos para exercer domínio.

Em outras palavras, homem, a busca estratégica do seu chamado — ou do seu destino — precede sua sexualidade. Ter ao seu lado alguém que possa ajudá-lo a alcançar aquilo que Deus determinou para você é mais importante do que ter um cálido desempenho dentro do quarto. Da mesma maneira, ter auxílio para alcançar plenamente seu potencial é mais importante do que ter por perto uma pessoa bonita. Não estou dizendo que Deus não providenciou algo divertido para você fazer com ela e ela com você, mas o propósito divino vai muito além do companheirismo ou de conseguir uma bela esposa para exibir como um troféu. No entanto, o fato de muitos homens transformarem a segunda opção, à custa da primeira, em objetivo principal, seja por uma compreensão incorreta do que deveriam procurar em uma companheira, seja por valores baseados em uma visão limitada, faz que eles acabem subestimando o potencial da aliança conjugal.

É importante analisar as palavras hebraicas traduzidas por "alguém que o ajude e o complete" na passagem que acabamos de ler, pois elas são bem mais poderosas do que costumamos reconhecer. São os termos *ezer*[1] e *kenegdo*.[2] A palavra *ezer* aparece 21 vezes no Antigo Testamento e somente em duas delas se refere a uma mulher. Os demais usos remetem especificamente à ajuda superior vinda de Deus. Exemplos: "Não há ninguém como o Deus de Jesurum! Ele cavalga pelos céus para ajudá-los [*ezer*]" (Dt 33.26); "Nossa esperança está no Senhor; ele é nosso auxílio [*ezer*] e nosso escudo" (Sl 33.20). "Quanto a mim, pobre e aflito, vem depressa me socorrer, ó Deus. Tu és meu auxílio [*ezer*]" (Sl 70.5); "Nosso socorro [*ezer*] vem do Senhor" (Sl 124.8).

Para diferenciar o uso de *ezer* — ajuda proporcionada por Deus — de todas as outras acepções empregadas no Antigo Testamento, a palavra *kenegdo* foi acrescentada. Ela vem de *neged* e significa "na frente" ou "na vista de". Também é traduzida como "completude de" ou "contraparte de", a exemplo do que caracteriza um parceiro.[3] Homem, se você vê a mulher com quem se casou — ou, se estiver solteiro, a mulher com quem se casará — simplesmente como alguém que cozinha, faxina a casa, limpa meleca do nariz dos filhos e os leva para a escolinha de futebol, então você não só perdeu de vista o componente espiritual de um relacionamento entre homem e mulher, como também tem feito mau uso desse relacionamento, para seu próprio prejuízo. Se tudo o que você deseja é alguém para fazer as tarefas domésticas, então sugiro que contrate uma empregada. Pois Eva foi criada para fazer muito mais que isso. Eva foi criada para prover um *auxílio forte* na posição de *contraparte*, segundo nos revela a compreensão contextual dos diversos usos de *ezer*. Se você deseja progredir bem, o avanço rumo ao seu destino deve ser um esforço colaborativo.

Qualquer homem que deixe de apreciar as habilidades, as opiniões, o intelecto e os dons de sua companheira é tolo. Qualquer homem que não a encoraje ativamente e que deixe de providenciar um meio para que ela refine suas capacidades, sua inteligência e seus conhecimentos é igualmente tolo. Há homens demais, especialmente dentro da cultura cristã, que desperdiçam o que Deus incutiu na mulher com quem se casaram, muitas vezes por não respeitarem o que a diferencia — sobretudo suas emoções. Com frequência, o homem desconsidera a importância das emoções da mulher, embora sejam exatamente estas as ferramentas capazes de equilibrar a lógica masculina. Deus projetou o cérebro feminino de forma única para captar mais percepções e intuição do que o cérebro masculino. Embora nem sempre seja assim, muitas vezes é. Logo, se você não valoriza a compreensão que sua mulher tem acerca de um assunto, tomará uma decisão sem analisar o quadro completo e sem dispor de todas as informações, porque a mulher o completa como contraparte.

Quando a mulher se sente menos apreciada, necessária e valorizada que você, ela fica menos disposta a seguir sua liderança como cabeça do lar. Desvalorizar sua mulher é um dos erros mais graves que você pode cometer na vida. Aliás, Pedro deixa absolutamente claro que a falha em honrá-la como coerdeira acaba impedindo que Deus atenda às suas orações (1Pe 3.7). Infelizmente, os ensinos tradicionais acerca dos papéis dentro do lar pintam uma imagem diferente da que nos foi dada como *ezer kenegdo* — uma auxiliar forte que atua como contraparte do homem, visível aos olhos de

> *Desvalorizar sua mulher é um dos erros mais graves que você pode cometer na vida.*

Deus. Normas e preceitos culturais têm distorcido o ponto de vista masculino acerca de quão essencial é a parceria de uma mulher, e essa é uma das maiores razões para que homens do reino sejam malsucedidos na terra.

Abençoado por Deus

Deus criou a humanidade para que esta exerça governo. Mas o homem, e também a mulher, deve governar de acordo com o desígnio divino. Quando faz isso, pode esperar ser abençoado, pois, após criar o homem e ordenar que exercesse domínio, Deus concluiu pronunciando uma bênção: "Então Deus os abençoou e disse: 'Sejam férteis e multipliquem-se. Encham e governem a terra. Dominem sobre os peixes do mar, sobre as aves do céu e sobre todos os animais que rastejam pelo chão'" (Gn 1.28).

A bênção é algo popular nos dias de hoje. Todos querem ser abençoados. Mas bênção não diz respeito apenas a mais coisas ou mais dinheiro. Conheço muita gente que tem casa e salário maiores do que nunca antes na vida, mas agora se sente ainda mais infeliz. Bênção não é simplesmente ganhar tudo o que você acha que quer. Em vez disso, é a capacidade de experimentar, desfrutar e estender a bondade de Deus em sua vida.

A bênção nunca diz respeito somente a você. Sempre tem a intenção de incluí-lo, mas também deve alcançar os outros por seu intermédio. Hoje, há muitos cristãos desejando que Deus os abençoe sem estarem dispostos a que o Senhor os use para abençoar outros. O que estão fazendo é limitar a bênção em sua vida, pois Deus sempre abençoa de modo que o benefício vá além da pessoa beneficiada. Se você não estiver disposto a ser uma bênção para os outros mediante o que Deus lhe deu, então por que ele deveria considerá-lo um candidato para receber a bênção?

Quando Deus abençoou Adão e Eva no jardim, ele os instruiu a ser férteis e se multiplicar. Então, capacitou-os a encher a terra e a estender a toda a terra e àqueles que vieram depois deles a bênção que lhes deu. E mais: outra maneira de Deus abençoá-los foi provendo recursos no lugar onde deveriam exercer domínio, o jardim. Quando Deus chamou a humanidade para governar, não foi um convite para dominar sobre algo para o qual ele mesmo não tivesse provido os meios. Essa é a verdadeira definição de bênção. Bênção é quando Deus capacita você para o chamado. É quando ele provê o necessário para você realizar tudo o que se encontra sob o seu domínio.

Você sabe que foi abençoado quando é capaz de desfrutar a bondade de Deus a despeito das provas e tribulações associadas ao que você está fazendo. E você tem força, recursos e capacidades suficientes para realizar aquilo que foi chamado a fazer.

A verdade poderosa acerca de governar seu mundo é que Deus sempre provê o necessário para o mundo que ele deseja que você governe. Muitos homens tentam governar um mundo ou uma esfera de influência que nunca lhes foi designada por Deus. Ou não governam de acordo com o projeto divino. E eles se perguntam por que estão sempre cansados e frustrados. Querem saber por que não está dando certo. Não está dando certo porque não estão no jardim no qual Deus os colocou. Vaguearam para o jardim de outra pessoa, para fora de seu próprio território.

Ao abandonar aquilo que Deus o chamou para fazer e tentar governar o mundo de outras pessoas, você fica por conta própria. O Senhor não está interessado em fazer você avançar seu próprio reino, cuidar do reino de outra pessoa ou governar o mundo de alguém. Deus tem um reino e, nele, designou autoridade específica para indivíduos específicos agirem de acordo com um plano específico, a fim de fazer que o reino dele avance da melhor maneira.

9

AVALIE SUA AUTORIDADE

Em janeiro de 2010, travei uma batalha que durou bastante tempo. Após semanas, aliás, após quase um mês inteiro, parecia que o inimigo estava ganhando território demais.

Então fiz uma coisa que detesto.

Liguei para meu médico e marquei uma consulta.

Precisei de apenas alguns minutos para contar como vinha me sentindo durante todo aquele mês: minha cabeça latejava, minha garganta arranhava, meu corpo doía, eu tinha febre e calafrios, e meus olhos lacrimejavam. Expliquei que havia ido à farmácia e tentado uma série de supostas soluções.

Só recebi o que realmente precisava quando o médico revelou que aquilo que eu achava ser um problema não era o problema real. Após analisar minha situação, o médico pegou um pedaço de papel e escreveu algo. Dirigi até a drogaria e entreguei a receita ao farmacêutico. Ele me entregou rapidamente os remédios prescritos e disse:

— Tony — a essa altura já estávamos nos chamando pelo primeiro nome —, agora você vai ficar bem.

Embora já tivesse ido à farmácia várias vezes antes, eu nunca havia sido autorizado a comprar no balcão algo que não fica disponível para o público geral. Antes de receber a receita escrita por meu médico, não tive permissão para retirar aquilo de que realmente necessitava. Mas, tão logo recebi autorização e segui as orientações da receita, voltei à plena forma, pronto para enfrentar qualquer coisa que a vida colocasse em meu caminho.

Essa verdade sobre o corpo também se aplica à nossa vida. Algo não está bem em nossa vida pessoal, nosso lar, nossa família ou nosso emprego, mas aquilo que tentamos usar para resolver não parece estar dando certo. O problema não é falta de sinceridade da nossa parte. Não é falta de tentativa de consertar o que está quebrado. Não falhamos em dedicar tempo e recursos valiosos na busca de uma solução. Tampouco deixamos de ir à igreja, ler a Bíblia ou orar. O cerne da questão é que estamos usando métodos paliativos para lidar com algo que somente Deus tem autoridade para conceder.

Homem, estamos prestes a discutir um assunto cuja verdade implica um poder do qual, com frequência, falhamos em extrair total vantagem, isso porque muitas vezes o interpretamos ou empregamos mal. Tal princípio, dependendo de como o homem se alinha com ele, pode resultar em sucesso ou fracasso. É por causa dessa verdade que você deve amar ser homem.

Tal princípio pode resultar em sucesso ou fracasso. É por causa dessa verdade que você deve amar ser homem.

Vamos falar sobre o reino. Vamos falar sobre autoridade. E o mais importante de tudo: vamos falar sobre o que os círculos teológicos chamam de *aliança de domínio* (cf. Gn 1.26-28; 9.1-5; Mt 28.18-20), algo que eu gosto de chamar simplesmente de *nomeação*. A aliança de domínio consiste na manifestação dos princípios do reino de Deus na sociedade. Nesse princípio específico de *nomeação*, o Senhor escreveu uma receita que deposita uma quantidade significativa de influência e autoridade diretamente nas mãos dos homens. Se, e quando, usar essa receita de acordo com as orientações nela indicadas, você será capaz de impactar sua esfera de influência de muito mais maneiras do que havia imaginado.

Nomeação.

Esse é o grande cerne de tudo. É isso que, dependendo de como você usa ou não, pode lhe trazer a maior alegria ou a mais profunda tristeza. É isso que separa homens de meninos. Pois, em sua função de homem do reino, você nomeia as coisas. Melhor ainda: por ser um homem que se encontra debaixo da autoridade divina, você pode nomear as coisas e ver Deus trazê-las à existência. Isso é poder real. Isso é domínio real. Isso é alcançar o máximo de cada pedacinho daquilo para que você foi criado.

Nomeação.

É seu direito. É sua responsabilidade. E é seu destino.

Nomeação

A fim de entender plenamente a relevância de nomear algo, primeiro você precisa entender o contexto dos nomes nas culturas bíblicas. No período do Antigo Testamento, um nome era mais que simples nomenclatura. Na verdade, era uma réplica e uma revelação do indivíduo ou objeto em si.

O nome era tão importante no contexto bíblico que, ao longo das Escrituras, há menções frequentes a ocasiões em que o próprio Deus mudou o nome de alguém para refletir uma nova realidade. Abrão, que significa "pai", foi alterado para Abraão, que quer dizer "pai de muitas nações" (Gn 17.5). Jacó, cujo nome original significava "agarrador do calcanhar" e "enganador" (Gn 25.26), passou a se chamar Israel após lutar com Deus. O novo nome, Israel, significa "aquele que prevalece" (Gn 32.28). Em Oseias, Deus mudou o nome do filho e da filha do profeta a fim de retratar a mudança em seu relacionamento com eles, de Lo-Ami, que quer dizer "não meu povo" (Os 1.9), e Lo-Ruama, que significa "não amada" (Os 1.6), para Ami e Ruama, que significam, respectivamente, "meu povo" e "minha amada" (Os 2.1).

Não raro, nas Escrituras o nome denota e conota propósito, autoridade, constituição e propriedade. Muitas vezes, é visto como um verdadeiro equivalente da pessoa ou do objeto. Jesus disse que havia revelado o nome de Deus às pessoas e continuaria a fazê-lo (Jo 17.26). Ele estava se referindo a mais que meros sons unidos em uma palavra. Quando veio à terra em carne, Jesus mostrou o coração, a mente, a vontade, o caráter e o ser de Deus por meio da revelação de seu nome.

Quer seja *shem*, no hebraico, quer seja *onoma*, no grego, a palavra que traduzimos como "nome" e aparece mais de mil vezes nas Escrituras[1] rotineiramente carrega consigo poder, responsabilidade, propósito e autoridade. O nome não só expressa a essência e a significância de um ser, como também, quando devidamente autorizado, indica a capacidade que lhe é intrínseca. Estar na posição de nomear algo — atribuir a algo ou alguém seu componente identificador — comunica posse, responsabilidade e exercício de autoridade sobre esse elemento. O nome predetermina e cria expectativas acerca do que a coisa ou pessoa nomeada se tornará.

No entanto, um fator-chave na prática e no aperfeiçoamento da arte de nomear, o qual estamos prestes a estudar em Gênesis, se encontra diretamente ligado ao alinhamento correto do homem sob Deus. Não se trata de um cheque em branco onde você coloca seu nome, reivindica e ganha qualquer coisa que quiser. A menos que esteja ligado ao governo de Deus, de acordo com o plano de seu reino, o uso da nomeação pode, na verdade, acabar deixando o homem vulnerável a perdas. Isso acontece porque, quando o nome não está ligado à legitimidade de suas raízes, a declaração não tem peso nenhum.

Em Atos, lemos sobre uma situação na qual homens judeus tentavam expulsar demônios em nome de Paulo e de Jesus. Os demônios, porém, se recusaram a sair, pois aqueles homens não tinham recebido autoridade para usar o nome de Cristo. Eles não haviam se posicionado debaixo do governo divino. Por causa disso, o nome de Jesus não carregava consigo a capacidade de efetuar mudanças. Em consequência, aqueles judeus foram tão atacados que "fugiram da casa, despidos e feridos" (At 19.15-17).

Conforme veremos na passagem a seguir, Adão não saiu nomeando tudo quanto cruzasse seu caminho. Ele não serviu de modelo errôneo, modelo esse no qual muitos creem, que afirma ter a humanidade o direito de "nomear e reivindicar" qualquer coisa que escolher. Adão nomeava aquilo que Deus "levava" a ele dentro da esfera em que o próprio Senhor já o tinha colocado e sobre a qual tinha declarado que ele deveria governar. Adão nomeava aquilo que entrava em seu domínio, no domínio que Deus lhe tinha dado. Era uma resposta de Adão àquilo que Deus lhe trazia. A autoridade para nomear corresponde a uma dança delicada entre a soberania e a responsabilidade pessoal, a exemplo de um lateral ágil que se desvia de possíveis roubadas de bola. Mas essa é uma dança que, se feita da maneira correta, mudará o seu mundo para sempre. Olhemos para o que diz Gênesis 2.19: "O Senhor Deus formou da terra todos os animais selvagens e todas as aves do céu. Trouxe-os ao homem para ver como os chamaria, e o homem escolheu um nome para cada um deles".

Entendeu? A palavra que Adão pronunciava *se tornava o nome do animal.* Sem discussões. Sem explicações. Sem ajustes. O nome dado por Adão era definitivo.

O nome nunca é apenas uma palavra. O nome consiste em revelação e expectativa. No jardim, Deus concedeu a Adão um chamado para estudar, analisar, classificar e nomear tudo aquilo que o próprio Senhor lhe trouxesse. Por meio desse processo, Adão assumiu responsabilidade de posse e exerceu autoridade ao determinar como cada coisa seria chamada, cumprindo parte da ordem de dominação que havia recebido.

Primeiro o chamado

Algo importante a notar nessa situação — e que, com frequência, é negligenciado por causa do foco que lançamos sobre Adão, Eva, a serpente e o fruto — é que, antes de Deus criar a mulher, ele deu a Adão um chamado, uma tarefa. Deus não criou Adão e Eva ao mesmo tempo. Ele criou Adão primeiro, como seu principal subordinado. Eva só entrou em campo depois que Adão havia cumprido seu chamado de nomear aquilo que Deus lhe trouxera e tinha iniciado o processo de administração em lugar do Senhor. Em outras palavras, o homem deveria conhecer e praticar a responsabilidade sob a liderança divina antes de receber responsabilidade sobre uma mulher. Adão mediu sua grandeza por seu chamado, e não pelo casamento.

Antes de Deus criar a mulher, ele deu a Adão um chamado.

No entanto, quando Deus trouxe a Adão sua esposa, passou a ser da responsabilidade de Adão nomeá-la também. Gênesis 2.22-23 diz:

> Dessa costela o Senhor Deus fez uma mulher e a trouxe ao homem. "Finalmente!", exclamou o homem.
>
> "Esta é osso dos meus ossos,
>   e carne da minha carne!
> Será chamada 'mulher',
>   porque foi tirada do 'homem'".

Adão escolheu cuidadosamente o nome *mulher*, baseado não só na realidade biológica de como Eva veio à existência, mas também como reflexo da ordem e do desígnio divino. O nome dela era mais que uma classificação; englobava aspectos de função e propósito. Uma das maiores ilustrações da natureza abrangente da nomeação é revelada por meio desse nome: "'mulher', porque foi tirada do 'homem'". Tendo sido criado antes de Eva, e também porque esta foi tirada dele, Adão foi posto como cabeça sobre a mulher enquanto ele mesmo estivesse debaixo de Deus, e isso foi expresso no nome que deu a ela.

Como homem, Adão seria um bode expiatório ou um herói, conforme as decisões que ele e a esposa tomassem. Junto com a autoridade de nomear vêm a influência e o poder — coisas que a maioria dos homens busca —, mas a autoridade também é acompanhada de responsabilidade. Muitos homens se concentram na influência e no poder e ignoram a responsabilidade. Contudo, o homem do reino que se alinha sob o senhorio de Jesus Cristo prestará contas de tudo o que compõe seu papel. Deus nomeou Adão. Adão nomeou Eva, demonstrando o fluxo de prestação de contas e responsabilidade.

Nunca me esquecerei do dia em que minha filha Priscilla se casou, anos atrás. Antes do casamento, Priscilla estava sob minha orientação, minhas regras e minha autoridade como pai. Ela era Priscilla Evans. Levava o meu nome. No entanto, quando decidiu mudar de reino alinhando-se debaixo do marido como seu novo cabeça, ele lhe deu um novo sobrenome. Junto com o novo nome, aquilo significava que o marido de Priscilla deveria ser responsável por seu sustento, sua proteção e orientação espiritual geral.

O primeiro problema, porém, foi que, duas semanas depois de se casar, Priscilla me ligou e disse:

— Papai, estou precisando de dinheiro.

Eu respondi:

— Priscilla, vá pedir ao seu marido.

Ela argumentou rapidamente:

— Mas você é meu pai!

Ao que expliquei na mesma velocidade:

— Quando eu era seu cabeça, eu era o responsável. Mas agora que você mudou para uma nova esfera e recebeu um novo nome, seu marido é o responsável. Peça a ele. Se você ainda precisar de dinheiro depois de conversar com ele, peça que ele venha falar comigo.

A nomeação não é acompanhada somente de autoridade, mas também de responsabilidade.

Por ser pastor, já tive a oportunidade de realizar centenas de casamentos. Nenhuma cerimônia é igual a outra, exceto pelo brilho que emana do rosto da noiva e a expectativa que transparece na face do noivo. Eu sei muito bem qual é a expectativa do noivo, e você também! A mente dele já está se adiantando para algumas horas depois. É possível que a noiva também esteja focada nesse momento, mas o mais provável é que o brilho de seu rosto se deva à crença de que o homem com quem ela está prestes a se casar lhe dará segurança, companheirismo e cuidado. Diante da esperança e da expectativa de todas essas coisas, ela permite com alegria que ele lhe dê um novo nome. Ela assume o nome dele porque, junto com esse nome, vem a promessa de um futuro melhor do que ela teria sem a companhia daquele homem.

Em 2011, tive o privilégio de fazer o sermão de casamento de Tony Romo, *quarterback* do Dallas Cowboys. Como você deve imaginar, o ambiente estava cheio de beleza e vivacidade. Cada pequeno detalhe havia sido preparado com antecedência e grande cuidado. Quando chegou o momento de a noiva proferir seus votos e abrir mão de seu nome, ninguém a ouviu levantar qualquer objeção a receber o novo nome, Romo. Em vez disso, ela o assumiu com a mesma honra e entusiasmo que tantos sentem quando correm para se identificar com esse sobrenome ao comprar uma camiseta do time com a inscrição "Romo" nas costas. O nome significa algo. E, quando significa algo bom, traz o bem para a vida de quem o recebe.

No entanto, uma das tensões que os homens comumente enfrentam, sobretudo com a esposa, é que eles dão o próprio nome sem entender o que isso significa. Se o homem não tem certeza de quem é, se não cumpriu ou não começou a cumprir seu chamado antes de entrar em um relacionamento, pode esperar que a confusão seja trazida por ele mesmo para dentro dessa relação. A esposa ficará confusa quanto ao nome dela simplesmente porque ele, o homem, está confuso em relação ao seu.

Essa verdade não se aplica somente ao lar, mas à profissão também. Alguns homens não avançam na carreira porque falham em conhecer o próprio nome e chamado. E não reconhecem que têm autoridade para nomear outras coisas. Pensam que, de algum modo, estão satisfeitos com o pedacinho de mundo que encontraram. Ou confundem o que Deus está lhes trazendo com aquilo que querem que ele traga e, por isso, acabam nomeando as coisas erroneamente. Em consequência, não as veem se tornar realidade. Deus só autoriza o domínio quando o homem se subordina ao próprio Senhor e ao governo que este dá. Se o homem tentar fazer o que quiser ou promover seus próprios objetivos dentro de seu reino, carecerá de autoridade para nomear.

> *Alguns homens não avançam na carreira porque falham em conhecer o próprio nome e chamado.*

Entenda direito

Homem, quero que você entenda essa verdade. Quero que pense de maneira diferente por causa dela. Quero que comece a pensar em termos da autoridade e da responsabilidade que lhe foi dada por Deus. Aproprie-se da criação. Pegue o pedaço da criação que Deus lhe designou. Nenhum sentimento pode se comparar a ver Deus lhe trazer coisas que demandariam de você um esforço absurdo. Deus as traz para você porque são suas, para que você nomeie ou porque já as nomeou. Nada se compara a ver Deus abrir portas que foram fechadas bem à sua frente.

Como já mencionei, comecei uma igreja em minha casa. Com o tempo, passamos a fazer os cultos em um apartamento e, posteriormente, Deus proveu uma forma milagrosa de construirmos uma pequena estrutura em forma de chalé na estrada Camp Wisdom, em Dallas — uma experiência cujo relato dá uma história e tanto. Contudo, foi por volta da época em que vivi tal crescimento e desenvolvimento espiritual que o princípio da nomeação passou a delinear o que eu fazia. Falarei mais sobre isso no próximo capítulo, mas eu literalmente comecei a nomear as terras e propriedades em torno daquele pequeno chalé. Eu olhava para um pedaço de terra e o nomeava para o reino de Deus, porque ele disse: "Dominará". E, como eu tinha a intenção de usar aquelas propriedades em conexão com algo de que Deus se beneficiaria e que resultaria para a glória dele, usei uma abordagem do reino na nomeação. Em consequência, Deus acrescentou terras à propriedade de nossa igreja.

Havia um lote em particular pelo qual eu passara de carro durante anos. Nele ficava uma velha mansão abandonada, em meio a oito hectares preciosos de terra, bem no meio da cidade de Dallas. O local era magnífico. Aliás, o filme que levou Robert Duvall a ganhar seu único Oscar de melhor ator, *A força do carinho*, foi filmado ali. O filme gira em torno dos temas de restauração, esperança espiritual, família e cura — uma prefiguração do que estava por vir.

Lembro-me de, certo dia, dirigir passando por essa propriedade e, então, decidir estacionar meu carro bem em frente ao edifício vazio, já decadente. Anos haviam se passado desde que Deus colocara em meu coração que aquele prédio seria usado para sua glória. Então, enquanto olhava para a construção, eu disse: "Deus, eu nomeio isto. Nomeio todo este local para o bem dos outros e para a tua glória. Não temos dinheiro para comprá-lo agora, mas Senhor, segura-o para nós. Porque eu o nomeio em nome de Jesus".

Não muito tempo depois, eu estava sentado em meu carro, encarando aquela mansão, quando Deus revelou uma maneira de adquirir a propriedade. E agora, aquela terra e aquele edifício, usado no passado como cenário de filme, são um centro para gestantes, no qual a mensagem de restauração e recomeço é diariamente anunciada a adolescentes em situação crítica.

Homem, quero que você tome posse desse princípio porque já o vi dar frutos incríveis em minha vida, muito além do que eu seria capaz de expressar nas páginas deste livro. Já vi tanta coisa que agora vivo meus dias em busca de algo que possa nomear; então, fico na expectativa de Deus trazê-lo à fruição. Cada dia começa com um espírito de antecipação porque já vi o Senhor fazer muito em resposta à prática dessa verdade. É importante, porém, reconhecer que nomear não significa reivindicar toda e qualquer coisa que você quiser. Nem declarar algo somente para seu benefício pessoal. Nomear — assim como tudo o que o homem deve fazer — sempre está ligado à glória de Deus e à expansão do reino dele. É apontar o envolvimento divino, baseado na vontade revelada do Senhor e em como a Palavra diz que ele estará envolvido.

Não há dúvida de que isso requer um relacionamento íntimo e abrangente com Deus, para que você esteja em sintonia com aquilo que ele lhe traz para nomear, seja em seus pensamentos, seja em seu caminho, seja em suas orações, seja na Palavra. Certamente vale a pena todo esforço destinado ao crescimento espiritual e a um relacionamento pessoal em que você possa conhecê-lo e experimentá-lo. O processo de nomear coisas é confirmado de forma objetiva pela Palavra de Deus e de forma subjetiva pelo testemunho interior do Espírito Santo e pela confirmação circunstancial. Portanto, quanto mais próximo estiver do Senhor e de sua Palavra, tanto mais perto estará de identificar e nomear aquilo que ele destinou a você.

Quando você tiver a oportunidade de nomear as coisas e observar Deus trazê-las à existência, saiba que até mesmo o Senhor está respeitando sua masculinidade. Deus fica livre para fazer isso porque você respeita a divindade dele. É assim que funciona. É assim que você vivencia o sucesso do reino. Viver como homem do reino é, em grande medida, um estado de espírito. Trata-se da compreensão de que você não é deste mundo. Você representa outro reino e serve ao único Rei verdadeiro. Em qualquer reino, o que o rei disser que vai acontecer *de fato* ocorrerá. Isso é autoridade. Por ser um homem do reino, você tem como missão conhecer a Deus por completo e buscar o avanço da glória dele. Quando o fizer, ele será seu líder e o direcionará de acordo com o que quiser lhe dar. Ele trará coisas para você nomear. Então, uma vez nomeadas por você, ele as trará à existência.

O problema com que muitos homens deparam atualmente, e que está ligado à ordem de domínio, é sua compreensão acerca do que o sucesso do reino de fato é. A compreensão incorreta do que é sucesso leva o homem a nomear coisas de forma ilegítima ou impede que ele avance na esfera e na direção que Deus lhe reservou. As pessoas definem o sucesso de diversas maneiras. Algumas o definem como proeminência ou posição elevada. Outras o entendem como ganho financeiro. Outras ainda o equiparam a relacionamentos e conquistas dentro da família. No entanto, eu conheço — e é provável que você conheça também — uma série de pessoas infelizes que ocupam uma posição elevada, têm uma família que o mundo considera saudável e dispõem de uma gorda conta bancária. Além disso, na época em que vivemos, a proeminência pode não durar mais que um minuto. As coisas mudam.

A medida do sucesso do reino é muito maior que a largura da carteira, o total de metros quadrados de uma casa ou o tamanho do sorriso na fotografia pendurada na parede. Ter sucesso implica cumprir o motivo que o fez nascer e, mais, nascer de novo. Envolve manifestar a ordem de existir para a glória de Deus, para o seu próprio bem e para o benefício dos outros.

Sucesso significa cumprir o seu destino.

10

TOQUE O CÉU PARA MUDAR A TERRA

Quando você morrer, não vai importar quanto dinheiro você tem, quantas pessoas sabem o seu nome ou a posição que você ocupava. Se você nunca se empenhou em ser e fazer aquilo que é seu destino, então não passou de fracasso bem-sucedido. Sucesso significa chegar ao destino prescrito por Deus e fazer isso enquanto há capacidade para experimentar, desfrutar e estender a bondade do Senhor.

Amigo, você tem um destino ordenado e oferecido por Deus. Você não está aqui apenas para ocupar espaço, molhar a grama e assistir à televisão. Você está aqui para muito mais. Você está aqui para governar, e governar bem.

Contudo, o problema é que, embora Adão — e os demais homens, por intermédio dele — tenha recebido a ordem e a autoridade para governar sua esfera e nomear aquilo que Deus lhe trouxe por sua posição de liderança, ele perdeu a posse de bola. Quando o líder se tornou o subordinado e comeu o fruto entregue por Eva, deixou a bola cair. Aliás, Satanás nem precisou tentar tirá-la de suas mãos. Adão simplesmente a deixou cair e então correu para as arquibancadas tentando se esconder de Deus.

O erro de Adão afetaria não só seu relacionamento, mas também seu local de moradia. Afetaria não só sua carreira, mas os filhos que ainda viria a ter. A perda cataclísmica de Adão provocou repercussões pessoais, financeiras, familiares e sociais que têm comprometido a vida de todos os homens depois dele.

Isso acontece porque, no momento do deslize de Adão, o reino das trevas, governado por Satanás, lançou um desafio ao reino da luz, governado por Deus. Naquele instante, nosso mundo se tornou o campo de batalha para uma guerra épica, na qual Satanás reivindicou o domínio sobre a criação divina, a humanidade. Com a força recém-obtida, Satanás saiu em ofensiva, tentando destronar o Criador de todas as coisas. Todavia, o que Adão perdeu no jardim, Cristo reconquistou na cruz. E, a menos que você compreenda a teologia da autoridade espiritual, continuará a viver jogando na defensiva, reagindo a outro governante, em vez de passar por cima dele e exercer o seu próprio governo.

Em Colossenses 2.8-10, Paulo resumiu os elementos da autoridade espiritual com muita clareza:

> Não permitam que outros os escravizem com filosofias vazias e invenções enganosas provenientes do raciocínio humano, com base nos princípios espirituais deste mundo, e não de Cristo. Pois nele habita em corpo humano toda a plenitude de Deus. Portanto, porque estão nele, o cabeça de todo governante e autoridade, vocês também estão completos.

Além de ser o cabeça sobre todo governo e toda autoridade, Cristo também "desarmou os governantes e as autoridades espirituais [...] ao vencê-los na cruz" (Cl 2.15). Quando Cristo desarmou Satanás, removeu a autoridade que este havia conquistado sobre a humanidade no jardim. Satanás continua a ter poder, mas não tem nenhuma autoridade. Há uma grande diferença entre essas duas coisas. Assim como há uma grande diferença entre estar diante de uma pessoa que segura uma arma carregada e ter à sua frente alguém que segura uma arma sem balas. A pessoa com a arma carregada desperta uma reação absolutamente distinta daquela provocada pela presença da pessoa com a arma vazia.

No entanto, o problema que surge em uma situação dessas é como saber se a arma está carregada ou não. Satanás ainda empunha uma arma. E, para o cristão que não entende o que é autoridade espiritual, a arma do inimigo continua a pressionar e intimidar. Mas a verdade é que a arma está vazia. Com a morte de Cristo na cruz, Deus retirou as balas, "nos resgatou do poder das trevas e nos trouxe para o reino de seu Filho amado" (Cl 1.13).

Posicione-se contra o inimigo

Consigo ouvi-lo argumentar comigo. Você me pergunta: "Tony, se Satanás já foi derrotado, por que, então, eu vivo na defensiva? Por que há em minha vida questões que pareço conseguir vencer e coisas que pareço não ser capaz de nomear? Se Satanás já perdeu, por que, então, ele parece tão poderoso?". Satanás *está* derrotado. Contudo, como qualquer pessoa derrotada na vida, ele não quer cair sozinho. Ele continua a lutar. E aquilo em que você acredita acerca da autoridade dele faz uma enorme diferença na forma como você reage.

Enquanto escrevo este capítulo, os Dallas Mavericks acabam de vencer a final da NBA (2011). Foi uma partida empolgante. No entanto, ao longo de todos os anos em que trabalhei com os Mavericks, nem sempre os vi chegar assim tão bem ao fim do campeonato. Aliás, algumas vezes, eles ficaram muito longe da final. Foram derrotados muito antes de a temporada ser concluída. Durante o último jogo, porém, eles ainda jogavam com paixão pela vitória. Por quê? Porque fazer um time rival perder no fim da temporada pode afetar as chances de este se tornar campeão. Em outras palavras: "Pode até ser que nós não cheguemos à final, mas faremos tudo o que estiver ao nosso alcance para garantir que vocês também não cheguem lá".

De maneira semelhante, o objetivo de Satanás é nos privar da possibilidade de vencer o "campeonato" e nos fazer descer para o nível dele. Se você é salvo, ele não pode arrastá-lo para o inferno, mas fará todo o possível para que enfrente um inferno na terra. Satanás sabia algo de que Paulo também tinha conhecimento: Deus "nos abençoou em Cristo com todas as bênçãos espirituais nos domínios celestiais" (Ef 1.3). Satanás compreende nosso potencial. Ele sabe o que Deus pode fazer conosco. Conhece a autoridade de que dispomos quando estamos ligados a Jesus Cristo. E está comprometido em garantir que nunca alcancemos nosso destino.

O objetivo de Satanás é nos privar da possibilidade de vencer o "campeonato" e nos fazer descer para o nível dele.

Satanás tem poder. Ele tem poder para enganar, intimidar, persuadir e até para destruir, mas esse poder é limitado, pois Satanás não tem autoridade. Jesus detém a autoridade. Pouco antes de ascender ao céu, tendo já ressuscitado dos mortos, Cristo declarou: "Toda a autoridade no céu e na terra me foi dada" (Mt 28.18). Jesus tem autoridade completa.

Há duas palavras gregas principais usadas na Bíblia com o sentido de autoridade: *dynamis*[1] e *exousia*.[2] A melhor tradução de *dynamis* a toma como um termo genérico para "poder". O poder *dynamis* é como a arma carregada. Nas mãos de um policial, representa poder legítimo, mas, nas mãos de um criminoso, é ilegítimo. A arma é a mesma, mas o uso de seu poder muda.

Não é ao termo *dynamis* que Jesus faz menção em Mateus 28.18, mas, sim, a *exousia*, que significa poder nas mãos de quem o detém por direito. *Exousia* é o poder dos políticos eleitos para nos governar ou o poder de um policial para prender um criminoso. Por exemplo, os jogadores de futebol americano são mais altos, mais robustos e mais fortes do que os juízes que apitam os jogos. Facilmente poderiam derrubar qualquer um dos árbitros. Mas, como os jogadores só têm *dynamis*, são vencidos em poder pela *exousia* dos árbitros. *Exousia* é o poder legal. Quando Jesus disse que toda autoridade — toda *exousia* — lhe foi dada, estava afirmando que tinha o poder legal, que era seu por direito. Em essência, Cristo declarou que dispunha de autoridade aliada a poder.

Homem, você é súdito do reino de Deus; por isso, Satanás não tem mais autoridade legal sobre sua vida. Não é preciso ficar na defensiva, nem ter medo. Jesus declarou que toda autoridade lhe foi dada e, ao crer, você *se tornou completo* nele. Você está *sentado com ele* onde ele governa, *nos lugares celestiais*. A única maneira de Satanás destituí-lo de sua autoridade para nomear o que Deus colocou em seu domínio e impedi-lo de ver isso se tornar realidade é tirando você de sua posição debaixo da autoridade de Cristo. Satanás deseja deslocá-lo do alinhamento e da cobertura que o acompanham quando você se coloca debaixo de Jesus Cristo como seu cabeça. Enquanto permanecer alinhado, você terá acesso a toda a *exousia* necessária para realizar aquilo que Deus lhe designou.

Todos sabemos que é possível ter direitos legais e não usá-los. É possível criar uma lei que nunca é colocada em prática. É possível ser livre e, ainda assim, agir como escravo. É possível até mesmo ser liberto, mas continuar a agir como prisioneiro da guerra espiritual simplesmente por não colocar em prática aquilo que foi legalizado. A cruz de Jesus Cristo legalizou a autoridade de que você dispõe para executar seu domínio. No entanto, para que a lei seja colocada em vigor, primeiro é preciso reconhecê-la.

Ore com poder

Uma maneira bastante negligenciada de reconhecer aquilo que Deus autorizou é a oração. Mas olhe lá: não vá pulando para o próximo capítulo só porque mencionei a oração. Em minha opinião, a oração é a ferramenta mais subutilizada no arsenal do homem do reino. Entretanto, por pensarmos que ela deve ser feita de certa maneira, em um momento específico, com duração específica e por assuntos determinados, comumente acabamos não recorrendo a ela.

A oração é a ferramenta mais subutilizada no arsenal do homem do reino.

A chave para a oração não é só ter fé como uma criança, mas também saber sobre o que orar. Se você ora por aquilo que deve orar, sem dúvida o receberá. Jesus disse: "Vocês podem pedir qualquer coisa em meu nome, e eu o farei, para que o Filho glorifique o Pai. Sim, peçam qualquer coisa em meu nome, e eu o farei!" (Jo 14.13-14). Pedir algo em nome de Jesus significa pedir de acordo com o que ele aprovaria ou faria. As palavras do próprio Cristo explicam melhor a ideia: "Se vocês permanecerem em mim e minhas palavras permanecerem em vocês, pedirão o que quiserem, e isso lhes será concedido!" (Jo 15.7).

Contanto que você peça de acordo com a vontade de Deus, receberá tudo o que pedir. O segredo da oração não é necessariamente quanto tempo você ora ou as palavras sofisticadas que usa, mas, sim, descobrir qual é a vontade de Deus para sua vida e pedir por isso. Quando você descobrir o que Deus deseja, o que faz o coração dele pulsar, então suas preces estarão alinhadas com ele. Se as palavras do Senhor permanecerem em você, os desejos dele se tornarão os seus desejos e ele "lhe dará os desejos de seu coração" (Sl 37.4) porque aquilo que você quiser será o mesmo que ele quer.

Oração não significa apenas mandar algumas palavras para Deus. Envolve conhecê-lo, ouvi-lo e alinhar o seu coração com o dele. Quando um homem do reino está adequadamente alinhado, suas orações são atendidas. E, quando você começar a ver suas orações serem atendidas, orar deixará de ser o fardo ou o dever etéreo que muitos imaginam que seja. Em vez disso, a oração se tornará uma conversa — de natureza transacional em muitos aspectos. É raro os homens usarem o poder da oração como alavanca e, por causa disso, a maioria não vive a plenitude de seu destino.

Fazer faculdade e seminário quando se é casado e tem filhos pode cobrar um elevado preço do orçamento familiar. Conosco, não foi diferente. Por anos, minha esposa Lois teve de fazer milagre com nosso dinheiro a fim de que fosse suficiente para colocar comida na mesa e vestir nossos filhos. Mas eu me lembro de certa manhã em particular na qual Lois e eu tomamos o café da manhã juntos e ela parecia muito desanimada.

— Tony, não consigo mais viver assim. É difícil demais — ela disse.

Passamos um tempo conversando sobre a pressão que Lois sentia por viver com um orçamento tão limitado enquanto tínhamos quatro filhos para criar. Percebi que, mesmo querendo me apoiar e crendo no chamado de Deus para minha vida, ela havia chegado a um ponto no qual o fardo estava pesado demais.

Eu também tinha convicção de meu chamado e, muito embora fosse um cristão bem menos experiente naquela época, também acreditava na promessa de Deus de que ele proveria os recursos para eu fazer aquilo que havia me pedido. Ver minha esposa chegar ao ponto de dizer que não tinha condições de continuar vivendo daquela maneira me deixou confuso, pois me fez questionar como Deus pôde deixar as coisas chegarem àquele ponto. Ele disse que supriria!

Então, naquele momento, ciente de que minha responsabilidade principal diante de Deus como homem era atender primeiro às necessidades emocionais, físicas e espirituais da minha família, decidi sair do seminário e arranjar um emprego em tempo integral. Compartilhei o plano com Lois e lhe perguntei só mais uma coisa:

— De quanto você precisaria hoje para me apoiar a continuar no seminário e não parar os estudos?

Pedi que ela me dissesse um número, um valor específico.

Lois pensou um pouco e, então, respondeu:

— Quinhentos dólares.

Não se esqueça: isso foi na década de 1970, quando quinhentos dólares era muito dinheiro! Prometi a Lois que, a menos que ganhássemos quinhentos dólares naquele dia, eu sairia do seminário.

Prometi a Lois que, a menos que ganhássemos quinhentos dólares naquele dia, eu sairia do seminário.

Então adivinhe o que fiz? Pode acreditar: eu orei.

Deus havia me chamado para que eu me preparasse para o ministério, e ele havia me conduzido àquele seminário.

Eu tinha a convicção de que deveria continuar. Mas Deus também havia me chamado para ser um marido que cuida da esposa, e Lois comunicou que precisava de quinhentos dólares naquele dia para se sentir preparada e apta a apoiar minha permanência.

Orar era minha única opção naquele momento. Então eu orei.

A caminho do seminário, para o que parecia ser meu último dia de aula, decidi não falar para ninguém sobre a conversa que tivera com Lois no início da manhã. Eu havia contado a Deus. Eu havia orado. Isso precisava ser suficiente.

Após assistir às aulas, fui à caixa de correio para pegar minha correspondência. Quando abri a caixa, vi algo que parecia dinheiro. Ali dentro havia cinco notas de cem dólares, junto com o bilhete de um homem chamado John. Ele disse que Deus o havia instruído a dar aquele dinheiro para mim naquele dia. Era exatamente o valor que Lois tinha dito que precisava e o valor que eu tinha pedido a Deus que providenciasse.

Jogo de poder

Você não precisa ser um santo ultraespiritual e sem pecado para maximizar a oração. Mas você realmente precisa conhecer a Deus com intimidade e se alinhar da maneira correta debaixo dele.

Ao escrever sobre o poder da oração, Tiago disse que Elias "era humano como nós" (Tg 5.17). Elias não era um super-herói. Era um homem. Não era perfeito. Ninguém é perfeito. Mas ele "orou insistentemente para que não caísse chuva, não choveu durante três anos e meio. Então ele orou outra vez e o céu enviou chuva e a terra começou a produzir suas colheitas" (Tg 5.17-18).

Elias era um homem comum, com uma natureza semelhante à sua e à minha. Sendo justo e alinhado corretamente debaixo de Deus, esse homem comum conseguiu fazer o céu mover a terra. Ao ler a história em 1Reis, percebemos que havia um problema na terra. Por isso, Elias clamou ao céu, e este respondeu. O céu respondeu porque a oração de Elias estava alinhada com a Palavra de Deus. "Algum tempo depois, no terceiro ano da seca, o Senhor disse a Elias: 'Vá apresentar-se ao rei Acabe. Diga-lhe que enviarei chuva'" (1Rs 18.1).

A região de Samaria vinha sofrendo com uma seca havia três anos. A vegetação e os animais dependem da chuva que desce do céu. Logo, três anos de estiagem podem devastar uma nação. A seca resultara da desobediência do povo, que havia se dobrado a Baal em vez de buscar a Deus. Após três anos, porém, o Senhor disse a Elias que faria chover de novo.

Então, quando Elias orou, sua prece esteve de acordo com aquilo que Deus já tinha dito. O profeta orou segundo o que já lhe fora dito que aconteceria:

> Em seguida, Elias disse a Acabe: "Vá comer e beber, pois ouço uma forte tempestade chegando!". Acabe foi comer e beber. Elias, porém, subiu ao topo do monte Carmelo, prostrou-se até o chão com o rosto entre os joelhos e orou.
>
> 1Reis 18.41-42

Elias se colocou em posição de oração e permaneceu dessa maneira enquanto instruía seu servo a olhar na direção do mar para ver se as nuvens de chuva se aproximavam. O servo foi e voltou sete vezes enquanto Elias continuou prostrado no monte Carmelo. Deus já havia declarado a Elias que choveria, mas a chuva só chegou à terra depois que Elias invocou que ela descesse do céu. A oração provocou aquilo que Deus já tinha a intenção de fazer. Ela não o fez realizar algo que ele não havia planejado, mas tornou seus planos realidade. Esse é o poder da oração, cujo segredo está em saber qual é a intenção de Deus.

Esse é o poder da oração, cujo segredo está em saber qual é a intenção de Deus.

Algo interessante acerca da oração de Elias no monte foi o modo como ele a fez. A Bíblia conta que ele "prostrou-se até o chão com o rosto entre os joelhos e orou". Embora essa imagem talvez não signifique muito para nós hoje, é provável que ela significasse muito nos tempos do Antigo Testamento, pois aponta para a posição na qual a mulher grávida comumente ficava quando estava pronta para dar à luz. Não havia salas de parto sofisticadas, nem apoios de perna, como agora há nos hospitais. A maioria das mulheres precisava agachar-se, inclinar-se para a frente e empurrar o bebê para fora em meio à dor agonizante. Era uma verdadeira labuta expelir o bebê que havia crescido dentro de seu corpo.

Quando Elias se dobrou em agachamento, colocou-se em posição de trabalho de parto, tentando fazer descer do céu aquilo que já estava pronto para nascer — a chuva. Por seis vezes, o servo voltou do mar para dizer a Elias que não havia nenhum sinal de chuva no horizonte. Em cada uma delas, Elias permaneceu onde estava, labutando para receber aquilo que Deus havia prometido. Por fim, ao voltar da sétima ida ao mar, o servo disse: "Vi subir do mar uma pequena nuvem, do tamanho da mão de um homem" (1Rs 18.44). A nuvem se avolumava, e a chuva estava prestes a ser derramada do céu.

O que Elias fez mediante a fé foi estender a mão para pegar aquilo que Deus já tinha dito que daria.

O exemplo de Elias significa para nós que o homem do reino deve labutar na presença de Deus até receber uma resposta específica a um pedido específico cujo propósito é manifestar a vontade de Deus na história. O homem do reino não desiste apenas porque nada aconteceu de imediato. Assim como Jacó lutou com Deus a noite inteira até receber uma resposta do céu, os homens devem lutar com Deus até o céu responder.

Aquilo que Deus diz que quer fazer nem sempre acontece na terra somente porque ele declarou que assim o seria. Com frequência, Deus espera o nosso esforço para enviar a bênção. É por isso que ele deu domínio ao homem. A oração representa o meio humano de entrar na esfera sobrenatural a fim de que o céu visite a terra. O invisível é puxado para baixo por meio da oração.

Uma vez que Deus atende à oração fervorosa de um justo, os homens precisam primeiro assegurar-se de que se encontram em cadência espiritual com o Senhor. Suas orações devem ser focadas, específicas e intensas — e não casuais ou repetidas indefinidamente. A intensidade e o poder da oração também aumentam quando o homem ora junto com a esposa (Mt 18.20).

O que é necessário para a vitória

Homem, você tem autoridade.

Faça uso dela!

Pare de permanecer na zona de conforto no relacionamento com Deus.

O homem do reino precisa aprender como acessar a autoridade de Deus para alcançar o céu e trazer a autoridade divina para a terra.

Há algum tempo, recebi uma grande honra ao ser convidado pelos Pittsburgh Steelers para ir à sede do time e ministrar a Palavra no culto que antecederia sua oitava participação no Super Bowl. Somente os Dallas Cowboys haviam disputado essa grande partida tantas vezes. E, embora tenha sido um excelente jogo, imagino que poucos de nós conseguem se esquecer de ter assistido aos Steelers no Super Bowl XLIII, ocasião em que quebraram o recorde de vitórias (seis) no campeonato. Isso aconteceu em 2009.[3]

Além de quebrar esse recorde, James Harrison, *linebacker* do Steelers, interceptou a bola e voltou cem jardas, em um *touchdown* até hoje reconhecido como uma das mais longas jogadas de toda a história do Super Bowl.[4] No quarto *quarter* os Steelers ganhavam de 20 a 7, pelo que a maioria de nós provavelmente acreditava que os Steelers conseguiriam a vitória sem muito drama. O jogo quase não tivera surpresas até então. Mas isso foi antes de Kurt Warner, *quarterback* dos Cardinals, surpreender marcando dezesseis pontos no placar nos últimos quinze minutos da temporada.

Só restava uma chance para os Steelers apresentarem sua resposta.

E foi isso que fizeram.

Que resposta!

Faltando 2 minutos e 37 segundos para o término da partida, e sendo possível ainda pedir dois dos três tempos técnicos permitidos, Ben Roethlisberger fez três passes e uma corrida de quatro jardas, levando os Steelers para o campo adversário. Mesmo com o tempo se esgotando e o placar os assombrando, os Steelers permaneceram calmos. Havia tempo suficiente para fazer o que era necessário. Roethlisberger tivera êxito nos dois passes anteriores para Santonio Holmes, levando o time aonde precisava chegar; então, lançou a bola novamente para Holmes. Dessa vez, por causa da corrida de Holmes, conseguiu converter quarenta jardas.

O relógio marcava menos de um minuto para o fim enquanto as seis jardas entre os Steelers e a *end zone* os tentava a se contentar com um gol de campo e, consequentemente, com o empate. Mas os Steelers queriam mais.

No primeiro *down*, Roethlisberger arremessou para Holmes no fim da *end zone*. Jogou bem alto. Holmes não conseguiu chegar até a bola. Em vez disso, acabou no chão, com a cabeça para baixo, batendo os punhos. Ele sabia que estava em condição de "agora ou nunca".

Na segunda tentativa, Roethlisberger procurou Holmes mais uma vez — na mesma localização, do lado oposto. Com três jogadores de defesa por perto e a possibilidade de um empate bem ao seu alcance, Roethlisberger jogou a bola alto mais uma vez, mirando bem no finzinho da *end zone*. Não havia risco de interceptação. No entanto, em uma jogada dessas, a chance de um *touch down* era quase nula.

A despeito disso, o que aconteceu em seguida é conhecido hoje como uma das melhores pegadas de bola da história do Super Bowl. Com habilidade extraordinária, Holmes de algum modo conseguiu estender as mãos alto o bastante para pegar e controlar a bola ao mesmo tempo que manteve não apenas um pé, mas ambos firmes dentro do campo. Equilibrando-se na ponta dos dedos, Holmes se esticou, agarrou a vitória e a trouxe para baixo fazendo o *touchdown* que definiu a partida.

Holmes se esticou, agarrou a vitória e a trouxe para baixo fazendo o touchdown *que definiu a partida.*

Com isso, o Pittsburgh assumiu a liderança. Algumas jogadas e poucos segundos depois, Roethlisberger se ajoelhou. A batalha do Super Bowl de 2009 fora decidida.

Homem, você está em uma batalha. Você faz parte de um conflito espiritual. Você participa de uma luta de proporções épicas. Outros se posicionaram para enfrentá-lo, e o único objetivo que eles têm é impedi-lo de fazer o reino de Deus avançar no campo da vida. Por causa deles, os passes lançados para você nem sempre estão ao seu alcance. Aliás, muitas vezes, por causa da natureza da batalha, a bola é lançada bem alto. Mas você recebeu tudo de que necessita para alcançar o céu e trazer vitória para a terra.

Deus nunca disse que seria fácil. Ele jamais falou que não haveria passes perdidos no caminho. Mas o Senhor declarou que a vitória será sua se você se esforçar para alcançá-la, agarrá-la e, então, terminar essa batalha de joelhos.

Oração. Essa é a principal arma de batalha do homem do reino. Com ela, você toca o céu para mudar a terra.

11

SEGREDOS PARA REIVINDICAR SEU TERRITÓRIO

A crise econômica que assolou os Estados Unidos em 2008 provocou, de várias maneiras, uma série de reveses na vida. Muitas empresas se viram forçadas a reduzir o número de funcionários em sua folha de pagamento. As fábricas foram em busca de métodos mais eficientes para produzir suas mercadorias. As doações para caridade diminuíram, levando até mesmo as igrejas a sentir o impacto. Muitas delas deixaram de fazer novas contratações e diminuíram as despesas.

Uma das ações de maior impacto tomadas em minha igreja foi a instalação de um sistema de iluminação baseado em sensores de movimento. Como contávamos com diversas estruturas, manter as luzes acesas o tempo inteiro durante o dia e, às vezes, também à noite era uma despesa enorme que sugava os recursos do reino. Após a instalação do novo sistema, reduzimos os custos elétricos de maneira inacreditável.

Como se sabe, com o sistema de sensores de movimento, as luzes são desligadas depois de algum tempo de imobilidade no local. Quando alguém passa perto de um sensor, elas voltam a acender.

De muitas formas, o sistema de iluminação por sensores de movimento é semelhante a um homem do reino que pratica seu direito de governar. Assim como a companhia elétrica fornece toda a eletricidade necessária para ligar cada luz de nossos prédios, Deus forneceu tudo de que você necessita para exercer a autoridade que lhe deu. Contudo, o Senhor não força essa autoridade e esse poder sobre você. Quando ele delegou a administração da terra à humanidade, colocou os homens como mordomos sobre sua criação. Com esse plano, Deus deu ao homem poder e direito de tomar decisões. Embora tais decisões possam ocorrer de maneira independente ou dependente de Deus, ele concedeu determinada esfera de liberdade para que sejam tomadas. O Senhor não entregou autonomia total, mas, sim, relativa.

A ideia de autonomia relativa significa simplesmente que o grau de governo atribuído à humanidade para que atue sob a autoridade de Deus é o mesmo grau em que recebe bênçãos e poder divinos. É semelhante ao homem que recebe luz ao caminhar perto do sensor de movimento do sistema de iluminação. De igual maneira, o grau de afastamento da humanidade ao governar independente de Deus equivale ao poder que ele deixa de derramar. Ainda assim, o ser humano tem permissão para governar, mas o faz dentro de um mundo de trevas, enfrentando as consequências de uma vida carente de poder espiritual.

Há muitos homens esperando que Deus se mova em relação a seus problemas pessoais, questionamentos ou desafios, ou ainda à sua família, carreira ou visão, mas Deus já lhes forneceu todo o necessário para que governem. O Senhor está esperando que eles andem em sua direção para que possa derramar seu poder.

Deus espera até ver movimentação. Ele atua sobre o alvo em movimento.

Deus espera até ver movimentação. Ele atua sobre o alvo em movimento. Para influenciar sua esfera de domínio, é preciso fazer algo com a autoridade que Cristo lhe deu.

Deixe o passado para trás

Princípios poderosos para ser um homem de movimento podem ser encontrados em Josué 1. Os israelitas haviam atingido o ponto no qual estavam prestes chegar ao seu destino. Estavam quase atravessando o rio Jordão para entrar na terra prometida. Antes de fazer isso, porém, Deus lhes deu instruções acerca de como exercer domínio sobre o que lhes tinha dado e como enfrentar os inimigos à frente. O primeiro princípio para que sejamos impulsionados a uma vida de movimento está logo nos primeiros versículos:

> Depois que Moisés, servo do SENHOR, morreu, o SENHOR disse a Josué, filho de Num, auxiliar de Moisés: "Meu servo Moisés está morto; chegou a hora de você conduzir todo este povo, os israelitas, para atravessar o rio Jordão e entrar na terra que eu lhes dou".
>
> Josué 1.1-2

Regra número 1: deixe o passado para trás. Deus disse a Josué: "Meu servo Moisés está morto; chegou a hora de você conduzir todo este povo". Em outras palavras: "Josué, levante-se".

Moisés havia morrido. Ele se fora. Josué precisava ser lembrado de que, embora Moisés tivesse sido um grande homem, um grande líder, alguém essencial na condução dos israelitas à liberdade, ele não os fizera entrar na terra prometida. Embora Moisés tenha sido um homem de verdade, ele pertencia ao passado. Havia chegado a hora de Josué se levantar e prosseguir.

É possível que alguns de vocês ainda não tenham chegado ao próprio destino porque ainda estão ligados demais a Moisés. Contudo, para seguir em frente e alcançar seu amanhã, é importante dizer "adeus" ao ontem. Para que Deus possa levá-lo ao lugar que ele deseja, você não pode ficar apegado aos locais em que já esteve. Um princípio fundamental para o avanço do reino de Deus por homens do reino é que, para seguir em frente, é preciso abrir mão do passado.

Todos nós temos um passado que envolve coisas boas, ruins e feias. Ao olhar para trás, conseguimos ver as coisas boas que nos aconteceram, as coisas ruins que realizamos e as coisas feias que outros fizeram conosco. Mas isso pertence ao ontem. Isso é passado. Você precisa abrir mão dessas coisas. É possível aprender com o ontem. Só não dá para ficar morando lá. Pois, se permanecer no ontem, você acabará matando o amanhã.

Sempre que volto a Baltimore para visitar meus pais, inevitavelmente acabo esbarrando com alguns dos caras que conheci na juventude. Esses homens continuam na mesma esquina, fazendo o mesmo barulho que costumávamos fazer em nossas conversas de adolescentes. O tema que domina os diálogos continua a ser o ontem. Não estou dizendo que sempre é ruim falar sobre o passado, mas não é desejável ficar preso lá. Não dá para viver a vida olhando pelo retrovisor. O espelho retrovisor é importante quando você está dando ré ou fazendo baliza. Também é fundamental olhar para ele de quando em quando à medida que segue em frente, mas há uma peça de vidro muito maior e mais importante do que o retrovisor chamada "para-brisa". O lugar para onde você está indo precisa ser maior do que aqueles onde já esteve.

Muitos de nós necessitam enterrar o ontem. Até mesmo no que se refere às coisas boas. O fato de você ter tirado dez na prova de ontem não garante que passará no teste de hoje. As vitórias de ontem não o levam a lugar nenhum hoje. Tampouco as derrotas de ontem devem dominar o amanhã.

Se você estiver amarrado a uma corda chamada ontem, só consegue ir até certo ponto.

Muitos de nós precisam enterrar o ontem porque dão ao passado um poder que ele não merece. Se você estiver amarrado a uma corda chamada ontem, só consegue ir até certo ponto. Por mais doloroso e difícil que seja, você precisa tomar a decisão consciente de enterrar o passado. Deixe-o para trás. Sim, não há problema em fazer uma visita no Dia de Finados e levar umas flores. Depois disso, porém, siga em frente.

Deus começou a conversa com Josué com um lembrete importante: Moisés se fora. Então, ele instruiu Josué a se levantar e seguir caminho. Não se esqueça: se Satanás conseguir mantê-lo olhando para trás, terá sucesso em impedi-lo de ir em frente.

Tome posse de sua herança espiritual

A próxima regra para governar o nosso mundo, extraída de Josué 1.2-4, é tomar posse de nossa herança espiritual:

> Chegou a hora de você conduzir todo este povo, os israelitas, para atravessar o rio Jordão e entrar na terra que eu lhes dou. Eu darei a vocês todo o lugar em que pisarem, conforme prometi a Moisés, desde o deserto do Neguebe, ao sul, até os montes do Líbano, ao norte; desde o rio Eufrates, a leste, até o mar Mediterrâneo, a oeste, incluindo toda a terra dos hititas.

Nessa passagem, Deus disse a Josué que já havia delimitado o que este deveria fazer. O Senhor já tinha demarcado a herança de Josué. Disse ao líder que a região desde o deserto até o mar Mediterrâneo, a oeste, seria o território dele e dos israelitas. Essa era a terra deles. Esse era o domínio deles. Deus o estava lhes dando.

Aquilo que se aplicava a Josué e aos israelitas no passado também é verdade para você hoje. Deus já lhe deu tudo o que você está destinado a ter. O Senhor já determinou todos os lugares que você deve percorrer. Efésios 1.3 nos diz: "Todo o louvor seja a Deus, o Pai de nosso Senhor Jesus Cristo, que nos abençoou em Cristo com todas as bênçãos espirituais nos domínios celestiais".

Deus já lhe deu tudo aquilo que ele destinou para você. Essas coisas estão nos domínios celestiais; então, sua tarefa agora é trazê-las para a terra. Aquilo que Deus diz na esfera espiritual invisível desce por meio da fé. A fé nunca é um mero sentimento. Ela sempre envolve os pés. Requer movimento. Deus disse a Josué que já havia entregado a terra a ele e ao povo antes mesmo de colocarem o pé dentro dela. Contudo, para viver com autoridade do reino, Josué precisaria ir em frente e buscar essas bênçãos. Ele necessitava fazer algo. Precisava se mover.

Deus tem uma herança e um destino para você também. Mas um dos motivos de você ainda não os estar vivenciando é que seus pés não marcham em sintonia com a fé. O Senhor disse a Josué: "Eu darei a vocês todo o lugar em que pisarem". Quando Deus concedeu ordem de domínio à humanidade dizendo: "Dominará", deu aos homens condição de executar, na terra, seu governo celestial. No entanto, todos nós sabemos que a mera existência de uma lei não significa que ela é colocada em prática. Aquilo que foi disponibilizado na eternidade precisa descer para o tempo histórico. Homem, é possível que Deus lhe dê algo e você não o receba em razão de não andar rumo à bênção — não buscá-la.

A palavra hebraica para pisar, *darak*, se refere a "comprimir".[1] É a mesma palavra usada para descrever o ato de pisar uvas em um lagar. Muito antes da invenção de máquinas sofisticadas que facilitassem o processo de transformar uvas em vinho, as pessoas colhiam as uvas da vide e, então, as pisavam, ou seja, caminhavam em cima delas. Elas literalmente pisoteavam as uvas para obter o suco que saía dessas frutas, a fim de que o caldo fosse fermentado e transformado em vinho. Na pisa das uvas, aquilo que estava preso dentro delas escorria.

Quando um homem do reino pisa algo que Deus lhe destinou, não está tentando constranger o Senhor a lhe dar alguma coisa. Ele simplesmente caminha sobre aquilo que Deus já providenciou. Existe um ponto de vista tosco sobre a fé em Deus que alega que o homem apenas deve ficar sentado sem fazer nada, esperando que o Senhor realize tudo. Mas a fé verdadeira é exatamente o contrário. Fé significa que você crê tanto em Deus que age de acordo com aquilo que ele diz. Fé é quando você atua sabendo que o Senhor está dizendo a verdade, como Josué, o qual, acreditando que Deus havia lhe dado a terra, entrou nela e dela se apropriou.

Um dos motivos para muitos homens não verem a realidade daquilo que Deus tem guardado para eles é não saberem que o Senhor tem algo reservado, ou não saírem para pegar aquilo que lhes pertence. Deus é aquele que abre o caminho. Ele é nosso provedor. Ele *opera* milagres. Na maioria das vezes, porém, o Senhor trabalha meramente por meio da obediência a tudo o que ele nos ordenou.

Vá pegar o que é seu

Não faz muito tempo, em uma ocasião em que os irmãos se juntaram para reconhecer e celebrar o trabalho dos pastores, um membro de nossa igreja me enviou um presente. Ele me dissera que eu deveria esperar um pacote. Alguns dias depois, o carteiro deixou uma nota em minha caixa de correspondências dizendo que o pacote estava na unidade local dos correios. Era meu presente. Meu nome estava ali. No entanto, a menos que eu desse os passos necessários para buscá-lo, nunca teria recebido a caixa.

Em escala maior, lembro-me de quando começamos nossa igreja, em 1976. Conforme já mencionei, de início a igreja se reunia em minha casa; então, passou para um apartamento e depois, para uma escola pública. Após alguns meses de culto na escola, os administradores da instituição nos informaram que nosso tempo ali estava prestes a se esgotar. Com cerca de cem membros na época, não tínhamos orçamento suficiente para encontrar um novo local. No entanto, uma pequena capela em formato de chalé estava à venda na Camp Wisdom Road, em Dallas. Após muita pesquisa e oração, tive em meu espírito a convicção profunda de que Deus prometera nos dar aquele lugar.

Mas a igreja que estava vendendo a propriedade queria duzentos mil dólares por ela. Se fossem dois milhões, daria no mesmo para nós, já que não tínhamos nada. Certo dia, dirigi até a capela e pedi a Deus que nos desse aquele lugar; na ocasião, meus olhos insistiam em vagar para além do pequeno chalé. O que não parava de chamar minha atenção eram os mais de quarenta hectares de grama e árvores que o cercavam. Não se esqueça de que não tínhamos dinheiro nem para a igrejinha. No entanto, naquele instante, eu cria que Deus estava deixando claro para mim que estava planejando nos dar mais que apenas a capela — ele nos daria toda a área em volta dela. Não consigo explicar. Foi um daqueles momentos em que "a gente sabe que sabe" que vem de Deus. Uma das maneiras que ele usou para confirmar essa impressão foi o tempo que eu havia dedicado anteriormente ao estudo das Escrituras. O Senhor continuava a me trazer à lembrança as palavras de Josué 1: "Eu darei a vocês todo o lugar em que pisarem".

Então, comecei a pisar.

Eu literalmente caminhei da capela em forma de chalé até a próxima esquina, por cerca de oitocentos metros. Em seguida, atravessei para o outro lado da rua e caminhei tudo de volta. Enquanto isso, eu orava: "Senhor, por favor, não nos dês apenas essa pequena capela para ser uma igreja usada para o seu reino e a sua glória; meu Deus, dá-nos tudo o que há dos dois lados da rua". Eu era apenas um jovem pastor que liderava uma igreja urbana de cem pessoas em uma época na qual o termo *megaigreja* nem havia sido inventado. No entanto, minha crença de que Deus havia nos dado aquela terra era tão forte que caminhei em cima de cada centímetro das ruas que a cercavam. Tomei posse daquele território antes de recebê-lo porque cria que Deus o dera para mim. Mais de quatro décadas depois, agora possuímos toda a área pela qual caminhei, incluindo a pequena capela em forma de chalé. Deus nos deu essa terra não só para plantar uma igreja, mas também para estabelecer ali um dos maiores programas de auxílio à comunidade administrados por uma igreja norte-americana, um projeto que hoje serve de modelo para treinar outras congregações, incentivando que cada igreja em território nacional adote uma escola.

Em 2Coríntios 5.7, Paulo nos instruiu de maneira específica a andar pela fé em lugar de falar pela fé. Ele orientou assim porque a fé sempre envolve nossos pés.

Deus disse a Josué que havia lhe dado a terra inteira, mas Josué só experimentaria a posse das terras que pisasse. Se ele quisesse tudo, precisaria pisar em tudo. Deus só deixa você possuir aquilo de que toma posse. Você precisa se apossar daquilo que o Senhor já providenciou.

> *Paulo nos instruiu de maneira específica a andar pela fé, porque a fé sempre envolve nossos pés.*

A vida cristã não é um jogo de *video game* a ser disputado em realidade virtual. Trata-se de uma batalha de carne e sangue. Somos combatentes em uma guerra real e tangível. Paulo nos disse: "Lute o bom combate da fé. Apegue-se firmemente à vida eterna para a qual foi chamado..." (1Tm 6.12). A palavra grega *epilambanomai*, traduzida por *apegue-se firmemente*, significa literalmente "agarrar".[2] Paulo estava escrevendo para Timóteo, um cristão, dizendo que este deveria *agarrar* tudo o que estivesse contido em sua salvação. Com muita frequência, parece que os homens encaram a vida cristã como algo passivo, e não como uma porta de oportunidades para vencer os desafios que nos advêm. Pelo fato de você seguir a Jesus Cristo, Deus já lhe deu tudo aquilo que guardou para você, que é o filho remido dele; mas você precisa se agarrar a essas coisas. É preciso buscá-las. Vá, pegue-as e não as solte mais. Nesta guerra, há um inimigo cujo objetivo é impedi-lo de obter tudo aquilo que Deus providenciou para você. A fim de pegar suas bênçãos, você precisa empurrar esse adversário para trás.

Coloque os pés em movimento

O que me incomoda como ministro da Palavra de Deus é saber que muitos homens chegarão ao céu um dia e verão um estádio cheio daquilo que o Senhor havia destinado para eles, embora nunca tenham pisado sobre essa terra para dela tomar posse. Há tanta gente vivendo em derrota mesmo que a vitória já tenha sido assegurada! Existem tantos homens vivendo sem propósito enquanto seu destino é rico de significado e poder! A terra prometida era a herança legítima de Deus para Israel, mas, ainda assim, o povo precisava entrar e tomar posse dela. Os israelitas precisavam assumir a responsabilidade de buscar o que era deles. A responsabilidade sempre está relacionada à bênção.

Se você quer governar seu mundo, deve buscar o mundo que foi destinado a governar. Não se esqueça, porém, de que é preciso buscá-lo da maneira de Deus. Isso sempre envolve permanecer em um relacionamento íntimo com o Senhor por intermédio de sua Palavra, para que o Espírito Santo lhe dê e confirme a liderança e o direcionamento divino. Contudo, ainda que você tenha certeza da orientação de Deus, é preciso correr atrás. Gostaria de poder gritar do alto da montanha mais alta: "Levantem-se, homens! Parem de reclamar. Parem de colocar a culpa nos outros. Parem de temer. Levantem-se e peguem aquilo que Deus tem para vocês". Precisamos disso. É necessário que cada homem se levante a fim de que, juntos, façamos o reino de Deus avançar.

Cada homem tem um território no qual Deus o colocou. O seu território não é o mesmo que o meu. O meu não é o mesmo que o seu. O nosso não é o mesmo que o do vizinho ao lado. Mas cada um de nós tem um território. E Deus já providenciou tudo de que você necessita para exercer autoridade e governar sobre o território para o qual ele o chamou, de acordo com os princípios e o propósito do reino.

Muitos homens falham em fazer avançar a visão que Deus colocou em seu coração porque estão ocupados demais tentando descobrir como ela vai se tornar realidade ou como podem conseguir aquilo de que precisam para colocá-la em prática. No entanto, Deus sempre provê para os propósitos dele. É por isso que sua prioridade deve ser descobrir exatamente qual é o propósito de Deus para você. Quando você identificar isso, ele não só lhe mostrará como alcançar esse objetivo, como também terá provisões prontas para você ser e fazer o que ele já declarou. Descobrir o seu destino é um componente fundamental para transformá-lo em realidade.

Deus conduziu Josué e os israelitas a uma terra que manava leite e mel. Uma terra que mana leite e mel representa, de forma clara, uma terra altamente produtiva. Basicamente, Deus usou os pecadores para cavar os poços, pastorear os rebanhos e tornar a terra lucrativa antes de entregá-la aos santos. De maneira semelhante, Deus já está cuidando de como prover tudo de que você precisa quando chegar ao seu destino. Não há necessidade de se preocupar com o modo como você vai cumprir a visão que o Senhor lhe deu ou como vai prover o necessário para o propósito que ele colocou em seu coração. Uma vez que Deus já lhe contou qual é o plano que tem para você, seu único foco deve estar em dar os passos que ele está pedindo que dê agora. Às vezes, é um passo tão simples quanto sair e caminhar. A ação de Deus em sua vida está ligada aos passos dos seus pés.

Concentre-se em Deus, não nas pessoas

Deus sabia que, depois de colocar o passado para trás, levantar-se e começar a trilhar o caminho rumo à terra prometida, Josué enfrentaria grande número de inimigos cujo objetivo seria impedi-lo de chegar ao seu destino. Foi por isso que o Senhor disse:

> Enquanto você viver, ninguém será capaz de lhe resistir, pois eu estarei com você, assim como estive com Moisés. Não o deixarei nem o abandonarei. Seja forte e corajoso, pois você conduzirá este povo para tomar posse da terra que jurei dar a seus antepassados. Seja somente forte e muito corajoso.

> Josué 1.5-7

Em outras palavras, Deus instruiu Josué a primeiro se levantar e depois agir como homem. Josué precisava agir como homem porque as pessoas da terra não gostariam nem um pouco de vê-lo por lá. Os hititas, os jebuseus e os cananeus resistiriam à chegada de Josué. Ciente de que Josué enfrentaria oposição ferrenha, Deus lhe revelou com antecedência que nenhum deles teria sucesso em impedi-lo de receber aquilo que ele próprio lhe prometera.

Infelizmente, muitos de nós pararam de buscar a plenitude do propósito de Deus em nossa vida por causa de pessoas. Talvez fossem más influências, gente grosseira ou até mesmo pessoas de mau caráter. Independentemente de quem tenham sido, sem dúvida eram maiores e mais poderosas. Talvez tivessem mais dinheiro ou influência. É possível que você tenha se encolhido e se recusado a seguir em frente porque tais indivíduos tornaram sua vida miserável ou o intimidaram pelo tamanho que tinham, pela força que mostravam ou pela posição que ocupavam. Pode ser que parecessem invencíveis porque exerciam determinada função por mais tempo que você.

No entanto, quero que você não se esqueça, ao enfrentar os gigantes em sua vida, de que as pessoas, mesmo em seu melhor momento, não passam de seres humanos. E Deus continua a ser Deus. Entretanto, muitas vezes nós tratamos Deus como uma pessoa e pessoas como se fossem Deus; assim, acabamos não vendo Deus ser Deus. Também acabamos achando que as pessoas são mais que meras pessoas. Uma das melhores experiências de vida que você pode ter é testemunhar Deus sobrepujar as pessoas, em especial se forem indivíduos que você achava que não podiam ser vencidos.

Deus disse a Josué que não importava o tamanho dos cananeus que se assomavam à frente deles, nem a profundidade do brado dos hititas; homem nenhum seria capaz de lhe resistir e impedi-lo de chegar aonde o Senhor afirmou que chegaria. Deus sabe como lidar com as pessoas que estão no caminho; basta que ele consiga fazer você pisar o território. Isso não significa desrespeitar as pessoas, nem desonrá-las. Só quer dizer que você não precisa se sentir intimidado por elas. Há somente um Deus, e nenhuma dessas pessoas é Deus. Embora o homem possa ter voz, a palavra final não é dele. Embora seu patrão possa ter uma opinião, a opinião final não é a dele. Embora as pessoas que se opõem a você possam ter uma mensagem, ela nunca é a última — a menos que você permita que seja assim, parando de andar na fé.

Permaneça ligado à Palavra de Deus

Moisés, o antecessor de Josué, nunca foi considerado um militar. Ele era profeta e líder. Contudo, Josué, agora responsável por conduzir os israelitas à terra prometida, tinha uma abordagem bem mais combativa. Ele foi um dos dois homens que, quarenta anos antes, havia demonstrado o desejo de entrar na terra prometida e derrotar seus habitantes. Josué era um guerreiro. Era um estrategista. E, por ser assim, tinha planos de como abordar o inimigo, invadir o território e tomar a terra. No entanto, antes que Josué desse o primeiro passo rumo ao seu destino, o Senhor deixou claro que aquela batalha pertencia a ele próprio. E, como tal, seria travada e vencida do jeito de Deus.

> Relembre continuamente os termos deste Livro da Lei. Medite nele dia e noite, para ter certeza de cumprir tudo que nele está escrito. Então você prosperará e terá sucesso em tudo que fizer. Esta é minha ordem: Seja forte e corajoso! Não tenha medo nem desanime, pois o Senhor, seu Deus, estará com você por onde você andar.
>
> Josué 1.8-9

Antes que a batalha começasse, Deus lembrou Josué de permanecer ligado à sua Palavra. Lembrou Josué de que a força se encontrava não em seus planos de líder, mas na companhia do próprio Senhor. Josué foi lembrado de que Deus, e não suas estratégias humanas, o faria prosperar e lhe concederia sucesso. Por ser militar, Josué poderia desejar planejar a maneira como seu destacamento de homens tomaria a terra. Josué poderia querer depender do próprio entendimento, mas Deus o lembrou de que o caminho para ter sucesso na terra em que estava prestes a entrar era manter-se seguramente ligado tanto à presença do próprio Senhor quanto à sua Palavra.

A receita divina para o sucesso não é diferente para nós hoje. Essa experiência deixa bem claro que devemos permanecer dentro dos limites das instruções divinas. Isso acontece porque os caminhos de Deus não são os nossos caminhos, assim como os pensamentos dele não são os nossos. A única coisa que garante o sucesso é buscar o jeito de Deus — buscar o próprio Deus. Em 2Crônicas 26.5, lemos a receita divina para o sucesso revelada na vida de Uzias: "Uzias buscou a Deus durante a vida de Zacarias, que o ensinou a temer a Deus. Enquanto o rei buscou a direção do Senhor, Deus lhe deu êxito". Uzias desfrutou uma vida de sucesso enquanto buscou a Deus e aos caminhos divinos. Contudo, não muito depois desse versículo, lemos que o coração de Uzias se encheu de orgulho pelo sucesso e ele se afastou dos caminhos de Deus. Foi então que Uzias acabou "excluído do templo do Senhor" (2Cr 26.21) e viveu o restante de seus dias sofrendo de lepra.

> *A única coisa que garante o sucesso é buscar o jeito de Deus — buscar o próprio Deus.*

Ter uma vida de sucesso como filho do Rei não é ciência espacial. Deus não esconde em algum lugar obscuro, trancado em um cofre bem guardado no meio da Amazônia, o caminho que o levará a viver seu destino. O segredo está em buscar a vontade e os caminhos do Rei. Não é tão diferente do que aconteceria com um rei terreno.

A natureza de um reino pressupõe a existência de um rei. Presume um governante. A natureza de um rei pressupõe que ele governa. Quanto mais Deus assume o papel de governante em sua vida, mais você o vê abrindo portas. E você sabe que o Senhor está abrindo portas porque ele faz coisas que você nem sabia que ele realizaria. Ou, então, ele faz exatamente o que você pediu, mas de uma maneira que você jamais esperava. Embora os preceitos e princípios de Deus sejam previsíveis, seus caminhos são imprevisíveis. Ele disse:

> Pois, assim como os céus são mais altos que a terra,
>> meus caminhos são mais altos que seus caminhos,
>> e meus pensamentos, mais altos que seus pensamentos.
> A chuva e a neve descem dos céus
>> e na terra permanecem até regá-la.
> Fazem brotar os cereais
>> e produzem sementes para o agricultor
>> e pão para os famintos.
> O mesmo acontece à minha palavra:
>> eu a envio, e ela sempre produz frutos.
> Ela fará o que desejo
>> e prosperará aonde quer que eu a enviar.
>
> Isaías 55.9-11

Deus cumpre seus propósitos, mas, com frequência, ele o faz de maneira diferente do que você, eu ou Josué teríamos projetado. Aliás, às vezes os caminhos de Deus parecem absolutamente estranhos. Ele pode realizar a mesma coisa de um milhão de modos distintos. Nem tente adivinhar, pois, além de não ser capaz de prevê-lo, você também não conseguirá ser mais esperto que ele. Apenas deixe Deus liderar. Sei que é difícil para os homens deixar outro alguém liderar, mas, afinal de contas, estamos falando de Deus. O sucesso vem quando você domina a habilidade de seguir bem ao Senhor.

Analise a estratégia que Deus deu a Josué para tomar a cidade de Jericó depois da travessia até a terra prometida. Nenhum líder militar de toda a história pensaria em uma estratégia que envolvesse fazer o exército inteiro marchar ao ar livre, vulnerável a ataques, dando uma volta em torno da cidade a cada dia, por seis dias. Então, como se não bastasse, Deus mandou Josué fazer o mesmo exército marchar ao redor da cidade por sete vezes no sétimo dia. Ao final da sétima volta, quando os sacerdotes dessem um longo toque de trombeta de chifre de carneiro, todo o exército deveria gritar. E foi isso. Essa era a estratégia.

Eu gostaria de ter visto o olhar de Josué quando Deus lhe contou esse plano. O mais intrigante, porém, é que o Senhor nunca pediu a Josué que usasse essa estratégia novamente. Foi uma maneira de tomar uma cidade. Ainda bem que Josué foi sábio o bastante para perceber isso. Ele não disse: "Bem, deu certo da última vez, então vamos usar a mesma tática em todas as cidades que precisamos conquistar". Josué entendeu que devia manter os olhos em Deus para saber quais seriam os próximos passos.

Homem, deixe o passado para trás, agarre sua herança espiritual, concentre-se em Deus, e não nas pessoas, e tome decisões fundamentadas na Palavra. Mesmo que isso signifique marchar em torno de uma cidade todos os dias por sete dias. Pois só assim você poderá reivindicar a vitória, a qual inclui viver seu destino com plenitude. Só assim você experimentará o governo e a autoridade do reino na terra.

Parte III

A função do homem do reino (Salmo 128)

12

O HOMEM DO REINO E
SUA VIDA PESSOAL

Se você for um homem problemático, vai contribuir para que sua família também o seja. Se sua família for problemática, vai contribuir para que sua igreja também o seja. Se sua igreja for problemática, vai contribuir para que sua comunidade também o seja. Se sua comunidade for problemática, vai contribuir para que sua cidade também o seja. Se sua cidade for problemática, vai contribuir para que todo o país também o seja. Se seu país for problemático, vai contribuir para que o mundo também o seja.

Logo, a única maneira de ter um mundo melhor, feito de países melhores, compostos por cidades melhores, cheias de comunidades melhores, influenciadas por igrejas melhores, repletas de famílias melhores é se tornando um homem melhor.

Tudo começa com você.

O caminho para um mundo melhor começa com você. E comigo. Começa conosco.

Você se torna um homem melhor quando se alinha sob o pleno governo de Deus em todas as áreas de sua vida — isto é, sob a agenda do reino de Deus. Isso é feito por meio da escolha de não ser um mero homem, mas, sim, um homem do *reino*. Trata-se de escolher ser o homem que Davi descreveu em uma passagem que, para mim, constitui o marco da masculinidade, o salmo 128. Nenhum outro texto das Escrituras explica com tantos detalhes o impacto de um homem do reino nas quatro dimensões da vida: pessoal, familiar, eclesiástica e comunitária. O salmo 128 foi escrito especificamente para dizer aos homens como eles devem operar. Trata-se do mantra do homem do reino:

> Como é feliz aquele que teme o SENHOR,
>   que anda em seus caminhos!
> Você desfrutará o fruto de seu trabalho;
>   será feliz e próspero.
> Sua esposa será como videira frutífera
>   que floresce em seu lar.
> Seus filhos serão como brotos de oliveiras
>   ao redor de sua mesa.
> Esta é a bênção do SENHOR
>   para aquele que o teme.
> Que o SENHOR o abençoe desde Sião.
>   Que você veja a prosperidade de Jerusalém enquanto viver.
> Que você viva para ver seus netos.
>   Que Israel tenha paz!

Nesse salmo, Davi explica como é a vida do homem do reino. Começa com a vida *pessoal* do homem que teme ao Senhor: "Como é feliz aquele que teme o SENHOR, que anda em seus caminhos! Você desfrutará o fruto de seu trabalho; será feliz e próspero".

Então, prossegue para a vida *familiar* do homem do reino: "Sua esposa será como videira frutífera que floresce em seu lar. Seus filhos serão como brotos de oliveiras ao redor de sua mesa".

Em seguida, Davi fala sobre o homem do reino em relação à *igreja*: "Que o SENHOR o abençoe desde Sião".

E, por fim, Davi conclui com o homem do reino e sua *comunidade*, incluindo seu legado e também a sociedade em termos mais gerais: "Que você veja a prosperidade de Jerusalém enquanto viver. Que você viva para ver seus netos. Que Israel tenha paz!".

Nessa passagem compacta, porém abrangente, Davi abarca todos os componentes de um homem do reino. Antes de mais nada, a bênção vem quando o homem do reino teme ao Senhor e segue os caminhos divinos em sua vida pessoal.

Davi abarca todos os componentes de um homem do reino.

Tudo começa com você

Meu pai é o maior exemplo que já vi de homem do reino.

Em uma época em que tantos homens daquela comunidade carente de Baltimore estavam deixando a esposa ou a família, meu pai agiu de modo diferente. Apesar de sofrer com um casamento difícil e tumultuado ao longo de uma década inteira, ele não deixou seu posto. A despeito dos desafios econômicos, das demissões e da falta de trabalho que, por vezes, tornaram quase impossível sustentar uma família de seis, meu pai permaneceu firme. Apesar de trabalhar como estivador sem contar com os atuais recursos tecnológicos — e sob o peso do labor cotidiano extenuante —, papai nunca faltou um dia sequer no trabalho.

E, quando não havia trabalho (assim era a vida de um estivador nas décadas de 1950 e 1960), papai ainda assim sustentava a família sem hesitar. Às vezes, os períodos sem trabalho duravam até três meses. Nessas ocasiões, jamais vi papai sentado à toa. Ele também não mandava minha mãe sair para procurar emprego. Em vez disso, papai nos sustentava oferecendo-se para realizar tarefas aqui e ali e envolvendo-se com a loja improvisada no porão de nossa casa. E, para garantir que tivéssemos o que comer, ele ia pescar. Papai literalmente pescava nossas refeições embaixo de pontes, pegando centenas de arenques com uma rede.

Comíamos arenque no café da manhã, no almoço, no jantar e na hora da sobremesa. Aliás, comemos tanto arenque que até hoje não gosto de peixe. Já comi minha cota. No entanto, apesar da opinião que tenho sobre o gosto do peixe, jamais me esquecerei da insistência de papai em sustentar nossa família a despeito dos desafios que enfrentava como negro em uma grande cidade dos Estados Unidos em meados do século 20. Tomar conta da família era sua prioridade. Algo que ele fazia pagando um alto preço à custa de si mesmo.

Mesmo tendo crescido sem muita coisa, não me lembro de ter ficado imaginando se haveria alguma coisa para comer, se teríamos aquecimento ou se eu teria roupas e sapatos para ir à escola. Nunca ouvi papai reclamar. Nunca ouvi papai culpar ninguém pelos obstáculos que enfrentava. Ele amava e ainda ama minha mãe de uma forma que não se expressa apenas em palavras, mas em ações. Quando ambos tinham mais de 80 anos, ainda era comum vê-los andar de mãos dadas. Minha mãe adora relatar que uma vez uma mulher se aproximou deles enquanto saíam de uma loja e disse:

Nunca ouvi papai culpar ninguém pelos obstáculos que enfrentava.

— Vocês dois não devem ser casados.

Mamãe respondeu:

— Somos sim. Por que você está dizendo isso?

A senhora respondeu:

— Porque estão de mãos dadas.

Meus pais riram e contaram que estavam casados havia mais de sessenta anos, mas ainda amavam ficar de mãos dadas.

Meu pai é um homem do reino que teme a Deus.

Às vezes, quando criança, eu acordava por volta da meia-noite ao ouvir um barulho no andar de baixo; então, saía para conferir o que havia acontecido. Era meu pai de joelhos, orando com fervor por nossa família. Não importava quanto estivesse cansado, mesmo trabalhando seis dias por semana, ele dedicava aquele período da madrugada à oração de joelhos por sua família. Essa é uma prioridade que ele me ensinou. Papai citava o nome de cada um de nós, fazendo pedidos específicos. Também cobria minha mãe em oração, ajoelhado perante o trono de Deus. Meu pai cria que a oração não era um mero exercício a se fazer antes de uma refeição, mas, sim, uma iniciativa conjunta com Deus. Era uma ferramenta que trazia o céu à história humana.

Além disso, papai também sempre fazia questão de saber onde cada um de nós estava, para onde ia, com quem e quando voltaria para casa. Ele queria saber dessas coisas porque desejava aprová-las primeiro e também para nos fazer prestar contas de nosso comportamento. Seu envolvimento intencional com cada um dos filhos criou em nós uma disposição para trabalhar com o maior afinco possível a fim de melhorar nossa vida e assumir a responsabilidade pelo cuidado das pessoas que estão sob nossa influência.

Papai sempre tentou incutir em nós uma perspectiva de longo alcance. Em todo tempo, ele procurava destacar que Deus tinha algo grande reservado para nós, algo para além das conquistas imediatas que vivíamos à época. Por exemplo, quando meu irmão Arthur cursava o ensino médio, era um atleta impressionante. Ele foi capitão do time de futebol americano e campeão estadual de luta livre por Maryland, pesando 97 quilos. Apesar do sucesso nos esportes, meu irmão tinha dificuldades acadêmicas. O problema se devia, na verdade, ao tédio, pois Arthur precisava de alguém que o ajudasse a encontrar seu caminho na vida por meio de seu talento nos esportes. O orientador escolar recomendou que meus pais o colocassem em aulas de educação especial. Outros o incentivaram apenas a tentar terminar o ensino médio e depois fazer um curso técnico a fim de conseguir dinheiro suficiente para sobreviver.

Embora não haja nada de errado com um curso técnico quando esse é o melhor que se pode alcançar em dada ocasião, meu pai sempre instruiu meu irmão a não dar ouvidos ao que as pessoas lhe diziam. Ele ensinou Arthur a não acreditar no que falavam e afirmou que tudo o que lhe faltava na parte acadêmica poderia ser compensado por Deus de alguma maneira; bastava que meu irmão se comprometesse, confiasse no Senhor e tentasse. Papai sempre nos encorajou a fazer o melhor que pudéssemos com o que tínhamos e deixar o restante nas mãos de Deus.

Por causa dos incentivos de papai, Arthur participou do processo seletivo para a universidade e conseguiu uma bolsa de estudos como parte do time de futebol americano da Delaware State College. Nessa instituição, Arthur foi inspirado por diversos professores a se esforçar e melhorar seu desempenho acadêmico. Posteriormente, foi aceito pela Kansas State University, onde cursaria o mestrado em sociologia. Depois disso, recebeu uma bolsa que lhe deu a oportunidade de fazer o doutorado. Hoje ele é professor titular da Florida Atlantic University, onde já atuou como coordenador do departamento de sociologia e diretor da área de estudos étnicos.

Quando eu visitava o doutor Arthur Evans na Flórida, era levado por degraus ornamentados até um escritório reservado, envolto por uma atmosfera de distinção e honra. Isso só aconteceu porque Arthur teve um pai que, apesar de morto de cansado, precisando dar o sangue no trabalho a fim de sustentar a família com arenque, entendeu que seu filho tinha um futuro além de tudo o que os outros diziam e além do que qualquer pessoa era capaz de enxergar.

A bênção de temer a Deus

Um dos princípios mais importantes que aprendi com meu pai foi a lealdade ao reino. Diariamente eu o via honrando o modo como Deus organizara as coisas para que os princípios de seu reino funcionassem. Se mais homens cumprissem essa ordem do reino, o mundo no qual vivemos seria drasticamente diferente.

A política mudaria de maneira radical e todos os segmentos de nossa vida seriam vividos com clareza, e não com confusão.

Conforme lemos no salmo 128, seríamos felizes, bem-aventurados, ou seja, *abençoados*.

Gostaria de revisar rapidamente o conceito de bênção antes de me aprofundar mais nesse salmo tão relevante. A noção bíblica de bênção se refere ao favor e à bondade de Deus, os quais foram destinados a fluir para você e por meio de você. A última parte dessa definição é a mais importante a ser lembrada, pois muitas pessoas limitam as bênçãos que recebem, e isso se explica pelo fato de não compreenderem o princípio bíblico de bênção. No momento em que a bênção

> *A noção bíblica de bênção se refere ao favor e à bondade de Deus, os quais foram destinados a fluir para você e por meio de você.*

para em você, não há como ampliá-la, pois o objetivo da bênção é que ela chegue aos outros por intermédio daquele que a recebe. Citando palavras de Jesus, Paulo escreveu em Atos 20.35: "Há bênção maior em dar que em receber".

Em essência, caso se permita ser um condutor da bênção, e não seu receptor final, você se transformará em um mecanismo abençoado e usado por Deus para abençoar os outros. Aliás, ao orar ao Senhor pedindo algo que necessita que ele faça para você ou por você, faça questão de dizer a Deus como aquilo pelo que está clamando vai fluir por meio de você para alcançar outras pessoas. Deixe-o saber que você reconhece que o benefício que está chegando até você também será benéfico para alguém mais. Caso contrário, pelo princípio de dar e receber que vigora no reino, você acabará se privando de receber a bênção, conforme afirma o texto de Lucas 6.38: "Deem e receberão. Sua dádiva lhes retornará em boa medida, compactada, sacudida para caber mais, transbordante e derramada sobre vocês. O padrão de medida que adotarem será usado para medi-los".

Faça questão de transmitir à outra pessoa tudo o que você deseja que Deus faça por você. Essa é a fórmula que foi deixada para nós no que diz respeito a ser abençoado.

O salmo 128 nos conta que seremos abençoados se temermos o Senhor e andarmos em seus caminhos. A palavra hebraica *yare*, que traduzimos pelo verbo "temer", alia o conceito de temor ao de admiração.[1] A mistura desses dois conceitos nos faz levar Deus a sério, colocando-nos debaixo de seu governo de tal maneira que o temos em mais alta conta.

Vivemos em uma época de cristianismo casual, na qual muitos homens parecem ser cristãos educados, que reconhecem a existência de Deus, mas não necessariamente o levam a sério. É semelhante à maneira como muitos lidam com a presença de um policial na estrada. Quando o carro da polícia não está na pista, muitos dirigem sem prestar atenção ao alto número indicado pelo velocímetro. Contanto que estejamos no mesmo ritmo da maioria dos carros, presumimos que estamos dentro do limite de velocidade. Porém, assim que vemos um carro de polícia no acostamento ou vindo atrás de nós, nossos olhos param tudo o que estão fazendo e se voltam imediatamente para o velocímetro. Na mesma hora, o pé direito passa do acelerador para o freio. Preciso admitir: comigo é assim também. Isso acontece porque a presença do policial nos afeta. Se o policial dirigir bem atrás de nós, nosso coração pode até começar a bater mais rápido enquanto a palma de nossa mão fica suada. E alguns até reduzem abaixo do limite de velocidade, só por garantia.

No entanto, quando o policial decide pegar uma saída, tudo volta ao normal para a maioria de nós. Contudo, não podemos nos esquecer de que Deus é onipresente. Isso significa que ele está o tempo inteiro em todos os lugares. Ele também é onisciente, ou seja, também sabe de tudo o tempo inteiro. Deus não está por perto apenas quando você está na igreja, fazendo seu devocional ou orando. Viver em temor ao Senhor envolve um estado de espírito que reconhece a contínua presença divina, levando-a a sério — sobretudo à luz da realidade de que as bênçãos que você vive estão ligadas ao temor a ele e à prática de nutrir por ele a mais elevada estima.

Homem, essa verdade deve afetar aquilo que você faz quando ninguém está olhando. Deve afetar o modo como planeja usar seu tempo e dinheiro, aquilo que diz, a maneira como trata sua família e sua esposa quando ninguém está por perto, a forma como administra seus negócios e se dedica ao trabalho, bem como os pensamentos que ocupam sua mente. Temer a Deus significa reconhecê-lo como Senhor da sua vida e alinhar suas ações, palavras e ideias segundo esse reconhecimento.

Muitos de nós querem Deus na promoção. Queremos um Deus com desconto. Assim como as lojas de desconto costumam ficar bem mais cheias do que as lojas de produtos de primeira linha, as pessoas querem Deus, mas só se ele custar barato. No momento em que ele começa a aparecer com preço cheio, não temos mais certeza se ainda o queremos. No instante em que ele de fato começa a nos custar algo, repensamos se realmente o desejamos. Em essência, marginalizamos Deus, mantendo-o na periferia de nossa vida. É como um pneu estepe: queremos que ele permaneça por perto caso as coisas murchem.

O temor a Deus

No entanto, ao fim do Antigo Testamento, está Malaquias, um livro pouco usado em devocionais ou sermões. Trata-se, porém, de um texto que fala diretamente sobre o conceito de temer a Deus. Malaquias não é um daqueles livros da Bíblia que servem para fazer você se sentir bem. Não é um livro que o deixa motivado e animado para começar o dia. Na verdade, se você passar tempo suficiente lendo Malaquias, é possível que até se irrite com o que Deus tem a dizer por meio desse profeta.

Malaquias está cheio de passagens em que Deus mostra ao seu povo, os israelitas, como as coisas verdadeiramente são. O Senhor diz ao povo, e a nós hoje, que o que ele quer, deseja e ordena é que o levemos a sério. Deus quer que prestemos a ele o temor, a honra e o respeito que lhe são devidos.

Bem no início de Malaquias, Deus explica o que significa e o que não significa temê-lo; trata-se de uma das revelações mais importantes das Escrituras no que se refere a viver como um homem do reino. O Senhor afirma:

> "O filho honra seu pai, e o servo respeita seu senhor. Se eu sou seu pai e seu senhor, onde estão a honra e o respeito que mereço? Vocês desprezam meu nome!
>
> "Mas vocês perguntam: 'De que maneira desprezamos teu nome?'.
>
> "Vocês o desprezam oferecendo sacrifícios contaminados sobre meu altar.
>
> "E vocês perguntam: 'De que maneira contaminamos os sacrifícios?'.
>
> "Vocês os contaminam dizendo que a mesa do SENHOR não merece respeito. Acaso não é errado sacrificarem animais cegos? Não é errado oferecerem animais aleijados e doentes? Apresentam ofertas como essas a seu governador e vejam se ele ficará satisfeito e se agradará de vocês!", diz o SENHOR dos Exércitos.
>
> "Vão em frente, supliquem a Deus para que tenha compaixão de vocês. Mas por que ele atenderia, uma vez que apresentam esse tipo de oferta?", diz o SENHOR dos Exércitos.
>
> Malaquias 1.6-9

Deus começou dizendo aos israelitas que, embora o chamassem de pai e senhor, não lhe dedicavam a honra ou o respeito que um pai ou senhor devem receber. De fato, o Senhor disse que, além de não o honrarem nem o respeitarem, eles até mesmo o desprezavam. Ele afirmou que o povo desprezava seu nome.

Deus faz referências frequentes ao próprio nome no decorrer das Escrituras, sobretudo em Malaquias. Porém, quando o faz, não se refere à nomenclatura, mas, sim, àquilo que seu nome reflete e representa: sua pessoa e posição. Quando o Senhor disse aos israelitas da época de Malaquias, e diz a nós hoje,

> *Temer a Deus significa simplesmente levá-lo a sério em vez de tratá-lo de maneira casual.*

que eles desprezavam seu nome, estava afirmando que eles não reconheciam a singularidade de sua pessoa e de sua posição. Estava explicando que aquela gente não exaltava seu nome no nível apropriado.

Temer a Deus significa simplesmente levá-lo a sério em vez de tratá-lo de maneira casual.

Uma boa forma de revelar como esse princípio funciona é por meio da eletricidade. Quando acendemos as luzes, usamos eletrodomésticos ou conectamos o computador a uma tomada, nós nos beneficiamos da eletricidade. É bom ter energia elétrica. Na verdade, a vida seria bem mais difícil se não tivéssemos acesso a ela. Precisamos da eletricidade, gostamos dela e a apreciamos.

Mas algo que você deve sempre lembrar acerca da eletricidade é que nunca se pode brincar com ela. Não vá enfiar uma chave de fenda dentro da tomada só para ver o que acontece. Não é assim que se deve interagir com a energia elétrica. Não é assim que você deseja usar o que chamamos de *eletricidade* — pois, embora esse nome seja uma bênção, se usado de maneira inadequada, ele pode acabar machucando você. Não porque a eletricidade está tentando ser má, mas porque ela precisa ser respeitada. Se você escolher brincar com ela, então aquilo cujo propósito é abençoar, beneficiar, ajudar e apoiar pode acabar destruindo você, não por querer destruí-lo, mas porque, quando não é tratada da maneira correta, ela machuca.

Temer a Deus é levar o nome — a posição e a pessoa — dele a sério.

Não me entenda mal. Você provavelmente já cantou a música que diz que é bom ser amigo de Deus. E isso é mesmo verdade. Mas, mesmo quando é seu amigo, ele não deixa de ser seu Deus. Aqueles que têm filhos provavelmente entendem o que estou dizendo. É bem provável que você conheça a tênue linha divisória entre ser pai e amigo. Na verdade, espero que você seja amigo do seu filho — *mais ou menos*. Em outras palavras, espero que você seja amigo de seu filho até certo ponto. Mas desejo que você nunca apague a linha de separação entre pai e filho.

Atualmente, há muitos pais que são amiguinhos demais dos filhos. Dá para saber que são assim porque vemos que o filho não respeita a posição dos pais. Em consequência, há caos, desordem, desrespeito e prejuízo no lar.

Deus quer ser seu amigo.

Mais que isso, porém, ele exige ser seu Deus.

Antes de mais nada, tema a Deus

Deus começa a conversa em Malaquias lembrando os israelitas de que eles o chamavam de pai, mas não mostravam nenhuma honra e respeito por quem ele era e pela posição que ocupava. O Senhor queria fazê-los recordar que ele não é um mero parceiro de corrida. Ele é um grande Rei.

Os israelitas, assim como as crianças fazem às vezes, se fizeram de bobos e perguntaram de que maneira o estavam desrespeitando. Afinal, eles frequentavam o tabernáculo. Ofereciam sacrifícios. Cumpriam seus deveres.

No entanto, Deus destacou que eles estavam lhe dando restos. Não estavam entregando seu melhor. Em vez disso, ofereciam coisas que não tinham serventia. Traziam cordeiros cegos e mancos. Basicamente, davam lixo para Deus.

Homem, para desprezar a Deus, não é preciso amaldiçoá-lo abertamente. Basta lhe oferecer sobras e estará dizendo que você não o considera tão importante.

Pense da seguinte maneira. Digamos que você está no trabalho em uma sexta-feira quando recebe uma ligação. A pessoa do outro lado da linha representa o gabinete presidencial. A secretária responsável pela agenda diz que o presidente e a esposa estão a caminho da sua cidade e resolveram jantar com uma família local nessa viagem. Seu lar foi selecionado como anfitrião. O presidente de seu país escolheu jantar com você.

Para desprezar a Deus, não é preciso amaldiçoá-lo abertamente.

Imediatamente, você liga para sua mulher a fim de dar a grande notícia. Começa a fazer uma lista das coisas que poderia servir no jantar para o presidente e a primeira-dama. Quem sabe um filé *mignon* grelhado, ou salmão ao forno. Mas sua esposa diz que você não deve se preocupar, porque tem várias sobras da semana na geladeira. Ela garante que essa comida ainda estará boa para consumo quando o presidente e a primeira-dama chegarem.

Sua mulher o lembra do frango frito que vocês comeram uns dias antes. Ela acha que sobrou o suficiente para servir a pelo menos um dos dois convidados, senão a ambos. Ela também se oferece para juntar à sobra de frango o resto da lasanha de segunda, para que haja variedade. Ainda recorda que tem um bocado de salada de vagem, já que nem você nem as crianças comeram muito dela na quarta à noite. Assim, sua esposa assegura que há comida suficiente para o jantar.

Sem hesitar, você responde: "Querida, eu a amo, mas você perdeu a cabeça? É o presidente do país! Não vamos servir sobras para ele!".

Embora a reação desse marido pareça um tanto quanto óbvia, o que muitos homens fazem é oferecer sobras ao Senhor dos Exércitos, o Rei do Universo, e, então, se perguntam por que Deus não gosta da companhia deles. Muitos homens entregam restos para o Senhor e depois questionam por que ele não os abençoa.

Há diversas maneiras de oferecer sobras a Deus demonstrando que não o tememos, nem reverenciamos o seu nome. Uma delas é entregar a Deus o resto do nosso tempo. Isso acontece quando dedicamos atenção a Deus só depois de assistirmos a todos os nossos programas de televisão preferidos, quando nossa agenda não registra nada mais a ser feito ou quando não estamos muito cansados.

Outra maneira de dar sobras para Deus é oferecer o resto do nosso serviço. Improvisamos qualquer coisa quando vamos fazer algo para ele. Quando, porém, precisamos fazer algo para nós, queremos que seja do jeito mais exato possível. É como o garçom que chega à sua mesa mascando chiclete, sem trazer o cardápio. Depois, ele aparece para retirar os pratos, mesmo sem você ter acabado a refeição. Mas, cansado de esperar você terminar, ele vem e leva os pratos embora. Então, quando você se prepara para sair, ele ainda pede uma gorjeta. O mais provável é que você não dê gorjeta nenhuma. Por quê? Por causa do péssimo serviço. Ele lhe serviu o resto.

No entanto, em Malaquias 1.9, nós lemos: "Vão em frente, supliquem a Deus para ter compaixão de vocês. Mas por que ele atenderia?". Mesmo recebendo ofertas torpes, constituídas de restos, Deus diz: "Vocês estão pedindo gorjeta? Querem meu favor, minha bênção e minha graça?".

A terceira forma de dar sobras para Deus é oferecer o resto do nosso dinheiro. Damos a ele o que sobra depois de comprar, financiar ou obter tudo o que queremos para nós. É quando pedimos que Deus nos ajude a pagar as contas, que nos abençoe, que nos consiga um aumento e extirpe nossas dívidas, mas só lhe damos as sobras de nosso dinheiro.

Suponha que você trabalhou toda a semana e, na sexta-feira, seu chefe aparece e diz: "Aqui estão dez reais, pois só temos isso para lhe pagar desta vez. Já gastamos todo o resto". Como você acha que reagiria a isso? Duvido que aceitaria com grande entusiasmo. Você não trabalhou arduamente a semana inteira apenas para receber sobras. Você considera que seus esforços valem muito mais que dez reais. Mas é exatamente isso que fazemos com Deus quando lhe damos o que nos resta. É por isso que Deus nos chama a entregar-lhe as *primícias*, pois deseja que demos a ele primeiro, em razão de o honrarmos e o respeitarmos por ser quem é.

Deus diz que não é preciso desprezá-lo abertamente para tratá-lo com desprezo. A única coisa necessária é dar-lhe sobras e, ao mesmo tempo, pedir-lhe que continue abençoando. Tudo o que você precisa fazer é oferecer o resto do louvor, o resto da adoração, o resto do amor ou o resto do tempo enquanto lhe pede que faça extraordinariamente mais do que você poderia pedir ou pensar.

Isso se chama desprezar a Deus — ou falhar em temer a ele.

Sua atenção, por favor

Temer a Deus é muito mais que cumprir as atividades de uma lista.

É uma atitude que se revela em tudo e em todos os lugares. É semelhante ao que acontece aos domingos durante a temporada de futebol americano. Setenta mil pessoas ou mais comparecem a um gigantesco "culto" todos os domingos — e tantas outras assistem em casa, ao vivo. Chamo de "culto" porque cultuar não passa de prestar homenagem ao objeto de reverência. Significa dedicar honra e respeito.

Na teoria, trata-se de um culto de apenas uma hora. Cada jogo de futebol americano dura apenas sessenta minutos. Mas é um interessante culto de uma hora, porque só ocorrem dezessete minutos de atividade durante esse período. Isso porque o relógio continua correndo quando os jogadores se reúnem para definir a jogada, quando interrompem um lance ou quando há um intervalo entre uma jogada e outra. Quando esses períodos são desconsiderados, o tempo real desse culto é de cerca de dezessete minutos.

No entanto, aqueles que vão cultuar ao domingo são tão dedicados e reverentes que não se importam com o fato de dezessete minutos de atividade se transformarem em uma hora de culto. Na verdade, a coisa acaba se tornando uma experiência de três horas. E, se o jogo for à prorrogação, ninguém vai reclamar que o culto demorou demais.

Se o jogo for à prorrogação, ninguém vai reclamar que o culto demorou demais.

Os torcedores não reclamam nos intervalos entre os tempos. Não murmuram por terem demorado muito no trânsito, com milhares de outras pessoas em estradas lotadas, à procura de um local onde pudessem estacionar. Faça chuva ou faça sol, não ouvimos ninguém ranzinza dizendo que precisou andar demais para conseguir chegar ao culto. Em vez disso, o rosto de cada um revela a empolgação e a expectativa que permeiam a atmosfera. Da mesma maneira, quando o culto termina cerca de três horas depois, leva-se mais uma ou duas horas para chegar ao carro, sair do estacionamento e voltar para casa. Além disso, não se ouve ninguém reclamar sobre quanto "deram de dízimo" por um ingresso ou qualquer contribuição adicional que tenham feito à lanchonete.

Em resumo, os dezessete minutos de ação — que se traduzem em um culto de sessenta minutos, o qual se torna uma experiência de três horas — tomam quase sete horas do dia da maioria dos homens que decidem acompanhá-los. No entanto, não se ouve ninguém reclamar que precisa gastar sete horas do dia, que o culto é longe demais, que é difícil estacionar ali, que há pessoas demais tentando entrar e que o santuário é excessivamente grande.

Em vez disso, os torcedores querem mais. Pois, no caminho de volta, sintonizam no programa de esportes da rádio para ouvir os comentaristas falarem sobre a partida que acabaram de ver. Em casa, ligam a televisão no canal esportivo para assistir aos melhores momentos do que presenciaram pouco antes. Em outras palavras, revisam a passagem do "culto".

Então, a fim de se preparar para a semana seguinte, escutam o mesmo programa esportivo na rádio, ou assistem a canais de televisão, ou leem o caderno de esportes no jornal — e possivelmente até jogam virtualmente um pouco de futebol também.

Em outras palavras, o time de seu coração estará na liderança. Isso me leva a uma só pergunta: o que seu time de futebol fez por você nos últimos tempos?

Os times de futebol americano são conhecidamente inconstantes. Às vezes, fazem um *touchdown*. Em outras, uma pegada fenomenal da bola. No entanto, mostrar-lhes respeito e honra em atitude e atmosfera de dedicação não parece ser pedir demais de algumas pessoas. Todavia, Deus — que não é nada inconstante, mas fiel, consistente, grandioso, nosso provedor e digno de adoração — mal consegue um pouco de atenção durante uma prece capenga antes da refeição.

Talvez, se Deus falasse por intermédio de Malaquias hoje, ele se expressaria de maneira diferente. Em vez de comparar o que ofertamos a ele ao que damos ao governador, é possível que comparasse quanto tempo, atenção, dinheiro e respeito lhe dedicamos em contraste com o que entregamos ao nosso time do coração, ou a qualquer outra coisa que chame nossa atenção e conquiste nosso respeito. De qualquer maneira, a comparação é reveladora.

No governo do reino de Deus, viver em temor a ele significa levar o Senhor a sério, permitindo que nossas ações reflitam a honra e o respeito que sentimos por ele.

De acordo com o salmo 128, Deus diz com clareza que, se você o temer, será beneficiado em três áreas: *fortuna, felicidade* e *futuro*. Ele afirma que, ao agir primeiro como um indivíduo governado por Deus, "você desfrutará o fruto de seu trabalho". Em outras palavras, terá condições de apreciar os benefícios do seu labor, isto é, sua *fortuna*.

Em seguida, lemos: "[você] será feliz", trecho que se refere à sua *felicidade*. Essa é uma emoção que, comumente, depende das circunstâncias. Deus diz que, se você o temer e andar em seus caminhos, as circunstâncias relacionadas ao fruto de suas mãos produzirão felicidade. Por fim, ele diz: "e [você será] próspero". As referências dessas declarações estão no *futuro* — *será* — e não no presente. O homem que teme o Senhor e cujas ações e coração estão debaixo da cobertura divina pode ter a expectativa de receber as bênçãos citadas no salmo 128.

> *Deus diz que, se você o temer e andar em seus caminhos, as circunstâncias relacionadas ao fruto de suas mãos produzirão felicidade.*

É importante notar que o homem do reino começa sabendo que precisa dar a Deus uma resposta pessoal e que ninguém mais pode fazê-lo em seu lugar. Lembre-se: a definição de homem do reino é alguém que opera e funciona sob o pleno governo de Deus. Por ser um homem do reino, você deve levar o Senhor muito a sério. Tudo começa com você. Todas as outras coisas — família, igreja, comunidade e até mesmo nossa sociedade — se baseiam no modo como o indivíduo governa a si mesmo em submissão a Deus. Não podemos esperar que haja ordem, estabilidade e paz ao nosso redor se não dispomos dessas coisas dentro de nós.

Tema a Deus com seus pés

Pouco antes de concluir na cruz seu ministério terreno, Jesus fez aos seus discípulos uma declaração sobre o futuro (Mt 16.21-23). Informou-os de que estava prestes a sofrer e morrer. No entanto, Pedro não aceitou aquilo de maneira nenhuma. Argumentou com seu Mestre e protestou contra o que este afirmara. Jesus, porém, confrontou Pedro e acusou-o de não mais pensar nem agir como um homem do reino. Pedro estava considerando "as coisas apenas do ponto de vista humano, e não da perspectiva de Deus" (Mt 16.23). Como Pedro não estava agindo nem pensando como um homem do reino, Jesus chegou a chamá-lo de "Satanás" e "pedra de tropeço".

Para fazer Pedro voltar ao rumo, Jesus separou os momentos seguintes para explicar com toda clareza qual é o caminho do discipulado pessoal. Essa explicação não serviu apenas para Pedro e os outros discípulos, mas vale para nós também.

> Então Jesus disse a seus discípulos: "Se alguém quer ser meu seguidor, negue a si mesmo, tome sua cruz e siga-me. Se tentar se apegar à sua vida, a perderá. Mas, se abrir mão de sua vida por minha causa, a encontrará".
>
> Mateus 16.24-25

O termo grego que Jesus escolheu para se referir à *vida* foi *psuché*, que significa literalmente força vital, alma vivente.[2] Ao falar sobre salvar ou perder a vida, Cristo escolheu um termo que significa "alma". Sua alma é você. É o cerne de quem você é, aquilo que o torna diferente de todos os outros ao seu redor. Sua alma não é a estrutura física de seu corpo; em vez disso, é sua capacidade de sentir, pensar, escolher e desejar. É sua essência, a parte de você que continuará além do tempo, pela eternidade.

Jesus disse a nós, seus discípulos, que, se quisermos permanecer ao lado dele e segui-lo — se quisermos salvar nossa alma —, precisamos fazer três coisas. Em primeiro lugar, é necessário dizer *não* a nós mesmos, isto é, negar o eu. Isso é importante porque nosso maior problema não é exterior, ele está dentro de nós. Seu maior problema é você. Seguir a Cristo significa aprender a dizer *não* a si mesmo. Essa é uma grande decisão porque ninguém gosta de fazer isso. Pelo menos ninguém gosta de recusar a si o que deseja. É fácil dizer *não* para mim mesmo se for para comer abobrinha. Mas, se for para comer frango frito, a história é outra. É aí que minha alma resolve dar chilique, tentando toda e qualquer coisa para me convencer a não negar a mim mesmo.

No entanto, para temer a Deus como Rei e seguir a Cristo como cabeça, você precisa negar a si mesmo. Então, deve tomar sua cruz — um conceito muito incompreendido. Com frequência, ouço as pessoas citarem essa passagem para relacioná-la a uma situação difícil no trabalho, no lar ou na vida pessoal. Ouço coisas do tipo: "Eu terei de suportar aquela pessoa e tomar minha cruz", ou "A família da minha esposa é a cruz que preciso carregar", ou ainda "Estou com dor de cabeça, então essa deve ser a minha cruz". Mas Cristo disse que você deve tomar a *sua* cruz. A cruz que você carrega é *você* mesmo. Só havia um motivo para o governo romano mandar alguém carregar uma cruz: tal indivíduo seria crucificado nela. A cruz é um instrumento de morte. Quando Jesus carregou a cruz, dirigiu-se ao Calvário com o instrumento da própria morte. Ao carregar a cruz, ele estava se sujeitando de maneira aberta e tangível à lei de sua terra, ao governo romano.

Quando um cristão diz não a algo que deseja e leva sua cruz, ele se sujeita a uma lei superior a si mesmo. Ele cede àquilo que Deus lhe pediu, a saber, negar seu querer, seu desejo e sua vontade em troca de seguir o querer, o desejo e a vontade daquele a quem segue. Até no jardim, antes de carregar a cruz, Cristo disse a Deus: "Pai, se queres, afasta de mim este cálice". Jesus não queria passar por tudo aquilo. Mas ele também falou: "Contudo, que seja feita a tua vontade, e não a minha" (Lc 22.42). Homem, carregar a cruz é abrir mão de sua vontade para aceitar a vontade de Deus. E isso deve ser feito "diariamente" (Lc 9.23).

Por fim, Jesus disse que, depois de negar a si mesmo e carregar a própria cruz, você deve segui-lo. Não se esqueça do lugar para onde Jesus disse aos discípulos que estava indo — para a cruz. Ele havia acabado de contar que estava prestes a sofrer e morrer. Um dos motivos para os homens não governarem sua vida pessoal — sua *psuché* — é que aquilo que deveria morrer continua vivo.

Paulo ilustrou claramente essa realidade quando escreveu as seguintes palavras aos romanos:

> Portanto, irmãos, suplico-lhes que entreguem seu corpo a Deus, por causa de tudo que ele fez por vocês. Que seja um sacrifício vivo e santo, do tipo que Deus considera agradável. Essa é a verdadeira forma de adorá-lo. Não imitem o comportamento e os costumes deste mundo, mas deixem que Deus os transforme por meio de uma mudança em seu modo de pensar, a fim de que experimentem a boa, agradável e perfeita vontade de Deus para vocês.
>
> Romanos 12.1-2

Nos tempos do Antigo Testamento, a noção de sacrifício implicava matar um animal e colocá-lo sobre o altar. Mas Paulo disse que os santos que vivem na era da igreja devem se apresentar como um sacrifício vivo. Em essência, isso quer dizer que devemos ser mortos vivos. Ser um morto vivo envolve morrer para nossa vontade, nosso querer e nosso desejo ao mesmo tempo que permanecemos completamente vivos para a vontade, o querer e o desejo de Deus. Em suma, significa colocar o governo do reino de Deus como o único propósito significativo da sua vida. Foi exatamente isso que Jesus disse aos discípulos. Ao negar a si próprio, tomar a sua cruz e seguir a Cristo, você morre e, ao mesmo tempo, passa a viver de verdade. É então que você experimenta a realidade segundo a qual aquele que abre mão de sua vida por causa do Senhor a encontra (Mt 16.25).

O que alguns homens chamam de vida não é viver de verdade. Somente seguindo a Jesus encontramos vida verdadeira.

Quando todos estão observando

Enquanto cursava o seminário, trabalhei em uma rodoviária carregando e descarregando os ônibus de uma grande empresa. Eu trabalhava no turno da madrugada, das onze da noite às sete da manhã. Quando entrei no emprego, percebi que os caras tinham um esquema bem montado. Um homem marcava que estava saindo para o intervalo e, então, seus amigos marcavam sua entrada de volta, quando, na verdade, ele estava dormindo. Cada um tinha sua vez; os outros batiam o ponto para ele esperando sua chance de tirar um cochilo de três horas em pleno expediente. Para ser bem claro, eles estavam roubando. Aqueles homens haviam concordado em trabalhar durante oito horas, mas roubavam algumas delas toda noite.

Eu já trabalhava ali havia alguns dias quando um dos homens me abordou e perguntou em qual parte do turno eu queria descansar. Ele me explicou como o sistema funcionava, quanto tempo eu podia dormir e o ponto de quem eu deveria marcar. Expliquei que não faria aquilo, dado o que Deus ensina sobre roubar. Achei que seria uma ótima oportunidade de testemunho, mas as coisas não correram assim tão bem.

Em vez disso, aqueles homens resolveram me ensinar uma lição.

Quando os ônibus apareciam durante a noite para ser descarregados e depois carregados de novo, os outros homens não apareciam para ajudar. Então, eu acabava fazendo o trabalho sozinho. Que situação difícil! Em vez de satisfazer minha necessidade de descanso e receber a aprovação dos colegas, mantive meu compromisso com Jesus Cristo, honrei as regras de seu reino e sua Palavra. Mas aquilo foi doloroso de duas maneiras. Primeiro, foi emocionalmente aflitivo saber que as pessoas estavam contra mim, e em segundo lugar, foi fisicamente difícil porque havia muito trabalho. Para completar, depois de todo aquele esforço, eu ainda precisava estudar durante o dia.

Após seis meses nessa rotina, fui chamado ao escritório. O supervisor-geral disse:

> *Em vez de satisfazer minha necessidade de descanso, mantive meu compromisso com Jesus Cristo.*

— Sem que a equipe da madrugada soubesse, pedimos que vários supervisores noturnos observassem as atividades de vocês. Sabemos do esquema. Também sabemos que você não participa disso, nem recebe apoio quando os ônibus chegam. Portanto, queremos oferecer a você o cargo de supervisor do turno da noite. Dobraremos o seu salário.

Temer a Deus levou a uma bênção. Meus inimigos se tornaram o estrado dos meus pés. Homem, Deus está observando. Uma parcela da grandeza nos alcança neste tempo da história, mas a maior parte dela só chegará na eternidade. No entanto, se você quer ser grande — se quer ser abençoado —, aproveite cada chance de demonstrar temor a Deus tanto nas oportunidades internas quanto nas externas, considerando-o com a mais elevada honra e estima em todos os aspectos de sua vida. Às vezes, isso machuca. De fato, na maioria das vezes acaba machucando de algum jeito. Mas o Rei recompensa aqueles que o temem, conforme vimos com tanta clareza no salmo 128, fazendo desse o princípio fundamental da vida do homem do reino.

Garanto que o temor a Deus o levará ao local onde você desfrutará a bênção da vida plena que Cristo lhe prometeu. Ali seu destino se cumprirá plenamente.

13

O HOMEM DO REINO E
SUA VIDA FAMILIAR

Após escrever sobre a vida pessoal do homem do reino no salmo 128, Davi passa para sua vida familiar. O versículo 3 diz: "Sua esposa será como videira frutífera que floresce em seu lar. Seus filhos serão como brotos de oliveiras ao redor de sua mesa. Esta é a bênção do SENHOR para aquele que o teme".

A decisão de se casar com uma mulher e começar uma família é uma das mais importantes que o homem toma em sua vida. O casamento só deve acontecer após muita reflexão e preparo, embora não se veja muito disso por aí. Tenho duas filhas, ambas casadas. Quando chegou o momento em que resolveram se casar, os noivos precisaram fazer muito mais que simplesmente pedir minha permissão. Elas eram minhas princesas, e eu não as entregaria de qualquer jeito para qualquer um.

Aliás, parte do processo de conquistar uma mulher da família Evans envolveu escrever para mim uma longa carta detalhada, explicando todas as coisas que os pretendentes seriam responsáveis por fazer e ser no papel de marido. Disse a eles que precisava das declarações por escrito, caso eu ficasse velho e perdesse a memória. Mas, falando sério, pedi tanto a Jerry quanto a Jessie que escrevessem uma carta. E elas estão bem guardadas, caso algum dia eu precise lembrá-los do que se comprometeram a fazer. O casamento não é algo sem importância e só deve se tornar realidade quando as duas partes compreendem plenamente seu significado e seu propósito. Quando o homem é um marido e pai bem-sucedido, ele não só abençoa a própria vida, como também capacita aqueles ao seu redor a cumprir o destino que Deus lhes designou.

O salmo 128 passa primeiro do indivíduo para a família, o que representa a ordem divina da criação. Conforme já vimos, primeiro Deus criou Adão e lhe deu a responsabilidade de governo pessoal e orientações para essa tarefa, antes de lhe entregar Eva. Adão precisou aprender e consolidar sua autoridade individual antes de expandi-la para uma família. Outro elemento importante a se observar é que, no salmo 128, Davi progride para a família antes de escrever sobre a igreja e a comunidade. Isso porque, antes de Deus criar a igreja ou o governo civil, ele fez a instituição familiar.

São poucos os problemas de nossa cultura atual que não têm origem direta no esfacelamento das famílias. Se a família opera de acordo com os princípios do reino — os indivíduos dentro dela vivem segundo os princípios do reino de Deus —, a consequência é que tanto a igreja quanto a sociedade funcionam da mesma maneira.

Conforme vimos, a humanidade foi criada para que o ser humano fosse portador da imagem do próprio Deus. O propósito de ser fecundo e se multiplicar para encher a terra não tinha o mero objetivo de encher o planeta de gente, mas, sim, de povoá-lo com portadores da imagem divina. Logo, o objetivo da família é reproduzir a imagem de Deus na história, e não apenas criar um lugar feliz para chamar de lar. O propósito de ter filhos não é somente haver

> *O objetivo da família é reproduzir a imagem de Deus.*

pessoas parecidas na árvore genealógica, mas formar crianças que reflitam a imagem de Deus no mundo.

Ao estabelecer a instituição do reino chamada família, Deus expandiu seu próprio domínio na história. É exatamente por isso que Satanás tenta destruir a família. Se ele conseguir, será capaz de destruir a expansão do governo do reino de Deus. Quem controla a família detém o futuro. O problema da legalização do casamento *gay* não é apenas uma questão de homossexualidade. O principal problema é a redefinição de família de maneira diferente do desígnio divino. Ao redefinir a família, Satanás tenta estabelecer um reino rival que mina o propósito de Deus para o lar. Ao deturpar o conceito de masculinidade, Satanás faz a mesma coisa que tentou realizar quando mandou matar todos os bebês do sexo masculino por ocasião do nascimento de Jesus. Ao tentar se livrar dos homens quando eram meninos, queria matar o futuro. Homem, seu papel é crucial, e o principal objetivo de Satanás é impedir você de colocá-lo em prática segundo os princípios do reino de Deus.

Aliança para a vida

O primeiro princípio do reino que se aplica ao casamento, a base de uma família, é que não devemos vê-lo como um contrato, mas como uma aliança. Problemas surgem em nossa relação conjugal quando adotamos o ponto de vista cultural de casamento apenas como um meio para conquistar amor e felicidade. Embora essas coisas sejam importantes, não são os motivadores *mais* importantes da instituição do casamento. O casamento é uma união de aliança planejada por Deus para aumentar, em ambos os parceiros, a capacidade de cumprir o propósito divino de fazer avançar o reino de Deus. Em Malaquias 2.13-14, lemos sobre essa aliança:

> Há outra coisa que vocês fazem. Cobrem de lágrimas o altar do Senhor, choram e gemem porque ele não dá atenção às suas ofertas

nem as aceita com prazer. E ainda perguntam: "Por quê?". Porque o SENHOR foi testemunha dos votos que você e sua esposa fizeram quando jovens. Mas você foi infiel, embora ela tenha continuado a ser sua companheira, a esposa à qual você fez seus votos de casamento.

Uma aliança é mais que mera concordância contratual. Nas Escrituras, uma aliança de autoria divina consiste em um relacionamento de vínculo espiritual feito entre Deus e seu povo, o que inclui certos acordos, benefícios, condições e resultados. Como exemplo, é possível citar as alianças que Deus fez com Abraão, Moisés e Davi, bem como a nova aliança por meio de Jesus Cristo. O casamento também é uma aliança.

Cada aliança inclui três facetas fundamentais: transcendência, hierarquia e ética. Transcendência significa simplesmente que Deus governa soberano sobre a aliança. Ele está no comando. Hierarquia representa a ordem na qual os componentes e participantes da aliança devem funcionar. E a ética, ou seja, as regras que governam o funcionamento da aliança, inclui três elementos interdependentes: regras, sanções e continuidade.

Quando funciona de acordo com os componentes de uma aliança, o casamento resulta na bênção dessa aliança. No entanto, quando um casamento opera fora desses componentes, as consequências negativas da aliança se manifestam. Como o casamento é uma aliança sagrada, e não apenas um contrato social, envolve sanções e continuidade cujos desdobramentos atravessam gerações. Um contrato é um acordo legal que não carrega consigo um componente espiritual e divino, enquanto a aliança envolve Deus, no contexto de seu reino, bem como os benefícios e as perdas espirituais decorrentes do acordo.

Quando um homem vê seu casamento como uma aliança, em temor e reverência a Deus, sua esposa será como uma videira frutífera, conforme dizem as Escrituras. Anos atrás, fui com Lois, minha esposa, ao Napa Valley, na Califórnia; queríamos passear de carro pelas videiras e ver o processo de produção do vinho. É fascinante! Se você já fez um passeio desses, então sabe que a videira precisa de três coisas para ser frutífera. Ela é elevada e amarrada a uma estaca para que não se arraste no chão, o que a impediria de absorver a luz solar. Ou seja, para que uma videira produza fruto, primeiro ela precisa se apegar — ou seja, ficar seguramente presa e amarrada — à estaca para a própria segurança.

O mesmo se aplica à sua esposa, homem. Para que seja a mulher do reino que foi destinada a ser, você deve proporcionar um ambiente de segurança que lhe seja tão forte e estável que ela não só consiga se apegar a você, como também queira fazê-lo. Ao capacitá-la e encorajá-la a se fixar em você, você a impede de se unir a qualquer outra coisa que não se encontre corretamente posicionada para colocá-la em condição ideal de crescimento e cultivo pessoal.

A segunda coisa que a videira produtora de frutos faz é escalar. A videira frutífera escala por tudo a que se apega. Quando a videira se sente livre para escalar aquilo a que se fixa, expande a própria capacidade de receber alimento e crescer. O que muitos homens fazem por insegurança ou medo é tentar impedir a esposa de desenvolver as habilidades e os dons que Deus concedeu exclusivamente a ela.

A videira frustrada ou controlada não consegue produzir fruto nenhum.

Em vez de fazer a esposa se sentir livre para escalar, esses homens acabam acompanhados de uma mulher que se sente frustrada ou controlada. A videira frustrada ou controlada não consegue produzir fruto nenhum.

No entanto, quando a videira é alimentada e capaz de se apegar e escalar, então faz uma terceira coisa para produzir frutos: ela se une em cachos. Quando a videira se une em cachos, ela produz frutos que contêm o sumo a ser extraído para fermentação e transformação em vinho. Homem, quando você opera de acordo com os princípios de um homem do reino, as Escrituras dizem que sua esposa vai apegar-se, agarrar-se e unir-se a você de tal maneira que produzirá frutos benéficos não só para cada uma das partes do casal, mas também para as pessoas que estão em sua esfera de influência.

Não se esqueça, porém, de que o versículo diz, de maneira específica: "Sua esposa *será* como videira frutífera", não que ela é uma videira frutífera. Isso acontece porque, no lar, a ordem preestabelecida é que tudo começa com você. Sua esposa se torna aquilo que você nomeia que ela seja. Se você optar por não nomeá-la, então ela mesma o fará e diversas outras vozes competirão pela atenção dela. No entanto, se você escolher nomeá-la uma mulher do reino, ela *será* videira frutífera. As mulheres foram criadas para responder. O teste de um homem do reino é mensurado pela resposta de sua esposa. Ela foi nomeada? Está se tornando o que esse nome declara que ela é?

Seja aquele que salva, santifica e satisfaz sua esposa

Ser um marido do reino é uma responsabilidade. Aliás, Paulo nos explicou que se trata de uma responsabilidade tripla. O primeiro dever inclui ser o salvador da esposa. Lemos em Efésios 5.25: "Maridos, ame cada um a sua esposa, como Cristo amou a igreja. Ele entregou a vida por ela". Primeiro, o marido deve ser o salvador da esposa, uma vez que deve amá-la assim como Cristo amou a igreja. Até onde sei, Jesus amou a igreja até a morte. Logo, se você ainda estiver vivo, ainda não terminou. Seja o salvador da sua esposa.

O marido deve ser o salvador da mulher no sentido de sacrificar a vida pelo bem-estar dela, captando, assim, a essência da ordem de Paulo para que o marido ame a esposa como Cristo ama a igreja.

A fim de descobrir de que maneira o homem deve amar a esposa, precisamos primeiro entender o modo pelo qual Cristo ama a igreja. Como Cristo amou a igreja? Primeiro, "ele entregou a vida por ela" (Ef 5.25). Isso se refere a um sacrifício. O sacrifício de Jesus diz aos maridos o que significa amar. Amamos por escolha, e não por sentimento. Conforme dissemos anteriormente, o amor à sua esposa está pouco relacionado à forma como você se sente, se amoroso ou não. O amor bíblico se concentra nas necessidades da pessoa amada, e não necessariamente nas emoções ou vontades daquele que ama. Trata-se da busca justa e intensa pelo bem-estar do outro, mesmo que isso acarrete custos ou sacrifícios pessoais.

Além de ser o salvador da esposa, o marido também deve santificá-la, "a fim de torná-la santa, purificando-a ao lavá-la com água por meio da palavra" (Ef 5.26). Santificar algo significa separá-lo, considerando-o especial e único. O homem santifica a esposa quando a discipula e providencia um espaço no qual ela se sente segura para crescer e se desenvolver, tornando-se a criatura que Deus pretendeu que fosse. Ao se casar com sua esposa, você não se casou apenas com uma pessoa, mas também com toda a história de vida que ela carrega.

Ao se casar com sua esposa, você não se casou apenas com uma pessoa, mas também com toda a história de vida que ela carrega.

Você se casou com tudo o que ela não lhe contou enquanto estavam namorando, coisas que, reunidas, formaram o modo como ela aborda a vida e enxerga as circunstâncias, lutas ou dúvidas que a envolvem.

A santificação é o processo de pegar um indivíduo onde ele está para conduzi-lo até onde deveria estar. Se sua esposa nunca experimentou segurança e jamais teve um homem que lhe provesse um lugar estável, ela pode se sentir hesitante em se submeter a você como marido. Por meio da santificação, porém, você pode demonstrar à sua esposa o que significa ter a cobertura de um homem do reino — não um homem perfeito, mas, sim, um homem do reino que tem as melhores intenções no coração, alguém que a ama a ponto de sacrificar as próprias necessidades e que deseja prover esse amor.

Para concluir, o marido do reino satisfaz a esposa. Em Efésios 5.28-29, Paulo escreve:

> Da mesma maneira, os maridos devem amar cada um a sua esposa, como amam o próprio corpo, pois o homem que ama sua esposa na verdade ama a si mesmo. Ninguém odeia o próprio corpo, mas o alimenta e cuida dele, como Cristo cuida da igreja.

Tudo o que você fizer por você, deve fazer por ela. Você precisa tratá-la da maneira que trata o próprio corpo. Deve pensar levando em conta os dois, nunca um só. É do seu interesse, e do de sua esposa, satisfazê-la emocional, espiritual e fisicamente.

Não é preciso ser teólogo para satisfazer sua esposa no papel de cabeça espiritual do lar, mas você necessita agir ativamente ao liderá-la rumo ao crescimento espiritual, atuando como o pastor dela. Nada a incentivará tanto a responder à sua alma como fazê-la responder ao seu espírito. Se ela puder lhe responder espiritualmente em razão de você ter assumido responsabilidade espiritual, então a alma dela se adaptará a responder a você na esfera pessoal. E, claro, quando ela responder com a alma, responderá com o corpo também. O que o homem geralmente quer é que a mulher responda com o corpo quando a alma se encontra fora de sincronia. E aí o sexo não é envolvente, excitante ou dinâmico, e o marido acha que uma *lingerie sexy* vai resolver o problema. Não vai mesmo! Essa é uma questão da alma. Mas não se cura a alma tratando da alma em si. Cura-se a alma quando se cria unidade espiritual.

O primeiro passo para aprender como satisfazer a esposa é entendê-la. Estude-a. Procure conhecê-la. Descubra o que a enche de paixão, o que a motiva e inspira. Descubra quais são os sonhos dela e como eles se relacionam aos seus. Muitos homens negligenciam o maior presente que receberam na vida — sua esposa — e o fazem em detrimento próprio. Em 1Pedro 3.7, as Escrituras chegam a dizer que, se você não for um marido do reino, até suas orações serão prejudicadas:

> Da mesma forma, vocês, maridos, honrem sua esposa. Sejam compreensivos no convívio com ela, pois, ainda que seja mais frágil que vocês, ela é igualmente participante da dádiva de nova vida concedida por Deus. Tratem-na de maneira correta, para que nada atrapalhe suas orações.

A esposa que dispõe do ambiente para florescer como uma videira frutífera floresce primeiro dentro de casa. Conforme vemos em Provérbios 31, ela realiza muita coisa fora do lar também. É uma empreendedora que negocia com mercadores de longe. Tem licença para atuar como corretora de imóveis, pois compra e vende propriedades. Tem o próprio ministério de cuidado dos pobres. E, além de tudo isso, cuida de si mesma, garantindo a boa aparência e vestindo-se de púrpura — a alta-costura da época. Nada falta a seus filhos e seu marido é louvado nas portas da cidade, pois tudo o que ela faz fora de casa complementa a prioridade do próprio lar.

Algo que você pode fazer, no papel de marido, é oferecer à sua esposa o melhor ambiente onde ela possa florescer e elogiá-la ativa e propositadamente. Permita que sua esposa saiba diariamente que é valorizada — e por quê. As mulheres têm *insight* e percepção singulares. Por isso, apenas dizer que ela tem valor provavelmente não basta para satisfazer a necessidade que ela sente de ser apreciada. Ela quer saber o que você valoriza nela — o que há de especial dentro dela que você gosta.

Além disso, há algo que eu espero que todos os homens já estejam fazendo: ore regularmente com sua esposa. Ore com ela todos os dias. Ore sobre o que se passa na mente dela, mas também por ela. Deixe-a ouvir você orando por ela a cada dia e dê-lhe a segurança adicional de saber que você está buscando a Deus por ela e pela união de vocês no casamento.

Brotos de oliveiras

Quando você teme o Senhor e anda nos caminhos dele, e quando sua esposa é uma videira frutífera no lar, seus filhos são como "brotos de oliveiras ao redor de sua mesa" (Sl 128.3). Eles ainda não são oliveiras porque essas árvores costumam demorar quinze anos ou mais para se desenvolver por completo, mas um dia se tornarão oliveiras, respondendo àquilo que vocês lhes oferecerem.

O mais interessante acerca de um broto de oliveira é que, se receber o cuidado necessário, pode se tornar uma árvore capaz de produzir azeitonas por mais de dois mil anos. Quando visitei Israel e fui ao jardim do Getsêmani, contemplei oliveiras de dois mil anos que continuam a produzir azeitonas, por terem raízes profundas. Uma das melhores coisas que você, homem do reino, pode oferecer a seus filhos é seguir o exemplo da oliveira e ter raízes profundas de estabilidade.

Minha mãe e meu pai continuam morando na mesma casa onde cresci. Naquela época, a região era um bairro de classe trabalhadora, mas hoje se tornou um local cheio de câmeras policiais a cada esquina, a fim de flagrar o tráfico de drogas. Certa vez, eu estava sentado na varanda com meus filhos enquanto visitávamos meus pais; então, um policial abordou uma roda de fumo ali na rua mesmo. O policial acabou perseguindo o traficante até o jardim à frente da casa, pulando em cima dele, derrubando-o e apontando-lhe uma arma bem na cabeça. Meus filhos e eu permanecemos sentados, observando tudo aquilo acontecer. Aliás, na última vez que visitei meus pais, enquanto dirigia pelo bairro, passei por uma equipe de cerca de dez policiais prontos para começar uma busca pouco antes de o sol nascer.

Quando conversei com papai mais tarde, dizendo que deveriam pensar em se mudar, já que ele tinha mais de 80 anos e a vizinhança não era mais como costumava ser, papai respondeu que queria ficar porque aquele é seu lar. Ali estavam suas raízes. Disse-me que Deus havia cuidado dele até aquele momento e que continuaria a sustentá-lo. Papai tinha raízes. Contudo, suas raízes não se limitavam a um local. Elas estavam em Deus. Ao longo de todos os anos que papai depositou sua fé em Cristo, nunca o vi vacilar em relação à Palavra de Deus. Suas raízes eram profundas, o que deixou para mim um exemplo de vida frutífera e se transformou, para meus filhos e netos, em um modelo de como se tornar uma oliveira.

Nosso problema hoje não é meramente uma geração perdida, mas é produto de uma geração perdida. Temos pais que nunca viram o próprio pai ser um marido ou pai do reino. Assim, temos crianças que educam a si mesmas. Ou crianças à espera de que o governo as eduque. Por isso, não há brotos de oliveiras ao redor de nossas mesas.

Nossas mesas estão vazias.

Deus planejou que as famílias fossem lideradas, sobretudo pelo pai, em volta da mesa. O pai judeu educava a família ao redor da mesa. A mesa não era apenas um lugar para refeições, mas sobretudo para a nutrição da alma. A comida não passava de um contexto para o discipulado e a construção de relacionamentos. Quando um pai judeu se sentava à mesa, não o fazia apenas para encher a barriga. Ele estava reunindo sua família ali para liderá-la. Era à mesa que ele conduzia o culto familiar. Era ali que ouvia qualquer potencial questão sobre comportamento. Era ali que distribuía as responsabilidades do lar e conferia se os deveres haviam sido realizados. Era ali que a família discutia assuntos educacionais e estabelecia estratégias para alcançar objetivos. Era ao redor da mesa que o pai descobria quais eram os amigos dos filhos e que tipo de informação essa gente colocava na mente dos pequenos. Era ali que ele enchia de valor e significado a vida dos filhos, ouvindo-os e dedicando-lhes tempo de maneira consistente.

Uma família judaica não se sentava à mesa apenas para comer. Em vez disso, aquele era o local em que o homem passava tempo diário significativo, ensinando, ouvindo, conhecendo e liderando sua família. Havia também outros momentos para que isso acontecesse, mas estes sempre ocorriam além do tempo da família à mesa. Isso acontecia porque as videiras frutíferas e os brotos de oliveiras necessitam de nutrição constante para que possam produzir e crescer. Entretanto, há muitas mesas vazias hoje. A agenda dos homens está lotada. A agenda das mulheres está lotada. A agenda das crianças está lotada. Quando deixamos de priorizar a consistência da mesa familiar — ou do tempo diário em família, seja lá como for que o desfrutemos —, também falhamos em liderar nosso lar. Em consequência, temos hoje uma geração de jovens que voltam a consciência para a cultura, e não para aquilo que aprenderam à mesa.

Apesar de ter uma agenda cheia na igreja, liderar um ministério nacional e realizar viagens para pregar, sempre fiz da mesa familiar um dos pilares do nosso lar. Era ali que meus filhos, enquanto cresciam, se reuniam não só para comer, mas também para conversar uns com os outros de acordo com a necessidade do momento. Aliás, na igreja que pastoreio, todo domingo há dois cultos, e tornou-se uma tradição que todos os membros de nossa família que estejam na cidade se reúnam em volta mesa da igreja a fim de comermos juntos no intervalo entre os cultos. Todo domingo você me encontrará lá, em geral com um ou dois netos no colo, falando sobre o sermão do dia, conversando sobre a vida de cada um e investindo uns nos outros. E, desde que meus filhos cresceram, nossa família se reúne no primeiro domingo do mês para comer, fazer o culto familiar, ter tempo de comunhão e ouvir os netos recitarem versos bíblicos.

Homem, não negligencie a mesa. Durante o café da manhã, no almoço, no jantar, em todas as ocasiões, a mesa não foi feita apenas para você se alimentar sobre ela, mas para que ali aconteça uma conexão e você se relacione deliberada e regularmente com aqueles a quem foi destinado para cuidar e liderar bem.

Homens do futuro

Mesmo além da mesa, porém, é importante que você seja parte consistente da família, de maneira intencional. Há muitos homens que aparecem apenas em ocasiões especiais e logo se afundam no trabalho, deixando a esposa e os filhos com o coração vazio. Nada é capaz de preencher o buraco provocado pela ausência do marido e pai. Nem mesmo a melhor mãe do mundo é capaz de satisfazer a necessidade que os filhos têm de aprovação e atenção paternas.

O tempo que vocês passam juntos não precisa ser sofisticado, nem formal; tão somente transforme em prioridade estar com sua família. Não importava quanto minha agenda estivesse ocupada, eu separava tempo regular para brincar com meus filhos enquanto eles cresciam. Várias vezes por semana, eu sentava no chão — dependendo da idade deles — e brincava. Também transformei em prioridade levá-los à escola todos os dias. Pode não parecer grande coisa, mas, quando você coloca os filhos em primeiro lugar na sua agenda, ou mesmo à frente de suas próprias necessidades, isso comunica muito a eles em termos do valor que têm. Meu calendário era cheio e meus filhos sabiam disso, mas também tinham a certeza de que estavam em primeiro lugar. Diariamente, a primeira coisa que eu fazia após tomarmos café da manhã juntos era colocá-los no carro e levá-los para a escola. Isso nos dava tempo extra juntos, algo que eu não teria caso eles usassem transporte escolar.

Mesmo tendo, propositadamente, passado bastante tempo com minha família quando os filhos eram pequenos, meu maior arrependimento até hoje é não ter lhes dedicado ainda mais tempo. Se eu pudesse fazer tudo de novo, no mínimo dobraria esse tempo. Passa muito rápido, significa muita coisa e produz dividendos relacionais e espirituais por gerações.

Homem, o tempo que você passa com sua família nunca deve ficar em segundo plano. Esse precisa ser sempre seu primeiro pensamento. As primeiras coisas primeiro. Se, no passado, você não fez assim, nunca é tarde para começar.

> *O tempo que você passa com sua família nunca deve ficar em segundo plano. Esse precisa ser sempre seu primeiro pensamento.*

Caso seus filhos não morem mais com você, visite-os, convide-os para ir vê-lo, ligue para eles. Ou atenda ao telefone quando eles ligarem. Algo que minha esposa, meus filhos e netos sabem é que, não importa quanto eu estiver ocupado, nem a hora do dia que for, se algum deles me ligar, eu vou atender. A família deve vir em primeiro lugar depois de Deus. Foi assim que ele planejou que as coisas funcionassem. Quando agimos de acordo com os princípios dessa regra transcendental da aliança, além de nós mesmos sermos abençoados, aqueles que estão dentro de nossa esfera de influência são frutíferos e abençoados à medida que se tornam quem foram destinados a ser.

Na cultura bíblica, os homens não precisavam ser incentivados ou encorajados a passar tempo com a família e os filhos. Eles sabiam que era sua responsabilidade transmitir os direitos e as responsabilidades para a geração seguinte. Aliás, de modo geral, os homens eram tanto a presença quanto a influência dominante entre todos os membros da família. Hoje, esse papel é diferente. Por causa do grande número de mulheres em posições de influência sobre as crianças durante o próprio desenvolvimento infantil — no lar, nas escolas ou nas igrejas —, a maioria dos homens passa a maior parte da vida com mulheres. Primeiro, dentro da barriga da mãe. Depois, em geral, babás e professoras de creches são mulheres. O mesmo vale para a maioria das professoras do ensino fundamental e da escola dominical. Embora louvemos a Deus pelo papel que as mulheres desempenham em nossa cultura e igreja, algo que frequentemente falta no desenvolvimento dos homens do reino é uma presença masculina forte e constante.

Quando faltam homens culturalmente atuantes, experimenta-se um amplo enfraquecimento da masculinidade. Em consequência, corremos maior risco de criar uma próxima geração de meninos que crescerão tendo as próprias mães como referenciais do papel de homem. Nunca subestime sua responsabilidade como pai. Lembre-se de que a maneira de seus filhos enxergarem a Deus depende, em grande medida, da visão que eles têm de você.

14

O HOMEM DO REINO E SEU ENVOLVIMENTO NA IGREJA

O salmo 128 passa do indivíduo que teme o Senhor para os resultados experimentados por sua família. Quando o homem está alinhado debaixo de Deus, as consequências de seu relacionamento com o Senhor se espalham para além de si. É exatamente isso que percebemos quando seguimos com a análise do tema do reino. Salmos 128.5 diz: "Que o SENHOR o abençoe desde Sião".

Homem, você foi destinado a ser abençoado conforme sua conexão com Sião, que hoje é a igreja estabelecida do Novo Testamento. O grau da falta de ligação com Sião representa quanto essa bênção será retida, deixando de cair não só sobre a sua vida, mas também sobre a das pessoas que estão sob os seus cuidados.

Uma das disciplinas que cursei no seminário me deixou muito desanimado. Eu precisava escrever um artigo. Sempre levava as tarefas a sério e me comprometia em tirar A em todas elas. Eu me empenhava nas pesquisas e não poupava dedicação, tempo e energia, certo de que tiraria a melhor nota. No entanto, quando recebi o artigo de volta, havia um grande F vermelho no topo da folha. Além de não tirar A, não tirei B, C, nem mesmo D. Escrito em letra garrafal para quem quisesse ver, ali estava meu F. Você deve imaginar como me senti, sobretudo por causa do tempo que havia gastado estudando as línguas originais e pesquisando o assunto.

No entanto, quando analisei o artigo com mais cuidado, descobri o motivo de ter tirado F. Bem no final, em letras miúdas, havia um bilhete do professor. Ele escreveu: "Tony, excelente pesquisa. Excelentes detalhes. Esforço extraordinário. Mas você respondeu à pergunta errada". Todo o meu trabalho abordara a questão errada. Não foi falta de sinceridade, mas eu estava sinceramente equivocado.

O problema que enfrentamos na igreja hoje não é falta de sinceridade, mas o fato de não compreendermos o reino. A igreja se concentra na tarefa errada. Ao deixar de compreender a natureza e o propósito do reino de Deus, marginalizamos a autoridade e a influência da igreja tanto dentro de suas paredes quanto fora delas.

A natureza do reino de Deus na terra não é uma ideologia etérea que se tornará realidade em data e localização futuras. Em vez disso, trata-se de uma ordem bíblica para que sejamos relevantes diante das necessidades espirituais e sociológicas da igreja e da sociedade atuais. Quando a igreja para de funcionar dentro dessa perspectiva do reino, ela deixa de se constituir como igreja bíblica que foi projetada para ser. A igreja não existe simplesmente para realizar programas, instituir projetos, ministrar pregações e construir prédios. Em vez disso, ela existe para ser o principal veículo de preparo dos crentes a fim de que manifestem a glória de Deus, impactem a cultura, restaurem vidas e façam o reino avançar.

Consideradas as distinções do reino, o principal propósito da igreja é revelar os aspectos ético e político do governo de Deus na sociedade. A igreja deve operar no mundo e, ao mesmo tempo, oferecer uma alternativa ao mundo. Ao fazê-lo, ela se distingue como um refúgio, semelhante a uma embaixada.

A embaixada é um território soberano em solo estrangeiro, um lugar onde se aplicam as regras e leis da nação que representa.

As embaixadas nunca pertencem aos países nos quais se localizam. Elas pertencem a seu país de origem. Se você, cidadão brasileiro, visitar uma embaixada do Brasil em outro país, descobrirá que todas as leis e os procedimentos brasileiros são executados ali, a despeito de onde você estiver. A embaixada brasileira é, em essência, um pedacinho do Brasil longe de casa.

A igreja deve ser um pedacinho do céu bem longe de casa. É o lugar no qual os valores da eternidade se manifestam na história — o local onde as vitórias do céu dão fruto na terra. É também o lugar de onde Deus ordena suas bênçãos (Sl 133) e, em consequência, abre as portas para transformações e potencialidades sociais. Por causa disso e de muito mais, a igreja precisa ser nada menos que um componente central da vida do homem do reino.

Meu pai e a igreja

Talvez você ache difícil imaginar, já que meu pai, com mais de 80 anos, ainda pregava no púlpito de uma pequena congregação da Brethren Assembly em Baltimore, todos os domingos de manhã. Ele precisava de alguns minutos para deixar o banco do piano, de onde liderava o louvor, e chegar ao púlpito. Mas sempre completava esse deslocamento e, então, abria a Palavra. Ele não se denominava "pastor". Em sua humildade, dizia apenas que estava "servindo ao Senhor". No entanto, no lar de Arthur Evans, a igreja era o ponto central, e foi assim desde sua conversão, em 1959.

Lembro-me de que, na minha infância, enquanto eu crescia sob a liderança dele, era preciso estar praticamente hospitalizado para que pudesse deixar de ir à igreja aos domingos. Quando menino, eu gostava menos do culto do que de atravessar a rua correndo para comprar balas na venda local. Ficava mais ansioso para chupar as balas do que para me vestir todo arrumado e permanecer sentado em um banco.

Muito embora eu ainda não tivesse maturidade espiritual suficiente para me beneficiar do culto tanto quanto meu pai, sua consistência em exaltar o papel da igreja se tornou um exemplo para que eu fizesse o mesmo à medida que ficava mais velho. De fato, quando cheguei ao ensino médio, a cosmovisão bíblica de papai já havia se tornado a minha também. Às vezes, eu caminhava quase seis quilômetros e meio para ir à igreja no culto de quarta-feira à noite quando meu pai não conseguia

> *Quando cheguei ao ensino médio, a cosmovisão bíblica de papai já havia se tornado a minha também.*

sair a tempo do trabalho para irmos juntos de carro. Sim, às vezes, isso acontecia — mesmo se estivesse caindo a gelada neve do inverno de Baltimore.

Além de minha família e meus mentores terem desempenhado um importante papel que me ajudou a evitar as armadilhas comuns para tantos jovens, a igreja também foi um elemento fundamental. É isso o que acontece quando Deus abençoa você desde Sião.

Que o Senhor o abençoe desde Sião

O que é Sião? Uma série de referências nas Escrituras apontam para esse local. Havia um monte denominado Sião, um lugar sagrado onde a presença de Deus podia ser encontrada. Havia também uma cidade chamada Sião, a Cidade de Davi ou Jerusalém, na qual Deus habitava. Na cultura do Antigo Testamento, o templo também era chamado de Sião. Era o local de reunião para onde o pai levava sua família a fim de adorar *Yahweh*, bem como para oferecer sacrifícios. Era inconcebível uma mãe judia precisar acordar o marido para perguntar se ele iria a Sião naquele dia. Tudo girava em torno daquele templo chamado Sião. Era o local permanente que substituiu uma morada temporária, o tabernáculo. Quando os israelitas se reuniam em Sião, eram lembrados de que faziam parte de uma aliança e de um povo que pensava parecido, agia parecido e enxergava a vida de maneira parecida. Tratava-se de uma comunidade unida por uma aliança, um grupo que compartilhava o mesmo sistema de valores, uma vez que todos viviam sob o governo do mesmo rei e pertenciam ao mesmo reino.

Em Salmos 128.1, vemos como Deus o abençoa quando você o teme. Já em Salmos 128.5, lemos que Deus também o abençoa "desde Sião". Sendo você um cristão, Deus fará algumas coisas simplesmente por causa do seu relacionamento com ele, mas também deseja fazer outras por causa de sua ligação com Sião. Essas coisas emanam de sua conexão com os outros em meio à presença do Senhor na coletividade.

De maneira individual, você pode experimentar o poder e desfrutar a bênção de Deus até determinado nível. No entanto, alguns aspectos desse poder e dessa bênção nunca estarão acessíveis na esfera individual. Eles só se materializam quando você está conectado ao povo de Deus. É semelhante a uma família. Há algumas coisas que cada integrante vivencia por conta própria. Mas há outras, como férias familiares, que acontecem apenas como resultado da conexão do grupo. No Antigo Testamento, o homem levava sua família e aqueles sob os seus cuidados para Sião porque sabia que ali cada um deles receberia favor e orientação de Deus. Era ali que os princípios e as promessas da aliança eram transmitidos às pessoas. Era Sião que ligava a família a algo maior que ela própria — a uma comunidade de pessoas que pensavam e operavam sob a aliança do reino de Deus.

Uma das coisas que nós, homens, muitas vezes perdemos na igreja é a experiência e a manifestação do poder e das bênçãos de Deus de forma coletiva, e essa perda ocorre de diversas maneiras. Uma vez que toda a ênfase é lançada sobre a autonomia e o individualismo, é fácil esquecer o programa coletivo de Deus e os desdobramentos de se estar desconectado de uma conduta intencional e participativa, aparecendo nos cultos apenas para riscar mais um item da lista de afazeres.

Não se esqueça de que você não é filho único. Jesus ensinou os discípulos a orar: "Pai nosso que estás no céu" (Mt 6.9), e não "Pai meu que estás no céu". Ao participar de algo maior do que você mesmo, você extrai muito mais de sua experiência com Deus e das bênçãos dele em sua vida, estabelecendo uma conexão com o povo do Senhor para cumprir os propósitos divinos, e não os seus.

Ao participar de algo maior do que você mesmo, você extrai muito mais de sua experiência com Deus.

É por isso que o autor de Hebreus fez questão de deixar claro que nós, o corpo de Cristo, devemos buscar nos reunir sempre: "E não deixemos de nos reunir, como fazem alguns, mas encorajemo-nos mutuamente, sobretudo agora que o dia está próximo" (Hb 10.25). Nós não recebemos a instrução de nos reunir apenas com o propósito de ficar juntos. O objetivo é bem maior do que esse. Tem a ver com o dia que "está próximo". Há uma conexão com a maneira como nós, igreja, participamos do reino de Deus.

Nesse mesmo livro da Bíblia, lemos sobre a natureza contemporânea de Sião como a igreja estabelecida, cujo cabeça é Jesus Cristo. Hebreus 12.18-21 diz:

> Vocês não chegaram a um monte que se pode tocar, a um lugar de fogo ardente, escuridão, trevas e vendaval, ao toque da trombeta e à voz tão terrível que aqueles que a ouviram suplicaram que nada mais lhes fosse dito, pois não podiam suportar a ordem que recebiam: "Se até mesmo um animal tocar no monte, deve ser apedrejado". O próprio Moisés ficou tão assustado com o que viu a ponto de dizer: "Fiquei apavorado e tremendo de medo".
>
> Vocês, porém, chegaram ao monte Sião, à cidade do Deus vivo, à Jerusalém celestial, aos incontáveis milhares de anjos em alegre reunião, à congregação dos filhos mais velhos, cujos nomes estão

escritos no céu, e a Deus, que é juiz de todos, aos espíritos dos justos no céu, agora aperfeiçoados, a Jesus, o mediador da nova aliança, e ao sangue aspergido, que fala de coisas melhores do que falava o sangue de Abel.

Assim como os israelitas do Antigo Testamento faziam parte de uma aliança, nós fazemos parte da nova aliança. Efésios 2.19-22 nos conta que, quando a igreja de Éfeso se reunia, seus integrantes ficavam juntos, sem nenhuma barreira que os dividisse, por estarem fundamentados em Cristo.

Portanto, vocês já não são estranhos e forasteiros, mas concidadãos do povo e membros da família de Deus. Juntos, somos sua casa, edificados sobre os alicerces dos apóstolos e dos profetas. E a pedra angular é o próprio Cristo Jesus. Nele somos firmemente unidos, constituindo um templo santo para o Senhor. Por meio dele, vocês também estão sendo edificados como parte dessa habitação, onde Deus vive por seu Espírito.

Assim como Satanás tenta esfacelar a família no esforço de destruir o futuro, ele também quer desmantelar a comunidade de crentes, pois sabe que uma igreja anêmica jamais experimentará a presença de Deus. O elemento que mais impede a solução dos problemas enfrentados por nossa sociedade hoje é a divisão do corpo de Cristo. Em termos de presença cultural, influência e impacto na comunidade, nós falhamos em nos tornar visíveis, e isso ocorre por causa das fraturas e do isolamento que existem entre nós.

O Senhor é um Deus de união; onde houver desunião e divisão, não há liberdade para seu Espírito. Nossa experiência coletiva com Deus, na qual fazemos a diferença em nossa terra, é emudecida e limitada no mesmo grau em que nossa comunhão uns com os outros se mostra emudecida e limitada. A igreja não foi planejada para ser meramente um lugar aonde as pessoas vão uma vez por semana a fim de se sentirem bem depois de escutar um sermão ou uma música. Em vez disso, ela foi criada para funcionar como uma comunidade vibrante na qual os dons, os talentos e as habilidades de seus integrantes são reunidos na intenção de formar algo maior e mais produtivo.

Volte o foco para a igreja

Há muitos homens na igreja que se parecem com adolescentes dentro de casa. Querem o próprio quarto, a própria televisão, seu iPod, iPad, celular, e então se fecham dentro desse quarto. Mais tarde, eles saem e perguntam: "O que tem para o jantar?". Em outras palavras, querem a conveniência de morar em uma casa coletiva, mas não desejam ser incomodados com nada. Muitos homens veem a igreja como um centro de conveniências — aju-de-me, abençoe-me, sirva-me, pregue para mim, cante para mim, ore por mim, mas não espere que eu seja um veículo para ministrar a alguém, nem que eu me una a você para impactar o mundo.

Muitos homens veem a igreja como um centro de conveniências — ajude-me, abençoe-me, sirva-me.

Em razão de, frequentemente, as igrejas se concentrarem em construir prédios e criar programas — em vez de promover o avanço do reino na vida pessoal, nas famílias, nas comunidades e na sociedade, nivelando os talentos das pessoas que as com-põem —, muitos homens passaram a enxergar a igreja como uma tarefa a ser *feita*, em lugar de uma comunidade na qual se *está*.

Ou, pior ainda, alguns homens veem a igreja como um exame de próstata — algo que, embora possa salvar-lhes a vida, é tão desagradável e invasivo que acabam adiando para outro dia.

Embora as igrejas costumem fazer um bom trabalho ao ofe-recer diversas opções para o envolvimento feminino, parece que produzimos uma atmosfera na qual muitos homens não se sentem confortáveis. Por exemplo, todos que me conhecem sabem que eu adoro clima quente. Moro no Texas e meus meses preferidos são os de verão. Para falar a verdade, às vezes, no verão, eu chego a dirigir com os vidros abaixados e o ar-condicionado desligado. Eu amo o calor. Mas Lois prefere o frio. É por isso que, à noite, costumamos discordar sobre qual será a temperatura da casa enquanto dormimos. Aumentamos e diminuímos a temperatura diversas vezes porque nosso corpo reage ao clima de maneira distinta.

Embora haja exceções, a maioria das mulheres foi projetada para responder a relacionamentos, enquanto os homens foram projetados para responder à liderança. As mulheres têm predisposição para responder ao carinho; os homens, para responder a conquistas. Fomos criados diferentes um do outro e, por isso, nossa reação é diferente. O que acontece com frequência, porém, é que a igreja convoca seus integrantes aos relacionamentos, mas não dá aos homens a oportunidade de liderar. Também ocorre de a igreja oferecer oportunidades suaves e calorosas de carinho emocional e, ao mesmo tempo, impedir ou ignorar qualquer desafio potencial que os homens possam conquistar. Na maioria das vezes, a temperatura da igreja está regulada para as mulheres e, por isso, os homens ficam ali sentados no frio.

Muitos homens só vão à igreja porque são pressionados a fazê-lo ou porque se sentem culpados se faltarem. Enquanto a música toca, ficam em pé com a sensação de que algo parece não se encaixar direito. É mais ou menos como eu me sinto sempre que Lois me pede que segure a bolsa dela. Há algo na igreja que, para muitos homens, não parece muito masculino. Ela é fofa, cheia de decorações lindinhas, música baixa, cânticos demorados e uma atmosfera muitas vezes voltada para despertar emoções. É por isso que tantos homens simplesmente a frequentam por obrigação, por mais sinceros que sejam, em vez de vê-la como um veículo por meio do qual podem mudar o mundo.

Não foi essa a igreja que Jesus fundou. Quando Cristo falou sobre seu Corpo, mencionou uma força contra a qual nem as portas do inferno seriam capazes de prevalecer (Mt 16.18). Nas sociedades gregas do Novo Testamento, o termo *ekklésia*, ou igreja,[1] fazia referência a um conselho governante que legislava em prol da população. Não remetia a um lugar para o qual alguém vai simplesmente para se inspirar. Em vez disso, era ali que os homens se uniam para legislar em prol de sua congregação (cf. At 19.39-41).

> *Quando Cristo falou sobre seu Corpo, mencionou uma força contra a qual nem as portas do inferno seriam capazes de prevalecer.*

Em algum momento entre a cruz e a cultura contemporânea, o conceito de *ekklésia* foi diluído e perdeu o potencial de seu significado original. Ser parte de uma *ekklésia* era participar da instituição governante cuja tarefa era trazer o ponto de vista do céu para uma sociedade infernal. A igreja foi instituída para ser *um grupo de pessoas chamado para trazer o governo de Deus à humanidade a fim de que esta o aplique e o pratique de maneira relevante*.

Quando Jesus falou sobre a igreja resistir às forças das portas do inferno, escolheu o termo *portas* porque, naquela época, era na porta que ocorriam as atividades legislativas. Era na porta da cidade que os líderes se reuniam para negociar e tomar decisões em prol da comunidade (cf. Dt 21.19-21; 22.13-19; 25.7-10; Js 20.4; 2Sm 15.2).

Para o corpo de Cristo, o conceito de legislação é reforçado pelo fato de Jesus entregar as "chaves" da igreja, a fim de que aqueles que a recebem possam usá-la para acessar a autoridade celestial e executá-la na terra (Mt 16.19). Estamos posicionados ao lado de Jesus da mesma forma que ele está posicionado à direita de Deus para governar do céu (Ef 2.6). Isso revela por que Deus comumente se baseia na igreja para escolher o que vai fazer (Ef 3.10).

O propósito da igreja vai muito além de ser um mero local de encontro para inspiração espiritual ou análise da cultura na qual está inserida. O propósito da *ekklésia* é manifestar os valores do céu em meio aos conflitos da humanidade. Aliás, um dos ministérios que temos em nossa igreja envolve a mediação jurídica, na qual advogados se reúnem com pessoas em disputa a fim de tentar encontrar uma solução. Esse ministério se reúne semanalmente e está disponível para qualquer um que precisar. É uma das muitas formas nas quais organizamos a igreja para atender a necessidades pessoais reais e importantes.

A linha de montagem

Atualmente, muitas igrejas se mostram desviadas de seu propósito de embaixadoras do céu na terra, parecendo-se mais com clubes. Como resultado, enfrentamos um *tsunami* cultural que tem impedido uma geração de homens e meninos de se tornarem homens do reino, conforme Deus intencionou. A igreja é como uma linha de montagem: foi projetada para produzir algo, a saber, homens do reino — discípulos visíveis e resolutos que seguem a Jesus Cristo consistentemente. Quando a linha de montagem não produz o que deveria, podemos concluir que há uma falha na fábrica. É preciso resolver uma questão de planejamento. Ao fixar o olhar na debilidade dos homens cristãos de hoje, também concluímos que há um defeito na fábrica que os produz.

O objetivo da igreja é transmitir uma cosmovisão bíblica para que os homens comecem a pensar e agir com base em uma perspectiva teocêntrica, não antropocêntrica. Uma das principais prioridades da igreja deve ser dispor de um ministério para homens que busque instruí-los, inspirá-los, encorajá-los, equipá-los e ensiná-los a prestar contas como homens do reino. Toda igreja precisa se concentrar profundamente no discipulado, que é *o processo em que a igreja local promove o desenvolvimento pessoal de modo a trazer os cristãos da infância espiritual para a maturidade a fim de que sejam capazes de repetir o processo com outra pessoa.*

O discipulado na igreja deve ser planejado para capacitar os homens a vencer as influências e definições ilegítimas de masculinidade às quais se acostumaram ou pelas quais são sugestionados. Quando um homem enfrenta obstáculos e desafios em sua busca por viver como homem do reino, a igreja local é o sistema de apoio providenciado por Deus para que esse indivíduo enfrente tais obstáculos de maneira vitoriosa. Em minha experiência, percebo que é raro o homem que se beneficia completamente do que a igreja tem a oferecer. A vida não foi feita para ser vivida em solidão. Isso seria semelhante a colocar o atacante em um canto do campo de futebol e instruí-lo a driblar todos os jogadores do time adversário, mandando-o vencer sozinho esse obstáculo.

A união no corpo de Cristo — seja ela racial, seja entre gerações, seja no relacionamento entre os homens — é um requisito para que o reino avance; isso ocorre justamente por causa da natureza do corpo, conforme o apóstolo Paulo descreveu. Somos um corpo com muitas partes que desempenham as mais diversas funções. E é apenas mediante conexão intencional com o corpo e atuação de acordo com a mentalidade do corpo que você conseguirá maximizar o propósito e a presença estratégica da igreja.

Um dos principais papéis da igreja é prover aos homens um ambiente que promova o discipulado autêntico. E uma de suas principais responsabilidades, homem, é encontrar uma igreja da qual você possa participar e que lhe ofereça oportunidades de discipulado, ensino confiável, pequenos grupos com

> *Um dos principais papéis da igreja é prover aos homens um ambiente que promova o discipulado autêntico.*

que possa se relacionar, além de maneiras para servir. Se a decisão que lhe tomou mais tempo foi a compra de seu último carro e não a escolha da igreja da qual participa, então você se esquivou de sua responsabilidade como homem, não só na esfera pessoal, mas também na familiar.

Embora o envolvimento do homem com a igreja seja tão importante, parece que, na maioria das congregações, os homens não estão assumindo um papel ativo em um ministério voltado para eles, nem estão se comprometendo com o ensino da mentalidade do reino. O que falta na linha de montagem, a *ekklésia*, é o reconhecimento de que um dos principais motivos para a existência da igreja é a formação de homens espiritualmente fortes. A igreja deve ser o local onde o homem não só recebe instrução para seu crescimento pessoal, mas obtém essa instrução e ensino e os repete minuciosamente para a família durante a semana. A igreja deve ser o lugar onde meninos se tornam homens por meio da paternidade espiritual, tal como Paulo escreveu para seus "filhos" nas cartas a Timóteo e Tito (cf. 1Tm 1.2; 2Tm 1.2; Tt 1.4).

Nessas epístolas, Paulo escreveu para homens que estavam assumindo responsabilidades pastorais. Embora tenha mostrado o cuidado de falar com eles sobre pregação, ensino e serviço, também abordou a mentoria espiritual. Da mesma maneira que os pais devem criar os filhos para que se tornem adultos responsáveis, a igreja existe para prover um ambiente de paternidade a fim de que os filhos de Deus cresçam e se tornem espiritualmente maduros e responsáveis.

Paternidade espiritual

Quando Paulo escreveu a Timóteo, seu filho no ministério, este era um pastor relativamente jovem, com 30 e poucos anos ou no início dos 40. Usando a nomenclatura contemporânea, podemos dizer que Timóteo atuava como pastor titular da Igreja da Comunhão Bíblica de Éfeso. Em comparação com qualquer outra igreja, é sobre essa comunidade de fé que o Novo Testamento mais fala. Três capítulos de Atos, o texto de Efésios e a carta à primeira igreja do Apocalipse são algumas das passagens que enfocam a igreja de Timóteo.

Quando minha esposa Lois e eu caminhamos em meio às ruínas arqueológicas de Éfeso, conseguimos contemplar a biblioteca local, bem como as casas da elite e as do povo simples. Até mesmo o mercado da cidade, no distrito comercial, estava ali para que tivéssemos um vislumbre de como as coisas funcionavam. Um dos elementos que mais chamou minha atenção foi que a igreja de Éfeso foi fundada em um período de grande idolatria. Em meio a muitos templos, havia o de Diana, bem no centro de uma comunidade bastante pagã.

Essa era a realidade quando Paulo plantou aquela igreja, colocando Timóteo, seu filho na fé, na posição de pastor. Em 1 Timóteo 3.14-15, ele escreveu para Timóteo a fim de aconselhá-lo acerca de como deveria conduzir aquele jovem rebanho em meio a uma cultura tão instável:

> Embora espere vê-lo em breve, escrevo-lhe estas coisas agora, para que, se eu demorar, você saiba como as pessoas devem se comportar na casa de Deus. Ela é a igreja do Deus vivo, coluna e alicerce da verdade.

Desde o princípio, Paulo garantiu que Timóteo não recorreria ao mercado para obter instruções de como cuidar de sua igreja. O apóstolo não realizou uma pesquisa de opinião, nem lançou mão de métodos emprestados da cultura. Paulo deixou claro que a igreja deveria funcionar à luz de sua posição como "coluna e alicerce da verdade". Isso porque o papel da igreja é exaltar o padrão da verdade — e não satisfazer a cultura, nem assegurar que todos se sintam bem. A função da igreja é saciar um mundo que carece da verdade de Deus.

O papel da igreja é exaltar o padrão da verdade.

O que falta aos homens na igreja são pais espirituais como o apóstolo Paulo. Sem pais espirituais que regulem o termômetro, temos uma linha de montagem onde se apresenta uma versão

feminilizada do que significa ser homem, chamando-o de "bon-
zinho" e "útil" em vez de "forte" e "responsável". Muito embora
Timóteo e Tito não fossem seus filhos biológicos, Paulo falou e
se relacionou com eles como um pai faz com os filhos. Timóteo,
por sua vez, deveria chamar os homens para conduzir as orações
públicas, bem como identificar e capacitar homens que, sob sua
supervisão, servissem na liderança da igreja (1Tm 2.1-3). Timóteo *tinha* um pai em Paulo e deveria *ser* pai para aqueles que
estavam sob os seus cuidados.

Já é péssimo quando o jovem não tem um pai biológico que
o mentoreie e o ajude a crescer, mas, se também lhe falta um
pai espiritual, ele fica órfão duas vezes. Quando um menino ou
homem é órfão duas vezes, perde em dobro as bênçãos de que
necessita para viver.

Toda a narrativa bíblica mostra que os meninos sempre aguardavam ansiosamente para receber uma bênção. Esta acontecia
quando o pai colocava as mãos sobre o filho e transferia os benefícios de sua própria vida para a geração seguinte. Abençoar
alguém sempre significa falar de seu futuro. Infelizmente, o que
predomina na igreja atual é uma geração de homens sem bênção.
E, por causa disso, essa geração não tem capacidade nem disposição para transmitir a bênção, pois não aprendeu a coluna da
verdade — a Palavra de Deus — de maneira a torná-la real na
própria vida. Sermões dominicais não bastam para fazer discípulos, por mais excelente que seja o pregador.

Coloque a Palavra em prática

A Palavra de Deus não existe simplesmente para ser conhecida,
mas para ser colocada em prática. Quando Jesus mentoreou seus
discípulos, ele o fez transmitindo a verdade em ação. O discipulado sempre inclui informações, mas só se completa quando há
também emulação. Todo homem deve ter um pai espiritual que
guie sua vida nos caminhos de Deus, e todo homem deve ser pai

espiritual de alguém a quem influencie. Você precisa tanto *ter* um pai espiritual quanto *ser* um. Sem essa conexão a igreja não passa de uma tarefa a cumprir, em vez de ser um meio para sua vida mudar e impactar outras pessoas. Além de pais espirituais, o homem também necessita de irmãos. Um irmão de verdade caminha ao seu lado quando o mundo passa por cima de você.

Uma coisa que Jesus fazia com os homens que liderava era colocá-los em situações desafiadoras. Ele não ficava apenas ensinando a Bíblia o dia inteiro ou conduzindo-os em cânticos de louvor. Em vez disso, permitia que passassem por circunstâncias difíceis, que lhes provavam a fé e os forçavam a ser machos. Jesus os colocava em lugares nos quais, para seguir em frente, eles tinham de *sair do lugar.* Era preciso dar um passo de fé. De fato, Jesus era tão radical em seu estilo de liderança que fez os homens deixarem as redes — as quais os sustentavam — para segui-lo. Muitos dos discípulos deixaram as redes para seguir Jesus. Hoje, mal conseguimos fazer os homens deixarem o controle remoto! E então nos perguntamos por que não vemos o céu se manifestar mais na terra e por que nossa esposa não nos apoia, nem se mostra disposta a ser submissa.

Jesus foi o maior de todos os mentores. Um mentor espiritual discipula as pessoas de sua esfera de tal maneira que o avanço do reino de Deus se torna realidade. Às vezes, isso é feito no contexto do ensino. Com frequência, porém, ocorre por meio do exemplo. O homem do reino deve viver de tal modo que a geração seguinte diga: "Eu quero isso. Quero o que você tem". Ele deve ser modelo da vida do reino em suas ações e nos relacionamentos com os outros. A mentoria não é algo formal que se faz uma vez por semana, durante uma hora, mas, sim, um estilo de vida.

No entanto, além da grande falta de homens que sirvam de mentores do reino de Deus, mostrando aos mais jovens como devem ser, várias moças são criadas sem a figura de um homem do reino e, por isso, não sabem o que procurar em um futuro marido. O envolvimento estratégico e intencional do homem na igreja local deve ser prioridade, tanto para se doar aos outros quanto para aprender com eles.

A função da igreja é instruir os homens e exemplificar a eles como recuperar os papéis que Deus lhes designou não só na sociedade, mas também dentro da própria igreja. A igreja bíblica serve para fazer avançar o reino de Deus, e não apenas para defendê-lo. A menos que a igreja busque propositadamente adquirir a mentalidade do reino, não está sendo igreja, mas tão somente um clube ou grupo social baseado em um código de conduta moral e um sistema de crenças. Todavia, jamais um clube ou grupo social mudou a cara da sociedade. A fim de impactar nossas comunidades e a nação para Cristo, precisamos ser a igreja que Cristo fundou. Nossos seminários precisam começar a ensinar mais aos alunos sobre como fazer o reino avançar em vez de como fazer igreja. E nossos líderes espirituais precisam começar a ser modelos de união em prol da agenda do reino, fora das paredes da igreja, em vez de buscar autonomia e cuidar de sua própria agenda dentro da congregação.

Faça a mudança necessária

Homem, envolva-se. Conecte-se. Sirva. Lidere. Mentoreie. Ore. Ensine. Capacite. Descubra quais foram os dons que Deus lhe deu e como eles podem ser usados para beneficiar a igreja. Você é excelente em consertar carros? Então pense em desenvolver um curso para capacitar jovens carentes, por meio de sua igreja, a fim de que eles adquiram as habilidades necessárias para conseguir emprego e sair das ruas. É formado em direito? Então inicie, em sua igreja, um ministério que faça a mediação de disputas judiciais seguindo os princípios bíblicos da reconciliação. Sabe tudo de informática? Alcance outras pessoas dentro da igreja ou da comunidade que possam se beneficiar do seu conhecimento. É um empresário bem-sucedido? Então mentoreie os jovens de sua igreja ou da comunidade por intermédio da própria igreja, permitindo que sigam você em sua rotina de trabalho ou passem tempo ao seu lado dentro de sua esfera de influência. As possibilidades são infinitas. E os resultados são inestimáveis.

Aliás, quando cada homem faz sua parte, a maioria das batalhas são vencidas. Foi assim, por exemplo, que os israelitas venceram os amalequitas. Êxodo 17.11-12 nos diz:

Enquanto Moisés mantinha os braços erguidos, os israelitas tinham a vantagem. Quando abaixava os braços, a vantagem era dos amalequitas. Os braços de Moisés, porém, logo se cansaram. Então Arão e Hur encontraram uma pedra para Moisés se sentar e, um de cada lado, mantiveram as mãos dele erguidas.

Durante a batalha, Moisés manteve as mãos para o alto a fim de invocar o auxílio divino para vencer o conflito terreno. Como a batalha continuava, os braços de Moisés ficaram cansados. Ele queria desistir. Queria abrir mão de tudo. No entanto, Moisés dispunha de outros homens capazes de ficar ao lado dele quando estava esgotado; então, juntos, eles garantiram que o céu descesse em favor da terra. E, por terem feito isso, Josué derrotou os amalequitas no conflito. O que determinou o resultado no vale foi a presença daqueles homens no monte. Assim como um jogo de futebol nunca é ganho ou perdido por um só homem, a vitória sobre os amalequitas foi resultado de homens que se uniram em seus respectivos papéis para serem mais fortes coletivamente do que jamais poderiam ser por conta própria.

Espero ansioso pelo dia em que as batalhas da terra sejam vencidas e o reino de Deus avance por haver homens que se conectam a outros a fim de invocar que o céu desça. Quando isso acontecer, a igreja terá um impacto visível, não só na vida dos que nela congregam e na de seus familiares, mas também na comunidade, na nação e em todo o mundo.

Muitos cristãos hoje são órfãos espirituais, filhos de Deus desprovidos de qualquer relação familiar. Outros são como crianças abrigadas, pulando de casa em casa, sem jamais encontrar um lar. Entretanto, todos sabemos que as crianças se desenvolvem melhor dentro de uma família. Elas se desenvolvem melhor quando têm a quem se conectar.

Se você é um cristão desconectado, está vivendo fora da bênção de Deus. Quando um homem negligencia ou abandona a igreja local, limita o favor ou a bênção que Deus deseja levar até ele, e também restringe aquilo que o Senhor quer dar, por meio dele, à sua família. Em consequência, esse homem leva muito mais tempo para chegar ao seu destino, além de atrapalhar o progresso de seus familiares no trajeto rumo ao destino deles também.

Em várias rodovias dos Estados Unidos, há uma faixa especial para veículos de maior lotação. Trata-se de uma faixa exclusiva para aqueles que não estão sozinhos dentro do veículo. Se você estiver dirigindo desacompanhado e usar essa faixa, um policial o abordará para lhe dar uma multa. A faixa foi separada exclusivamente para o uso de veículos com mais de um ocupante. Se estiver sozinho, você precisa encarar o trânsito e toda a confusão nele envolvida — assim como todos os outros motoristas solitários. No entanto, caso alguém o esteja acompanhando, você tem direito a uma rota particular, ultrapassando livremente o congestionamento. Assim, chega aonde precisa mais rápido do que o trânsito usual teria permitido.

Homem, Deus tem uma faixa especial para aqueles que se ligam de maneira intencional a outros do corpo de Cristo. Essa faixa permite que você vá mais longe e mais rápido no reino dele, muito mais do que você conseguiria fazer sozinho. Trata-se da *ekklésia*, a igreja de Deus.

15

O HOMEM DO REINO
E A COMUNIDADE

Ninguém paga ingresso e estacionamento para ir a um jogo de futebol americano e apenas assistir aos jogadores combinarem a tática da vez. A reunião de jogadores por si só não faz nada. Seu propósito é planejar como pontuar. Em seguida, é preciso mostrar o que o time é capaz de fazer quando onze homens do outro lado da quadra o desafiam a colocar em prática aquilo que ficou definido na tal conversa.

A igreja é a reunião do time para combinar a jogada. O que fazemos depois dela, em nossa comunidade e nação, é que revela a verdadeira força do nosso time. Quando os homens da comunidade agem como homens do reino, ela precisa ser um lugar melhor do que antes. O mundo necessita sentir nosso impacto para o bem. A ausência de homens do reino na época de Abraão levou à deterioração da sociedade em Sodoma e Gomorra. A homossexualidade havia se tornado a norma. O terrorismo corria solto pelas ruas, enquanto as pessoas ameaçavam e executavam assassinatos e estupros. Era uma época de opressão, desigualdade, injustiça e instabilidade econômica. De muitas maneiras, era um tempo bem parecido com o nosso.

A falha de Ló em viver como homem do reino em uma comunidade já destruída levou à queda de sua família e contribuiu para a ruína de todos os outros. Se Abraão tivesse conseguido encontrar apenas dez homens bons que vivessem ali, as cidades teriam sido salvas (Gn 18.32). Mas não foi possível. Nem Deus conseguiu encontrar!

O país sabe quando seus homens agem como homens do reino dentro de casa e da igreja. Conforme vimos, o salmo 128 começa com o alicerce da vida pessoal, passa para a família, então vai para a igreja e conclui com a comunidade e a nação. Salmos 128.5-6 termina: "Que você veja a prosperidade de Jerusalém enquanto viver. Que você viva para ver seus netos. Que Israel tenha paz!".

A menos que solucionemos o problema dos homens em nossa sociedade, não sobreviveremos. Nenhum programa e nenhuma iniciativa do governo trabalharão para salvar nossa cultura e nação se os homens não se levantarem para se tornar homens do reino primeiro na própria vida e, então, dentro do lar, da igreja e da comunidade. Nenhuma quantia de dinheiro consertará os problemas que o país enfrenta. E, sem dúvida, nenhum conjunto de leis consertará aquilo que, em última instância, consiste em um problema espiritual: homens desalinhados com o Senhor Deus.

Quando faltam homens em ação

O fim de uma história sempre é mais importante que seu início. Muitas vezes, as pessoas pulam para a última página, o último capítulo ou a conclusão de um livro para conhecer o final antes de começar do princípio. Fazem isso porque querem saber se o fim é bom ou atraente. Não desejam desperdiçar seu tempo em algo que não termine bem.

Faz pouco tempo, um bom amigo meu contou que adquiriu um exemplar de um dos meus livros e, como o texto era bem longo, ele foi direto ler a conclusão. Ainda bem que a conclusão o cativou e ele recomeçou do início. A mensagem o tocou tanto que ele organizou um evento para centenas de pessoas me ouvirem falar sobre o assunto do livro. Esse evento, por sua vez, resultou na ampliação da consciência sobre impacto na comunidade e unidade racial. Deus usou tudo isso como um passo fundamental no fortalecimento de nossa capacidade de treinar líderes e indivíduos da igreja em todo o território norte-americano.

Fico feliz porque a conclusão levou meu amigo a ler mais.

Nem sempre, porém, o fim de algo é tão bom quanto seu princípio. Nesse caso, quando o autor escolhe terminar com pessimismo, deve haver um motivo para isso. Foi exatamente o que aconteceu na Bíblia. É assim que Deus termina o Antigo Testamento.

O Antigo Testamento começa com promessa e esperança: "No princípio, Deus criou...". A criação simboliza vida, fôlego e energia. Contudo, o fim do Antigo Testamento conclui com a advertência de um desastre. Embora Deus tenha dito que enviaria outro profeta a Israel, o último versículo de Malaquias destaca a ideia de que uma nação inundada por relacionamentos rompidos entre pais e filhos seria consumida por uma maldição. "Ele fará que o coração dos pais volte para seus filhos e o coração dos filhos volte para seus pais. Do contrário, eu virei e castigarei a terra com maldição" (Ml 4.6).

Mais uma vez, as Escrituras mostram que somos responsáveis. Mais uma vez, a condição do país depende da condição

Nossas ações, escolhas e valores determinam a qualidade de vida dos que estão ao nosso redor, abrangendo até mesmo aqueles que vivem no mesmo país que nós.

dos homens. Mais uma vez, nossas ações, escolhas e valores determinam a qualidade de vida dos que estão ao nosso redor, abrangendo até mesmo aqueles que vivem no mesmo país que nós.

A ausência de homens cujo coração se volta para seus filhos — e, em consequência disso, cujos filhos têm o coração distante do de seus pais — destrói o ambiente propício para a transmissão da bênção. A bênção era o termo da aliança para os homens. Nos tempos bíblicos, os homens viviam para buscá-la. Eles a queriam tanto que a história de Jacó mostra como um homem era capaz de enganar para obtê-la e como Esaú estava disposto a matar por havê-la perdido. Isso porque transmitir a bênção era transmitir a aliança de Deus para a geração seguinte.

A bênção envolvia destino divino, significado, autoridade e um futuro produtivo. Ela sempre se relacionava não só meramente ao que o indivíduo era, mas também ao que ele estava destinado a se tornar. A importância da bênção é que ela dizia ao homem o que ele seria. Quando Deus escolheu Abraão para lhe dar a bênção e transmitir a aliança, disse acerca de Isaque, filho do primeiro patriarca: "Eu confirmarei com ele e com seus descendentes, para sempre, a minha aliança" (Gn 17.19). Embora Isaque tenha recebido a aliança que Deus fez com seu pai, parte da bênção também foi passada para Ismael, filho ilegítimo de Abraão: "Eu o tornarei extremamente fértil e multiplicarei seus descendentes. Ele será pai de doze príncipes, e farei dele uma grande nação" (Gn 17.20).

Como resultado da aliança que Deus fez com Abraão, esse patriarca, aos 99 anos, circuncidou a si mesmo e a todos de sua casa, influenciando com um lembrete visível da promessa futura os indivíduos dentro de sua esfera de ação. Uma aliança significa domínio, e o domínio sempre vai além para abençoar aqueles que estão à sua volta. Abraão não transmitiu a aliança apenas a Isaque, mas também às gerações futuras.

O que falta a muitos meninos e homens hoje é o conhecimento da promessa da aliança de Deus. Então, eles se prendem a quem são em vez de se tornar o que foram destinados a ser. Ninguém jamais lhes contou que eles são príncipes cobertos pela aliança. Por isso, vivem sem bênção, visto que esse é o nome deles. Essa geração de garotos que nunca foi abençoada se transformou em uma geração de homens jamais abençoada. Logo, não há nada a transmitir. É como participar de uma corrida de revezamento sem o bastão. Em consequência, o país sofre sob o peso de uma maldição.

Poucas pessoas discordam de que nossas comunidades e toda a sociedade sentem os tremores contínuos de uma maldição. No entanto, a solução para transformar essa maldição em bênção da aliança não virá por meio de mais impostos, programas governamentais e ou prisões.

A solução para reverter a maldição é simples: homem do reino, seja homem de verdade!

Somente quando os homens assumem seu lugar de direito dentro de nossa cultura — atuando como os maridos, pais e cidadãos que foram

> *A solução para reverter a maldição é simples: homem do reino, seja homem de verdade!*

destinados a ser —, nossa atmosfera muda de maneira radical. Presume-se que o homem cujo coração é voltado para os filhos também tem o coração voltado para a esposa, uma vez que o melhor para os filhos é ter um pai que ama a mãe. Da mesma maneira, presume-se que o homem cujo coração é voltado para os filhos também se dedica à igreja e à comunidade, pois o melhor para os filhos é que tais instituições funcionem da maneira que Deus planejou.

Para que as comunidades e a nação sejam transformadas, o povo de Deus precisa começar a cumprir suas promessas. Os homens de Deus precisam começar a ser homens de verdade, em vez de simplesmente tentar se parecer com homens.

Chega de fachadas!

Quando vão jogar boliche, as pessoas se vestem de maneira adequada para garantir que aproveitarão a experiência ao máximo. Para se parecer com um jogador experiente, os homens usam determinadas roupas, sapatos caros e jogam usando bolas de elite.

No entanto, algo que acho divertido é que, não importa quanto seja incrível a aparência do homem enquanto ele joga, se a bola cair na canaleta, em nada adiantará. Ele não passará de um fracasso com boa aparência, porque o objetivo do boliche é derrubar os pinos, e não parecer um jogador excelente. Se os pinos continuarem em pé, ele falhou.

Temos muitas igrejas sofisticadas por aí, frequentadas por muitos homens elegantes. Temos a arquitetura correta, o equipamento certo e as músicas apropriadas. Temos até as coisas adequadas a se dizer. Porém, o verdadeiro teste de Sião não diz respeito à sua aparência, mas ao tipo de impacto que você causa na comunidade em que está.

Mais uma vez, o importante a se notar na progressão do salmo 128 é que Deus começa com o indivíduo, passa para a família, progride para a igreja e então chega à sociedade. É assim que o reino funciona. O reino de Deus opera de baixo para cima, não de cima para baixo. Hoje, porém, todos parecem mais preocupados com o que o governo nacional está fazendo, em vez de se preocupar com o que a própria casa ou igreja está fazendo. Contudo, quando a sociedade funciona de acordo com os princípios do reino, as responsabilidades são compartilhadas para que tudo — e não apenas o governo — se mantenha saudável e operante.

Em uma visão teológica do governo, este exerce um papel menos invasivo, respeitando a influência da igreja e do lar sobre a comunidade. A igreja não pode permitir que a política humana determine a atuação do reino de Deus. O Senhor não se senta no banco do carona. Ele tem a própria agenda do reino, da qual o governo faz parte, mas também — e em grande medida — o indivíduo, a família e a igreja.

Sempre que a igreja é arrastada para baixo e dividida por questões políticas, perdemos a essência do reino. Assim como o comandante do exército do Senhor informou a Josué, antes da batalha de Jericó, que não havia chegado para tomar partido, mas para assumir o controle (Js 5.13-14), o corpo de Cristo precisa reconhecer que, para impactar a comunidade, é necessário seguir a agenda de Deus. O reino de Deus transcende política, preferências pessoais, divisões raciais e todas as outras agendas. Somente quando os cidadãos do Rei agirem segundo os preceitos de seu reino, veremos a transformação de nossa cultura.

O impacto social também não é determinado com base na saúde da sociedade. Aliás, Jeremias deu exemplo disso quando instruiu o povo — que vivia em meio a uma terra pagã, a Babilônia — a fazer o seguinte: "Trabalhem pela paz e pela prosperidade da cidade para a qual os deportei. Orem por ela ao Se-nhor, pois a prosperidade de vocês depende da prosperidade dela" (Jr 29.7). A presença dos israelitas deveria transformar a cidade em que viviam em um lugar melhor. Era na prosperidade da cidade que eles descobririam a própria prosperidade. Deveriam, porém, participar de todo o processo de melhoria da sociedade em vez de ficar apenas reclamando e esperando que alguém fizesse a diferença.

A presença dos israelitas deveria transformar a cidade em que viviam em um lugar melhor.

A ausência de homens do reino é o mal de nossos dias. Já contemplamos as consequências que se revelam em nossa cultura, como pobreza, alto índice de evasão escolar, encarceramento, divórcio, delinquência, crime, abuso, vício em drogas, suicídio na adolescência e falta de propósito na vida. Quando a falta de influências masculinas positivas é a causa de tamanha deterioração social, o despertar de homens que exerçam uma influência positiva se levanta como cura natural.

Seja mentor da próxima geração

Escondido entre uma genealogia bíblica e outra, encontramos o exemplo de um mentor que impactou sua comunidade. O nome dele é Aser, cujo significado hebraico é "aquele que é feliz".[1] Condizente com seu nome, Aser foi um homem satisfeito e contente que teve quatro filhos e uma filha. Por causa de sua influência na vida daqueles que o cercavam, registra-se acerca de Aser aquilo que não é registrado sobre ninguém nas genealogias. Lemos: "Todos estes foram filhos de Aser, chefes das famílias, escolhidos, homens valentes, chefes de príncipes, registrados nas suas genealogias para o serviço na guerra; seu número foi de vinte e seis mil homens" (1Cr 7.40, RA).

O legado de Aser se distingue dos outros pois a Bíblia conta que cada um de seus filhos se tornou chefe de príncipes. Em essência, Aser mentoreou líderes que foram posicionados para influenciar o reino como mentores também. O príncipe é alguém que se prepara para ser rei. Ao influenciar príncipes, os filhos de Aser influenciaram a sociedade.

Uma das melhores coisas que meu pai incutiu em mim quando eu era criança, em um país arrasado pela disparidade e pela injustiça racial, foi que eu não deveria me identificar primeiramente por minha etnia, mas, sim, por minha cidadania. Papai sempre me instruiu a lembrar que, pelo fato de eu ser cidadão do céu e filho do Rei, sangue real corria por minhas veias. Quando as pessoas me xingavam de nomes preconceituosos ou não me tratavam com justiça, ele me lembrava de que isso não refletia quem eu era. Refletia apenas o que aquela gente deixava de reconhecer: que eu era um príncipe.

Homem, há um mundo de príncipes em nossa sociedade hoje. Eles não têm ninguém que os informe disso, ao contrário de mim, pois meu pai me informou. Não há ninguém para estudar a Bíblia com eles, levá-los para a igreja, corrigi-los quando erram, ensiná-los sobre a vida e sobre como tratar uma garota. Ninguém lhes mostra o que significa ser responsável e tomar decisões sábias. A consequência disso é uma espécie de castração espiritual. Sua realeza lhes foi tirada por uma cultura que não os reconhece como príncipes.

O que nossa sociedade necessita hoje é de homens que se levantem e sejam como Aser e seus filhos — homens que se posicionem como "chefes de príncipes". Se isso não acontecer, continuaremos a enfrentar gerações de homens que não sabem como se portar no reino de Deus, nem nesta terra.

Na verdade, a mentoria é tão essencial para a transformação de homens e meninos que, na história, toda vez que um garoto é separado para ser rei, muita gente se dedicava a treinar esse menino e ensiná-lo a ser rei. Contudo, em algum ponto da jornada, passamos a acreditar que os príncipes do reino de Deus não necessitam de nenhum tipo de treinamento significativo.

Com a crescente ausência de pais em nossa terra — nas esferas espiritual, física ou emocional — outros precisam se levantar como pais adotivos para formar a próxima geração de homens. E se nós, do corpo de Cristo, não o fizermos, os músicos, a indústria do entretenimento ou os colegas preencherão esse vazio.

Quando Deus falou sobre ser "Pai dos órfãos" em Salmos 68.5, não estava se referindo a um espírito etéreo que paira sobre um lugar imaginário. O Senhor aludiu ao seu povo, que deve atuar como seu representante — suas mãos e seus pés —, sendo pais adotivos para aqueles que carecem disso. Foi o que Tiago quis dizer quando escreveu: "A religião pura e verdadeira aos olhos de Deus, o Pai, é esta: cuidar dos órfãos e das viúvas em suas dificuldades..." (Tg 1.27).

Com muita frequência, chamamos de órfãos apenas aqueles que sofreram a morte de um dos pais ou de ambos, mas negligenciamos os órfãos espirituais, ou aqueles cujo pai os abandonou em termos relacionais, emocionais ou físicos. Uma criança que não conta com a influência positiva e a presença de um pai — esteja ele vivo ou morto — está sem pai. É isso que significa ser órfão. O que necessitamos fazer é abrir os olhos para enxergar a multidão de órfãos bem à nossa frente. Às nossas portas estão aqueles que foram deixados por conta própria, sem ninguém para lhes ensinar sobre a vida, nem criá-los. Os garotos que precisam de pais adotivos — de mentores — não são meros meninos, mas, sim, príncipes.

Além de influenciar as gerações futuras ao mentorear príncipes, os filhos de Aser — e outros homens como eles, tais como os filhos de Issacar e Benjamim — também foram "chefes das famílias". Aser não foi o único a formar a geração de líderes seguinte. Ele foi um dos muitos homens cujo objetivo consistia em fortalecer a nação por meio de uma liderança positiva.

Líderes, liderem bem!

O líder é alguém que conhece, trilha e mostra o caminho. A melhor síntese de líder contida nas Escrituras está em Esdras 7.10: "Pois Esdras tinha decidido estudar a lei do SENHOR, obedecer a ela e ensinar seus decretos e estatutos ao povo de Israel". Ser líder requer, em primeiro lugar, responsabilidade pessoal e, depois, responsabilidade sobre aqueles à sua volta. Os homens que eram "chefes das famílias" não se satisfaziam somente em viver e comer dentro de uma casa. Eram homens que haviam aceitado seu papel de líderes.

A razão de ser tão essencial que um homem lidere bem no papel de cabeça não é para que ele domine aqueles que o cercam, mas, sim, para que se torne um canal por meio de quem a bênção é transmitida. Na cultura bíblica, a aliança sempre era transmitida por meio dos homens. Os direitos da aliança, as bênçãos e até mesmo as maldições decorrentes de seu descumprimento passavam de pai para filho. Ser o cabeça não era um título, mas uma responsabilidade.

Algo que tem causado impacto muito negativo em nossa sociedade é o número de homens, sobretudo dentro dos círculos cristãos, que tentam intimidar as pessoas ao seu redor — a esposa ou os filhos — reivindicando o título de cabeça sem exercer as responsabilidades que o acompanham, como amar, liderar e prover bem. Seria semelhante a eu afirmar que quero ser prega-dor e receber todos os benefícios que acompanham esse chama-do, mas me isentar de pregar. Ou dizer que quero ser o pastor titular e exercer toda a autoridade que provém de supervisionar a liderança de uma igreja, mas deixar de ir à igreja aos domingos. Seria um evidente mau uso de um título. Mas é isso que grande número de homens cristãos faz no que diz respeito a ser o cabeça. Por essa razão, a sociedade sofre as consequências, e somos deixa-dos em uma cultura de caos.

Embora Aser seja o único homem apontado na Bíblia como alguém que criou outros para serem chefes de príncipes, ele não foi o único a mentorear a geração seguinte. Issacar, Benjamim e muitos outros fizeram sua par-te para criar "homens valen-tes", uma geração de guerreiros que sabia como se posicionar quando necessário. Eles não

> *Issacar, Benjamim e muitos outros fizeram sua parte para criar "homens valentes".*

eram covardes, nem criaram covardes. Eram homens de coragem e convicção, aptos a correr riscos pela causa certa. Eles sabiam tomar decisões em prol daqueles a quem defendiam.

Hoje, muitas batalhas são travadas no Oriente Médio e em outros lugares, e uma batalha ainda maior ameaça nos desinte-grar de dentro para fora, a saber, a deterioração da força econômi-ca, espiritual e social da sociedade em que vivemos. No entanto, o que muitas vezes fazemos dentro do corpo de Cristo é isolar o ministério social para poucos, ao mesmo tempo que permane-cemos míopes acerca do que são verdadeiros "homens valentes".

Um convite a todos os homens

Homem, liderar bem envolve amar bem. Requer o alinhamento debaixo de Deus de tal maneira que você toma como prioritários os interesses daqueles que estão em sua esfera de influência. Co-locar o interesse dos outros acima dos seus significa reconhecer a liderança de Deus no cumprimento da sua própria liderança e seguir o modelo do maior mentor de todos — o próprio Deus. E a única maneira de fazer isso é conhecendo-o bem.

Conhecer a Deus e mantê-lo à frente das decisões, dos pensamentos e da vida era tão essencial à cultura israelita que o Senhor chamava todos os homens a comparecer diante dele três vezes por ano. Isso acontecia além das festas e dos sacrifícios regulares, da memorização da Palavra e do tempo gasto em Sião. Quando abordei rapidamente tal passagem, esse pedido se encontrava no meio das regras destinadas aos homens de Israel; eram normas ligadas à aliança com Deus.

> Três vezes por ano, todos os homens de Israel comparecerão diante do Soberano, o SENHOR, o Deus de Israel. Expulsarei as outras nações de diante de você e aumentarei seu território, para que ninguém cobice sua terra enquanto você comparece diante do SENHOR, seu Deus, três vezes por ano.
>
> Êxodo 34.23-24

O que torna essa instrução tão peculiar é que Deus convocava todos os homens de Israel a comparecer diante dele de uma só vez. Isso significa que todos com a identidade sexual masculina deveriam participar. Ou seja, o convite era para os homens que cuidavam dos negócios, serviam o exército, administravam o governo e protegiam a comunidade de maneira geral. Incluía os homens que atuavam como professores, médicos e fazendeiros. Fazer sair praticamente a maioria dos líderes, se não todos, da nação significava fechar bancos e comércios, bem como tudo o mais. Além disso, não há dúvida de que tornaria a nação vulnerável a sofrer ataques. Não haveria policiais de plantão e, com certeza, nenhum militar. Era um risco óbvio.

Contudo, era tão importante que os homens comparecessem regularmente como grupo perante Deus que, na ausência deles, o Senhor supervisionava aquilo que haviam sido incumbidos de fazer. O próprio Deus diz no texto: "Expulsarei as outras nações de diante de você e aumentarei seu território, para que ninguém cobice sua terra enquanto você comparece". Em essência, Deus levantava três dedos para os homens e dizia: "Compareçam diante de mim e podem deixar comigo!".

Ao comparecer unidos perante Deus, os homens recebiam um lembrete não só da preeminência do Senhor sobre todas as outras coisas, mas também de sua soberania como governante sobre a vida deles. Conforme vimos antes, não eram convocados para comparecer simplesmente perante Deus, mas, sim, perante "o SENHOR, o Deus". Mais uma vez, sempre que você encontrar a palavra SENHOR em versalete, é como se a importância da palavra *Deus* estivesse sendo engrandecida. Trata-se de uma referência a Deus como soberano, ou governante. Poderíamos traduzir da seguinte maneira: "Três vezes por ano, os seus homens devem comparecer perante o Rei — aquele que lhes diz o que fazer".

Em consequência, aquele que lhes dizia o que fazer expulsava seus inimigos. Expulsava as coisas que ameaçavam destruir a carreira, a produtividade, a paz, o lar e a comunidade daqueles homens. Além disso, também expandia suas fronteiras. Expandia neles a capacidade de receber mais do próprio Deus — não só para si mesmos, mas também para impactar os outros. Deus não precisava tentar encontrar uma maneira de aumentar ou renegociar o limite da dívida. Em vez disso, expandia a produtividade da terra. Em outras palavras, protegia a nação e a fazia crescer.

Temos, nos Estados Unidos, um gasto combinado anual total de mais de 380 bilhões de dólares todos os anos em assistência social e perda de renda ligada ao que resulta, em grande medida, do mau uso ou

Se tão somente nós, homens, nos alinhássemos debaixo do governo soberano de Deus, não estaríamos enfrentando a crise econômica que hoje nos encara de cima.

da negligência da masculinidade bíblica em nosso país.[2] Se tão somente nós, homens, nos alinhássemos debaixo do governo soberano de Deus, não estaríamos enfrentando a crise econômica que hoje nos encara de cima.

Até que os homens de nossa terra se unam como homens do reino debaixo do Senhor, nosso Deus, estaremos operando fora de alinhamento. Fazemos tudo o que podemos para expulsar as nações, ampliar as fronteiras e proteger o que temos dos outros. No entanto, a julgar pela condição atual da influência do cristianismo em nossa sociedade, não estamos realizando uma tarefa muito boa. Para causar um impacto sobre a cultura, nós, homens, precisamos reconhecer que prestamos contas a um Rei soberano — e o fazemos juntos.

Nosso sucesso está, em grande medida, ligado à nossa subordinação espiritual coletiva. Juntos somos mais fortes.

Uma estratégia para a transformação da comunidade

Homens que têm a mentalidade do reino sempre deixam um legado do poder transformador de Deus para aqueles a quem tocam com sua vida. Os homens do reino nunca se esquecem de que existe uma conexão entre conhecer a Deus e conhecer a justiça, entre amar a Deus e amar os outros.

Embora o tema da justiça e do livramento divino seja ilustrado no decorrer de toda a Bíblia, os profetas do Antigo Testamento são os que fornecem maiores informações sobre impacto social. Eles apresentam o ponto de vista divino sobre justiça bíblica — algo que muitos hoje denominam justiça social — e, repetidas vezes, relacionam a opressão ao afastamento da sociedade em relação a Deus.

Por exemplo, a adoração de Israel foi rejeitada por causa da falta de ajuda aos necessitados (Am 5.21-24). Os israelitas foram levados para o cativeiro e permaneceram no exílio por causa de sua rebelião contra Deus (Ez 33.10-33). Em Malaquias 3.5,

Deus promete julgar pessoalmente aqueles que oprimem os outros — oprimir os outros não é apenas algo que *se faz* contra eles, mas também aquilo que *deixa de ser feito* por eles.

A maioria das pessoas relaciona a destruição de Sodoma e Gomorra à existência de homossexualidade na terra. E, embora esse fator tenha contribuído, não foi o que Deus, falando por intermédio do profeta Ezequiel, destacou como o motivo da destruição de tais cidades. Em vez disso, a ruína aconteceu porque seus moradores eram orgulhosos e condescendentes, "enquanto os pobres e necessitados sofriam" (Ez 16.49).

O coração de Deus está no fortalecimento dos que passam necessidade. Jeremias 9.24 diz:

> Aquele que deseja se orgulhar, que se orgulhe somente disto: de me conhecer e entender que eu sou o Senhor, que demonstra amor leal e traz justiça e retidão à terra; isso é o que me agrada. Eu, o Senhor, falei!

Se conhecemos a Deus, então precisamos fazer aquilo que o agrada — e isso sempre inclui ajudar os outros, sobretudo os que mais necessitam. E não há quem necessite mais que os órfãos.

Ao ajudar quem passa por privação, introduzimos um sistema criado por Deus a fim de prover uma alternativa divina para que o mundo veja o que acontece na sociedade quando o Senhor é seguido como governante. Por trás de todo problema físico, há um problema espiritual. Ao estender a mão para comunidades dilaceradas em nome de Jesus Cristo, estamos resolvendo as questões espirituais subjacentes, e não apenas questões físicas temporárias; assim, abrimos oportunidades para que se concretizem soluções de longo prazo. O ministério social deve abranger tanto o espiritual quanto o físico. Só então ocorrerá um impacto verdadeiro.

O ministério social deve abranger tanto o espiritual quanto o físico. Só então ocorrerá um impacto verdadeiro.

Por causa de nossa capacidade de prover essa perspectiva espiritual sobre os desafios que a sociedade enfrenta, nós, homens atuantes em nome da igreja, somos o grupo ideal para atender às necessidades dessa sociedade — sobretudo no que diz respeito à criação da próxima geração de homens do reino. Também somos ideais por razões pragmáticas, pois, dentro de nossas igrejas, temos os recursos físicos necessários para efetuar a ação. Por exemplo, as igrejas oferecem o maior e mais qualificado grupo de voluntários que pode haver. Nenhum outro pode se comparar à igreja em termos de número de pessoas disponíveis a enfrentar os problemas de nossos dias.

Uma vez que existem igrejas em praticamente todas as comunidades do país, a estrutura para resolver os problemas sociais já existe. Para colocar as soluções em prática, não é preciso criar novas instituições, pois os homens dentro da igreja já estão ao alcance de cada necessitado.

A sociedade já tentou se salvar por meio de pessoas, dinheiro e programas assistenciais. Todavia, continua a declinar em ritmo cada vez maior. A única cura possível é os homens do reino trabalharem juntos a fim de efetuar a mudança. Os homens do reino precisam colocar Deus de volta na sociedade, pois, sempre que Deus é desconsiderado, a moralidade, a decência, os valores e a estabilidade de todos os nossos amanhãs são removidos. Deixar Deus de lado é semelhante a tirar o sistema imunológico do corpo, levando-nos a sofrer de uma infecção espiritual e permitindo que gripes culturais se transformem na pneumonia da sociedade.

Hoje, não existe maior desafio que impactar nossas comunidades e nossa sociedade para o bem. Nunca antes estivemos em situação tão delicada, de tantas maneiras. Mas o impacto é possível se os homens forem homens do reino. Podemos fazer a diferença se vivermos pautados pelos valores do reino descritos no salmo 128, sendo responsáveis na esfera pessoal, sendo engajados de maneira intencional e estratégica com a família, sendo líderes nas igrejas e sendo influenciadores em nossa comunidade.

É tempo de intervenção!

Completei quatro décadas de ministério, e aumenta cada vez mais minha consciência da brevidade da vida. Nenhum de nós tem a garantia de mais um dia. E com essa consciência vem também um foco mais estreito — o desejo de fazer cada momento e cada escolha valerem, deixando benefícios aos outros como legado.

Por décadas, vislumbrei as escolas de todo o país sendo adotadas por uma igreja local, integrando os homens que, por sua vez, atuassem como tutores, mentores e guias da próxima geração. Essa visão começou há 25 anos, quando o coordenador de uma escola me abordou para sugerir que os homens de nossa igreja ajudassem a diminuir a atuação de gangues e o índice de ociosidade, bem como para reverter a situação de mau desempenho acadêmico na instituição. Essa única escola levou ao envolvimento da igreja com mais 65 escolas públicas — e ainda há outras que nos ligam pedindo auxílio.

Mas 65 escolas não são o bastante para impactar uma nação. Por isso, boa parte de meu tempo nos últimos anos se destina a ajudar a capacitar outros a levarem essa visão para sua própria comunidade e a pedir a Deus que levante homens para esse desafio. Por meio do ministério nacional de minha igreja, capacitamos líderes do país inteiro, ensinando-os a restaurar as comunidades por meio da parceria entre igrejas locais e escolas públicas, bem como atendendo a necessidades sociais. Fazemos isso por meio da National Church Adopt-A School Initiative [Iniciativa Nacional "Igreja, Adote uma Escola"], que dá treinamento e consultoria para igrejas de toda a federação. Várias faculdades e diversos seminários também já começaram a oferecer esse treinamento como disciplina, pois algo que parece estar em falta em todo o cristianismo norte-americano é uma abordagem abrangente destinada a causar impacto e transformação nas comunidades locais.

Sem estratégia e sem unir forças no corpo de Cristo, continuaremos a limitar nossa influência onde ela mais necessita ser sentida. É quando reconectamos igrejas, escolas e famílias que não só impactamos as comunidades, mas também fazemos uma demonstração pública da força e do poder existentes quando as igrejas trabalham juntas, superando a diversidade de raça, classe, localização geográfica, denominação e até mesmo preferência. Contudo, a menos que escolhamos nos unir como homens debaixo do governo soberano de nosso Rei, unindo-nos em uma agenda comum, continuaremos a nos afogar nesse *tsunami* cultural.

Se as tendências anuais se mantiveram, somente em 2010 quase 1 milhão de alunos norte-americanos não conseguiu se formar no ensino médio. Mais de 1 milhão dos presos não concluiu o ensino médio. Mais de 750 mil adolescentes ficaram grávidas. Quase 1 milhão de casamentos terminou em divórcio. Tudo isso custa mais de trezentos bilhões de dólares para a nação em renda perdida, assistência social e despesas públicas.[3] Isso sem mencionar perdas futuras e a perda da esperança. O problema nos Estados Unidos não é mais apenas uma questão dos grandes centros urbanos. Os problemas da cidade grande chegaram aos antes tranquilos bairros residenciais, ameaçando nossa já tão frágil economia a um preço alto demais, custando também incontáveis sonhos.

Somente em 2010, quase 1 milhão de alunos norte-americanos não conseguiu se formar no ensino médio.

Nunca antes necessitamos de uma intervenção tão urgente.

Há não muito tempo, fiz uma viagem à minha cidade natal, Baltimore, e visitei as escolas onde cursei o final do ensino fundamental e o ensino médio. A região urbana de Baltimore tem um dos menores percentuais de formados no ensino médio do país. Enquanto caminhava por minhas antigas escolas, lembrei-me de como era estudar em meio a falta de funcionários, carência de materiais, professores cuja carga de trabalho era excessiva, ínfima motivação para o sucesso acadêmico. Lembro-me de como era sentar na sala de aula e não saber como enxergar além daquilo que podia ver. Para muitos de nós, os esportes eram a única coisa que importava. Quando não se consegue enxergar uma saída para a condição em que se está, a educação perde a importância. De fato, quando cheguei à faculdade, precisei passar por um período de experiência acadêmica, pois minhas notas não refletiam as de um bom aluno.

Embora minhas notas do ensino médio não equivalessem às de um estudante com muito futuro, ainda assim, por causa dos mentores que Deus colocou em minha vida, consegui cursar a faculdade e me formei com honras acadêmicas tanto no curso superior quanto no seminário. Recebi o título de "Aluno do Ano" e fui o primeiro afro-americano a concluir o doutorado no Seminário Teológico de Dallas. Mas isso só aconteceu porque contei com homens influentes nos momentos críticos da minha vida, que me ajudaram a ter um vislumbre além daquele mundinho e além da minha perspectiva limitada. Aqueles homens me ajudaram a acreditar em mim mesmo. Eles viram algo em mim quando eu mesmo não era capaz de enxergar, e isso fez toda a diferença, não só na minha vida, mas também na dos meus filhos. E, a julgar pelas cartas que recebo todas as semanas dos ouvintes do meu ministério de ensino, a atitude daqueles homens tem impactado também a vida de uma série de pessoas, pois agora tenho a oportunidade de pregar a Palavra de Deus por meio das ondas de rádio, tanto nos Estados Unidos quanto ao redor do mundo. Homem, você pode fazer a diferença na vida de alguém!

O fim da estrada

Parte da conclusão do salmo 128 fala sobre causar impacto nas gerações: "Que você viva para ver seus netos" (v. 6).

Quando um homem do reino organiza sua vida a fim de atuar pessoalmente sob o senhorio de Jesus Cristo — em seus pensamentos, sua vontade, suas ações e orações —, sua influência se estende muito além de si mesmo e até além dos filhos, chegando aos netos. Isso envolve deixar um legado duradouro.

Quando meu pai, ainda jovem, aos 29 anos, tomou a decisão de se colocar debaixo de Cristo e aceitá-lo como cabeça, de amar minha mãe de acordo com os princípios encontrados na Palavra de Deus e de nos criar segundo os mesmos princípios, ele afetou não só a si mesmo, minha mãe e nós, mas sua influência se estende aos filhos de seus filhos — e tem alcançado até os filhos dos filhos de seus filhos.

Conforme já mencionei brevemente, nasci em um lar instável. Meus pais estavam a caminho de se tornar mais um casal a engrossar as estatísticas do divórcio quando dois homens testemunharam de Jesus para o meu pai e ele aceitou a Cristo como Salvador. Muito embora mamãe tenha feito tudo o que estava ao seu alcance para fazer meu pai desistir da nova fé e da transformação de sua vida, ele estava determinado a lutar pela família. Esperava até tarde da noite, quando ela ia dormir, para ler a Bíblia, só para ter a chance de estudar a Palavra sem ouvir as reclamações da esposa.

Após meses vendo papai organizar a vida como homem do reino e debaixo de Cristo, minha mãe não conseguiu mais resistir. Ela desceu a escada com lágrimas nos olhos, pronta para abraçar aquilo que papai havia aceitado em sua vida.

Eu tinha 10 anos na época. Sou o mais velho de quatro filhos, e papai, que nem chegou a concluir o ensino médio, nos reuniu ao redor da mesa no dia seguinte e partilhou o evangelho conosco. Também aceitamos a Cristo como nosso Senhor e Salvador. Enquanto crescia, vi papai ser um modelo consistente de responsabilidade, amor, bondade, coragem e devoção a Deus. Sua vida era um reflexo do que um homem do reino deve ser. Por causa do encorajamento dele, fui o primeiro da minha família a concluir o ensino médio. Também fui o primeiro de toda a minha família estendida a fazer faculdade — quanto mais cursar mestrado e, depois, doutorado!

A influência e o impacto de papai me deram o alicerce para começar uma igreja em minha casa com apenas dez pessoas, quase todos meus parentes; hoje, já somos mais de nove mil membros centrados nos princípios fundamentais do reino de Deus. O ministério da igreja também serviu de base para o nosso ministério nacional, The Urban Alternative [A Alternativa Urbana], que transmite minhas mensagens diariamente nos Estados Unidos e ao redor do mundo.

Por causa de tudo o que aconteceu comigo quando eu era criança — e da transformação que vi em minha vida e na da minha família —, reconheci a rota que Deus abriu quando providenciou aquele coordenador escolar, o qual cruzou meu caminho pedindo que nos envolvêssemos com a escola pública local. Posteriormente, essa ação serviu de impulso para que o ex-presidente George W. Bush lançasse o Faith-Based Initiatives Act [Ato de Iniciativas Baseadas na Fé] assim que assumiu a presidência.

Mas nada disso diz respeito a mim, e, sim, ao meu pai. Pois quando meu pai foi salvo e aprendeu a temer a Deus, ele trouxe esse conhecimento para o lar. Quando trouxe esse conhecimento para o lar, mamãe se tornou uma videira frutífera e eu me tornei um broto de oliveira ao redor de sua mesa. Ele nos levou para Sião, onde eu me apaixonei pela Palavra de Deus; então, busquei levar esse mesmo amor para o meu lar, com a minha esposa e os meus filhos. Quando papai já havia passado dos 80 anos, às vezes, ao ligar a televisão, ele podia ver o neto Anthony Jr. cantando músicas cristãs para a glória de Deus e, mais recentemente, como testemunha do Senhor ao participar do programa secular The Voice. Ou podia passar para um canal cristão e ver sua neta Priscilla Shirer ensinando mulheres de todo o país a estudar a Bíblia. Ou, ao visitar Dallas, via a neta Chrystal dirigindo o louvor na igreja e o neto Jonathan servindo em nossa igreja local ou na sede nacional do ministério A Alternativa Urbana. Tudo isso porque, ao aceitar a salvação, papai a trouxe para casa. E então foi a Sião. E pôde ver os filhos de seus filhos aceitando a mensagem do reino e fazendo-a avançar para a geração seguinte.

Até mesmo para os órfãos

Entendo que nem todos que estão lendo estas páginas têm o privilégio que eu tive, de dispor de um homem do reino que proferia sobre mim a bênção da aliança, considerando-me um príncipe, um filho do Rei. Reconheço que muitos homens crescem sem pai nem mentor. Talvez você seja um desses. Mas Deus disse que será pai dos órfãos. Além de querer que você aprenda e pratique os princípios do reino e mentoreie a próxima geração, ele também quer que aqueles que não tiveram o privilégio de crescer sob a cobertura de um homem do reino procurem ativamente, em sua igreja local ou pequeno grupo, alguém que cumpra esse papel em sua vida. É para isso que existe o corpo de Cristo.

Quando permitimos que o número de órfãos continue no percentual que está e não damos os passos necessários para mudar essa realidade, a sociedade reflete isso.

O problema de nossa sociedade não é apenas do governo. É um problema da igreja. É problema nosso. Nosso campo missionário não está apenas do outro lado do oceano, mas também do outro lado da rua — em nossa Jerusalém e Judeia —, em Detroit, Dallas, Baltimore, Miami e em sua comunidade.

Nosso campo missionário não está apenas do outro lado do oceano, mas também do outro lado da rua.

Desviar o olhar pode nos custar mais do que estamos dispostos a pagar. Pode até custar o futuro de nossos filhos e filhas.

Por causa daquilo que Deus fez em minha vida por intermédio do meu pai e de outros mentores que colocou no caminho, meu coração sente a responsabilidade de fazer o mesmo por aqueles que necessitam. Meu coração sente a responsabilidade de ver homens se erguerem à altura do desafio dentro de suas igrejas e se comprometerem com escolas locais a fim de ser pais adotivos dos órfãos. Ao atender a necessidades sociais tais como mentoria, tutoria, treinamento esportivo, capacitação profissional e diversas outras, podemos domar esse caos cultural. Podemos recuperar nossa sociedade para Cristo.

Ao alcançar os jovens, alcançamos as famílias. Ao alcançar as famílias, alcançamos as comunidades. Ao alcançar as comunidades, alcançamos nossa nação. Ao alcançar nossa nação, alcançamos o mundo inteiro. Necessitamos fazer isso antes que o mundo nos alcance. Conforme já mencionei, 60% dos presos saíram da escola antes de se formar no ensino médio. E mais de 80% das conversões dentro das prisões referem-se a convertidos ao islamismo.[4] Em 2010, o número de mesquitas nos Estados Unidos se tornou maior que o dobro do número de megaigrejas protestantes.[5] Algumas escolas mandam mais alunos para a prisão do que para a faculdade.

Pense nisso. A ameaça aos Estados Unidos não está do lado de fora. Ela está em seu próprio território.

O desafio que enfrentamos é épico. A batalha pela moralidade, por valores, pela família, economia, educação, assistência médica e por nosso futuro é real. Necessitamos de homens valentes que se levantem para mentorear os príncipes.

Precisamos de homens do reino dispostos a mudar o mundo.

Antes que o mundo nos mude.

Não é hora para ser um cristão do tipo agente secreto, um representante espiritual da CIA, nem um oficial disfarçado. A hora está avançada demais e a necessidade é grande demais. Agora é o momento de os homens do reino se unirem em sua masculinidade.

Todos os outros estão se expressando em público.

É hora de nós, homens do reino, sairmos da concentração e agirmos em público também.

Conclusão

Barcelona, Espanha, 1992. Antes da corrida, seu nome não era muito reconhecido ou notório fora da ilha que ele chamava de lar.

Após a corrida, porém, seu nome se tornou famoso no mundo inteiro como ícone do espírito olímpico. Seu nome representa coragem, determinação, força, perseverança, tenacidade, caráter e, acima de tudo, esperança. Aliás, enquanto escrevo esta conclusão, cerca de vinte anos depois dessa corrida, está circulando uma petição para que esse homem acenda a pira da próxima edição das Olimpíadas, que acontecerá — veja que interessante — em sua terra natal.

O nome dele é Derek Redmond. A corrida pela qual ele se tornou conhecido nem foi uma final, embora Redmond fosse um dos favoritos para ganhar uma medalha, caso tivesse chegado tão longe. Mas não foi isso que aconteceu. Portanto, ele nunca recebeu uma medalha olímpica, nem quebrou um recorde mundial. Para falar a verdade, jamais quebrou sequer um recorde nacional. Mas o que Derek Redmond realizou ao correr naquele dia quente de verão na Espanha impactou milhões — e o fez tanto naquela época quanto vem fazendo desde então —, inspirando esperança para quando as coisas não acontecem da maneira planejada.

Tenho certeza de que você já viu a gravação. É possível que, como eu, tenha assistido ao vivo pela televisão. Oito corredores partem o mais rápido possível, formando um ângulo em volta da curva. Redmond assume a liderança após a primeira esquina. Braços se movimentam de forma rítmica. Sonhos estão em jogo.

Então, de repente, Redmond segura a parte de trás da perna expressando uma dor lancinante. Ele dá um salto e é obrigado a parar. Cai no chão equilibrando-se apenas em um joelho. Em seguida, deita de costas no calor da pista que queima até sua alma. Lágrimas de desolação se formam em seus olhos, ameaçando revelar quanto ele desejava vencer aquela corrida. Aquela era a sua corrida. Era sua melhor chance de conquistar uma medalha olímpica. Fora para aquilo que ele havia treinado todo dia e noite por anos até o início dos jogos.

Aquele era o seu momento. E foi também a sua tragédia.

Aquele era o seu momento. E foi também a sua tragédia.

Quando os profissionais de saúde chegaram até a pista no esforço de ajudá-lo a sair para ser atendido, Redmond os viu se aproximando e, em vez de aceitar ajuda, lutou para ficar em pé de novo. No esforço frenético para terminar o que havia começado, ele começou a mancar na faixa de número cinco. Todos os olhos permaneceram grudados em Redmond, enquanto a expressão em seu rosto revelava a dor agonizante que sentia. Um segurança tentou detê-lo, para argumentar com ele, mas Redmond se esquivou, empurrando-o para o lado. Com tudo o que tinha, Redmond lutou para terminar a corrida.

No entanto, ainda que nenhum segurança intervenha, 250 metros é um longo caminho quando se dispõe de apenas uma perna. Cada passo se tornava mais difícil para Redmond. Logo os passos manquejantes reduziram e deram lugar a pulos de um pé só. Então, quando parecia que ele não conseguiria mais prosseguir, um homem alto com boné e camiseta desceu correndo pelas arquibancadas. Colocando de lado um dos seguranças, o homem correu até Redmond e o abraçou. Era seu pai.

A angústia no rosto do filho aliada à determinação em seus passos o fizeram descer para ajudar. Colocando o braço em volta de Redmond, disse: "Vamos terminar isto juntos!".

Pouco antes da linha de chegada, Redmond enterrou o rosto no ombro do pai para secar as lágrimas. Mas o pai segurou o braço do filho para que ele não fizesse isso. Não havia motivo. Aquilo que começara como lágrimas de dor havia se transformado em lágrimas de determinação. Não havia nada a esconder. Eram lágrimas de coragem — as lágrimas de dois homens que lutavam para terminar o que um deles tinha começado.

E foi exatamente isso que eles fizeram.

Juntos, terminaram a corrida.[1]

Não, Redmond não quebrou nenhum recorde. E, claro, não subiu ao pódio naquela noite. Mas, quando ele cruzou a linha de chegada, todos os 65 mil que ocupavam as arquibancadas, bem como atletas, treinadores e milhões de espectadores do mundo inteiro se colocaram em pé, bradando, vibrando, torcendo e, alguns, chorando a ponto de soluçar. Em menos de um minuto, Redmond havia se tornado um símbolo internacional e um nome conhecido em todos os lugares.

Isso porque muitos conseguem se identificar com alguém como Redmond. Talvez você também consiga. Você se propôs alcançar um objetivo e vem falhando por causa de inadequações pessoais, rebelião pecaminosa ou dor paralisante. Pessoas com boas intenções tentam ajudá-lo a sair da faixa correspondente ao seu propósito e ao seu destino. Dizem para você relaxar. Para se acomodar, partir para outra, deixar para lá. No entanto, algo em seu interior não permite que você se esqueça das aspirações que tinha pouco tempo atrás, na linha de partida. E, mesmo que tenha caído diante do peso das expectativas não atendidas, você, de algum modo, luta para continuar. Você se levanta. Manca.

Tenta. Resiste quando alguém procura detê-lo, mesmo sem saber como conseguirá chegar ao fim por conta própria. Ainda assim, você luta.

Não sei o que foi quebrado em sua vida, nem o que o deixou ferido — ou mesmo o que você possa ter feito para se ferir por meio de decisões erradas — a ponto de impedi-lo de correr tão rápido e tão distante quanto poderia. É possível que você não consiga nem levantar da pista. Mas eu conheço Alguém que o vê. Ele descerá do alto para se unir a você na faixa cinco, se você permitir. Ele conhece a sua luta, conhece a sua dor. Se você parar para escutar, o ouvirá dizendo: "Vamos terminar isto juntos!". Seu Pai celestial

Seu Pai celestial está pronto para abraçá-lo e ajudá-lo a cruzar a linha de chegada.

está pronto para abraçá-lo e ajudá-lo a cruzar a linha de chegada como o homem do reino vitorioso que o destinou a ser.

Não é tarde demais. A corrida não terminou.

Levante-se. Continue até o fim.

Lute.

Lute por sua fé. Lute por sua família. Lute por sua igreja. Lute por sua comunidade. Lute por sua nação. Lute por nosso mundo.

Lute pela linha de chegada.

Lute.

E, ao lutar, ouvirá os aplausos ensurdecedores do céu direcionados diretamente a você, homem do reino.

Anexo:
A ALTERNATIVA URBANA

O dr. Tony Evans e a Alternativa Urbana capacitam, encorajam e unem cristãos para impactar indivíduos, famílias, igrejas e comunidades a fim de restaurar a esperança e transformar vidas.

A Alternativa Urbana acredita que a causa central dos problemas que as pessoas enfrentam na vida, no lar e na sociedade têm origem espiritual. Logo, a única maneira de resolver o problema é espiritualmente. O ministério já tentou uma agenda política, social, econômica e até mesmo religiosa. Agora, é tempo para a agenda do reino — o pleno e visível governo de Deus em todos os aspectos da vida. Quando as pessoas da igreja são como foram projetadas para ser, o poder divino muda tudo. Esse poder as renova e restaura à medida que a vida de Cristo se manifesta na vida delas. Quando nos alinhamos debaixo de Jesus, algo acontece em nosso interior. Deus opera restauração total. Ele nos reaviva e nos faz completos.

Quando o alinhamento correto nos impacta, ele impacta os outros também, transformando todas as esferas de nossa vida. Quando cada dimensão bíblica da vida funciona de acordo com a Palavra de Deus, os resultados são: evangelismo, discipulado e impacto na comunidade. À medida que aprendemos a nos governar debaixo do Senhor, transformamos a família, a igreja e a sociedade a partir da perspectiva do reino baseada na Bíblia. Por meio de Deus, começamos a tocar o céu e a mudar a terra.

A fim de cumprir o alvo da Alternativa Urbana, usamos diversas estratégias, bem como variados métodos e recursos para alcançar e capacitar o máximo de pessoas possível.

Programa de rádio

Centenas de milhares de ouvintes têm acesso ao programa *The Alternative with Dr. Tony Evans* [A Alternativa, com o dr. Tony Evans], transmitido diariamente por mais de quinhentas estações de rádio e em mais de quarenta países. O programa ainda pode ser assistido em diversos canais de televisão e também *on-line*, em <www.tonyevans.org>.

Capacitação de liderança

A Kingdom Agenda Fellowship of Churches [União de Igrejas com a Agenda do Reino] (KAFOC) provê uma rede funcional para pastores que partilham do mesmo pensamento e desejam aderir à filosofia da agenda do reino. Os pastores têm a oportunidade de se aproximar de Tony Evans, acessando maior conhecimento bíblico, aplicação prática e recursos para impactar indivíduos, famílias, igrejas e comunidades. A KAFOC recebe pastores titulares e associados de todas as igrejas.

De maneira progressiva, os encontros da KAFOC desenvolvem líderes da igreja para que atendam às exigências do século 21, ao mesmo tempo que conservam a mensagem do evangelho e a posição estratégica da igreja. Os encontros oferecem seminários intensivos, oficinas e recursos que abordam questões ligadas à comunidade, à família, à liderança, à saúde organizacional e muito mais.

O ministério de esposas de pastor, fundado por Lois Evans, fornece aconselhamento, incentivo e recursos espirituais para mulheres que atuam ao lado do marido no ministério. Um dos focos principais desse ministério ocorre nos encontros da KAFOC, oferecendo às esposas de pastores titulares um lugar seguro para refletir, renovar-se e relaxar, além de prover-lhes treinamento em desenvolvimento pessoal, crescimento espiritual e cuidado com o bem-estar físico e emocional.

Impacto na comunidade

A iniciativa nacional Igreja, Adote uma Escola prepara igrejas de todo o território norte-americano para impactar comunidades usando as escolas públicas como o principal veículo para a criação de mudanças sociais positivas nos jovens de áreas urbanas e em suas famílias. Líderes de igrejas, delegacias de ensino, organizações confessionais e outras instituições sem fins lucrativos são capacitados com conhecimento e ferramentas para criar parcerias e construir um forte sistema de serviço social. Esse treinamento se baseia na estratégia de impacto comunitário via igreja, por meio da Oak Cliffs Bible Fellowship. Aborda áreas como desenvolvimento econômico, educação, moradia, revitalização da saúde, renovação da família e reconciliação racial. A iniciativa também auxilia igrejas a customizar o modelo a fim de atender às necessidades específicas de suas comunidades, ao mesmo tempo que aborda estruturas de referência espiritual e moral.

Desenvolvimento de recursos

A Alternativa Urbana promove parcerias de ensino com as pessoas que atende oferecendo-lhes diversos materiais publicados. Há livretos, estudos bíblicos, livros, CDs e DVDs para fortalecer as pessoas em sua caminhada com Deus e no ministério aos outros.

Notas

Capítulo 1

1   *Strong's Greek Lexicon*, verbete "*basileia*", disponível em: <http://study bible.info/strongs/G932>. Acesso em: 9 de abr. de 2018.

2   Em *The Kingdom Agenda* (Chicago, IL: Moody, 2006), o autor trata detalhadamente do que chama de "agenda do reino".

3   *Strong's Concordance*, verbete "*Yahweh*", disponível em: <http://concor dances.org/hebrew/3068.htm>. Acesso em: 9 de abr. de 2018.

4   *Strong's Concordance*, verbete "*adown*", disponível em: <http://concordan ces.org/hebrew/113.htm>. Acesso em: 9 de abr. de 2018.

5   *Strong's Concordance*, verbete "*Jehova*", disponível em: <http://concordan ces.org/hebrew/3068.htm>. Acesso em: 9 de abr. de 2018.

6   *Strong's Concordance*, verbete "*'Elohiym*", disponível em: <http://concor dances.org/hebrew/430.htm>. Acesso em: 9 de abr. de 2018.

7   Informações sobre o milagre no rio Hudson foram extraídas de material disponível em: <https://nypost.com/2009/06/09/us-airways-flight-1549-transcript/>, <http://www.sullysullenberger.com/about/>, <https://www.cbsnews.com/news/flight-1549-a-routine-takeoff-turns-ugly/>, <https://www.cbsnews.com/news/flight-1549-saving-155-souls-in-minutes/>,<http://www.foxnews.com/story/0,2933,480412, 00.html>, <http://www.nydailynews.com/news/hero-hudson-pilot-air ways-flight-1549-saved-passenger-miracle-landing-article-1.390785>, <http://www.faa.gov/data_research/accident_incident/1549/media/ CD.pdf>. Acessos em: 9 de abr. de 2018.

8   Informações sobre a tragédia no rio Hudson foram extraídas de material disponível em: <https://www.cbsnews.com/news/newburgh-mayor-calls-hudson-river-deaths-a-tragedy/>, <http://www.nbcnews.com/

id/42564046/ns/us_news-life/t/mom-drives-van-river-killing-self-kids/#.WswjFS7wZpg>, <http://www.foxnews.com/us/2011/04/13/chief-mom-drives-ny-river-killing-3-kids/#ixzz1guzfiPOf>.Acessos em: 9 de abr. de 2018.

Capítulo 2

1   David POPENOE, *Life Without Father* (Nova York, NY: Simon & Schuster, 1996).

2   Raymond A. KNIGHT e Robert A. PRENTKY, "The Developmental Antecedents and Adult Adaptations of Rapist Subtypes", Criminal Justice and Behavior, dez. de 1978, vol. 14, p. 403-426, conforme citado em The Fatherless Generation, disponível em: <http://thefatherlessgeneration.wordpress.com/statistics>. Acesso em: 10 de abr. de 2018.

3   Dado de censo promovido pelo U.S. Department of Health and Human Services [Departamento de Saúde e Serviços Humanos dos Estados Unidos], conforme citado por Wayne Parker em "Statistics on Fatherless Children in America", disponível em: <https://www.thespruce.com/fatherless-children-in-america-statistics-1270392>. Acesso em: 10 de abr. de 2018.

4   Cynthia DANIELS (ed.). *Lost Fathers: The Politics of Fatherlessness in America* (Nova York, NY: St. Martin's Press, 1998); National Fatherhood Initiative, *Father Facts* (Lancaster, PA: National Fatherhood Initiative, 1996); Elaine Ciulla Kamarck e William Galston, *Putting Children First: A Progressive Family Policy for the 1990s* (Washington, DC: Progressive Policy Institute, 1990), conforme citados por Stephen Baskerville em "The Politics of Fatherhood", *American Political Science Association*, disponível em: <http://fathersforlife.org/articles/Baskerville/politics_fatherhood.htm>. Acesso em: 10 de abr. de 2018.

5   Bill WHITAKER, "High School Dropouts Costly for American Economy", CBSNews.com, 28 de mai. de 2010, disponível em: <http://www.cbsnews.com/stories/2010/05/28/eveningnews/main6528227.shtml#ixzz1PNhtcbf>. Acesso em: 10 de abr. de 2018.

6   Cecilia Elena ROUSE, "Labor Market Consequences of an Inadequate Education", artigo preparado para o simpósio "Custos Sociais da Educação Inadequada", ocorrido em outubro de 2005 na Universidade de Columbia, em Nova York.

7   "Counting It Up: The Public Costs of Teen Childbearing", disponível em: <https://powertodecide.org/what-we-do/information/resource-library/counting-it-key-data>. Acesso em: 10 de abr. de 2018.

8   Jennifer WARREN, "One in 100: Behind Bars in America 2008", Pew Center on the States, disponível em: <http://www.pewtrusts.org/~/

media/legacy/uploadedfiles/wwwpewtrustsorg/reports/sentencing_ and_corrections/onein100pdf.pdf>. Acesso em: 10 de abr. de 2018.

9   "One in 31: The Long Reach of American Corrections", Pew Center on the States, disponível em: <http://www.pewcenteronthestates.org/uplo- adedFiles/PSPP_1in31_report_FINAL_WEB_3-26-09.pdf>. Acesso em: 10 de abr. de 2018.

10 *The New Testament Greek Lexicon*, verbete *"ekklésia"*, disponível em: <https://www.studylight.org/lexicons/greek/1577.html>. Acesso em: 10 de abr. de 2018.

11 *BibleTools.org*, verbete *"basileia"*, disponível em: <https://www.bible tools.org/index.cfm/fuseaction/Lexicon.show/ID/G932/basileia.htm>. Acesso em: 10 de abr. de 2018.

12 *Strong's Concordance*, verbete *"shamar"*, disponível em: <http://concor dances.org/hebrew/8104.htm>. Acesso em: 10 de abr. de 2018.

Capítulo 3

1   Brett MARTEL, "Brees sets passing mark, Saints top Falcons 45–16", *Associated Press*, 27 de dez. de 2011, disponível em: <http://www.cbn. com/700club/sports/apwire/2011/12december/ap_brees_sets_pas sing_mark_clinch_south.aspx>. Acesso em: 11 de abr. de 2018.

Capítulo 4

1   "Hank Aaron", Wikipedia, disponível em: <http://en.wikipedia. org/wiki/Hank_Aaron>; "Hank Aaron Stadium", Minor League- Baseball.com, disponível em: <http://www.milb.com/content/page. jsp?ymd=20090310&content_id=40994572&fext=.jsp&vkey= news_ t417&sid=t417>; "Hank Aaron", National Baseball Hall of Fame, dis- ponível em: <http://baseballhall.org/hof/aaron-hank>. Acessos em: 11 de abr. de 2018.

2   C. BRAND, C. DRAPER, A. ENGLAND, S. BOND, E. R. CLENDENEN, T. C. BUTLER e B. LALA (eds.), *Holman Illustrated Bible Dictionary* (Nashville, TN: Holman Bible Publishers, 2003); J. E. Smith, *The Books of History* (Joplin, MO: College Press, 1995, Old Testament Survey Series).

Capítulo 5

1   Frank GIFFORD e Peter RICHMOND, *The Glory Game* (Nova York, NY: HarperCollins, 2008), p. 208-209.

2   "The Greatest Game Ever Played Remembered 40 Years Later", NFL. info, 12 de dez. de 1998, disponível em: <https://www.nfl.info/nflmedia/ news/1998news/GreatestGame121098.htm>. Acesso em: 12 de abr. de 2018.

[3] Jack CAVANAUGH, *Giants Among Men: How Robustelli, Huff, Gifford, and the Giants Made New York a Football Town and Changed the NFL* (Nova York: Random House, 2008), p. 173.

[4] "The Greatest Game Ever Played Remembered 40 Years Later", NFL. info, 12 de dez. de 1998, disponível em: <https://www.nfl.info/nflmedia/news/1998news/GreatestGame121098.htm>. Acesso em: 12 de abr. de 2018.

[5] "Greatest Game Ever Played", Pro Football Hall of Fame, disponível em: <http://www.profootballhof.com/history/release.aspx?release_id=1805>. Acesso em: 12 de abr. de 2018.

[6] Frank GIFFORD e Peter RICHMOND, *The Glory Game* (Nova York, NY: HarperCollins, 2008), p. 217.

[7] "Lenny Moore", Pro Football Hall of Fame, disponível em: <http://www.profootballhof.com/hof/member.aspx?PLAYER_ID=155>. Acesso em: 12 de abr. de 2018.

[8] Frank GIFFORD e Peter RICHMOND, *The Glory Game* (Nova York, NY: Harper Collins, 2008), contracapa.

[9] "Greatest Game Ever Played", Pro Football Hall of Fame, disponível em: <http://www.profootballhof.com/history/release.aspx?release_id=1805>. Acesso em: 12 de abr. de 2018.

[10] "NFL's All-Decade Team of the 1950s", Pro Football Hall of Fame, disponível em: <http://www.profootballhof.com/story/2010/1/16/nfls--all-decade-team-ofthe-1950s/>. Acesso em: 12 de abr. de 2018.

[11] "Playoff Results: 1950s", Pro Football Hall of Fame, disponível em: <http://www.profootballhof.com/news/playoff-results-1950s/>. Acesso em: 12 de abr. de 2018.

[12] Kevin LEMAN, *The Birth Order Book: Why You Are The Way You Are* (Ada, MI: Revell Publishing [publicado no Brasil sob o título *Mais velho, do meio ou caçula: A ordem do nascimento revela quem você é*, São Paulo: Mundo Cristão, 2011]), p. 22, 24.

[13] Del JONES, "First-born kids become CEO material", *USA Today*, 8 de jan. de 2009, disponível em: <http://abcnews.go.com/Business/LifeStages/story?id=3554179&page=1>. Acesso em: 12 de abr. de 2018.

[14] National Vital Statistics Reports, vol. 59, n. 1, 8 de dez. de 2010, disponível em: <http://www.cdc.gov/nchs/data/nvsr/nvsr59/nvsr59_01_tables.pdf#tableI04>. Acesso em: 12 de abr. de 2018.

[15] Douglas W. PHILIPS, *The Birkenhead Drill* (San Antonio, TX: The Vision Forum, 2001); "74th Highlanders: 1846–1853", ElectronicScotland.com, disponível em: <http://www.electricscotland.com/history/scotreg/74th-2.htm>; "Shared Heritage: Joint Responsibilities in the Management of British Warship Wrecks Overseas", University of Wolverhampton, 8 de jul.

de 2008, disponível em: <https://content.historicengland.org.uk/images-
-books/publications/management-of-british-warship-wrecks-overseas/
shared-heritage-management-of-british-warship-wrecks-overseas.pdf>;
"The Birkenhead Disaster 26th February, 1852", The Queen's Royal Sur-
reys Regimental Association, disponível em: <http://www.queensroyal
surreys.org.uk/1661to1966/birkenhead/birkenhead.html>. Acessos em:
12 de abr. de 2018.

Capítulo 6

[1] *Strong's Concordance*, verbete "*bema*", disponível em: <http://concor
dances.org/greek/968.htm>. Acesso em: 12 de abr. de 2018.
[2] David MARANISS, *When Pride Still Mattered: A Life of Vince Lombardi*
(Nova York, NY: Touchstone, 1999), p. 274.
[3] *Strong's Concordance*, verbete "*kephale*", disponível em: <http://concor
dances.org/greek/2776.htm>. Acesso em: 12 de abr. de 2018.
[4] Em *For Married Women Only* (Moody, 2010) e *For Married Men Only*
(Moody, 2010), o autor provê uma análise mais aprofundada acerca
desta e de outras questões relacionadas ao casamento.
[5] Todos os homens devem estar sob a autoridade da liderança da igreja. A
mulher casada se posiciona sob a autoridade do marido, o qual, por sua
vez, se encontra sob a autoridade da igreja. A mulher solteira deve ficar
sob a cobertura espiritual da igreja, já que não tem marido, a menos que
ainda viva sob a autoridade do pai (1Co 7).
[6] Em *Oneness Embraced* (Moody, 2011), o autor oferece uma abordagem
mais aprofundada sobre o estudo das funções governantes da igreja.
[7] W. ARNDT, F. W. DANKER e W. BAUER, *A Greek-English Lexicon of the
New Testament and Other Early Christian Literature*, 3ª ed (Chicago: University of Chicago Press, 2000 [publicado no Brasil sob o título *Léxico do
Novo Testamento: grego-português*. São Paulo: Vida Nova, 2007]), p. 303.

Capítulo 7

[1] "Mammals: Jaguar", San Diego Zoo, 2011, disponível em: <http://
www.sandiegozoo.org/animalbytes/t-jaguar.html>; "Animal Bytes",
San Diego Zoo, 2011, disponível em: http://www.sandiegozoo.org/
animalbytes/t-lion.html>; Erin Harrington e Phil Myers, "Panthera
leo", Animal Diversity Web, 2004, disponível em: <http://animaldiver
sity.ummz.umich.edu/site/accounts/information/Panthera_leo.html>.
Acessos em: 12 de abr. de 2018.
[2] Jon GRINNELL, "The Lion's Roar, More than Just Hot Air", Zoo-
goer, maio/jun. de 1997, disponível em: <http://web.archive.org/
web/20030121030204/http://nationalzoo.si.edu/Publications/Zoo-
Goer/1997/3/lionsroar.cfm>. Acesso em: 12 de abr. de 2018.

Capítulo 8

[1]   *Strong's Concordance,* verbete *"ezer"*, disponível em: <http://concordan ces.org/hebrew/5828.htm>. Acesso em: 14 de abr. de 2018.

[2]   *Strong's Concordance,* verbete *"kenegdo"*, disponível em: <http://concordan ces.org/hebrew/kenegdo_5048.htm>. Acesso em: 14 de abr. de 2018.

[3]   *Strong's Concordance,* verbete *"neged"*, disponível em: <http://concordan ces.org/hebrew/neged_5048.htm>. Acesso em: 14 de abr. de 2018.

Capítulo 9

[1]   *Strong's Concordance,* verbetes *"shem"*, disponível em: <http://concor dances.org/hebrew/8034.htm> , e *"onoma"*, disponível em: <http:// concordances.org/greek/3686.htm>. Acessos em: 14 de abr. de 2018.

Capítulo 10

[1]   *Strong's Concordance,* verbete *"dynamis"*, disponível em: <http://con cordances.org/greek/1410.htm>. Acesso em: 15 de abr. de 2018.

[2]   *Strong's Concordance,* verbete *"exousia"*, disponível em: <http://concor dances.org/greek/1849.htm>. Acesso em: 15 de abr. de 2018.

[3]   "Super Bowl XLIII, Pittsburgh 27, Arizona 23", Steelers.com, 19 de fev. de 2009, disponível em: <http://prod.static.steelers.clubs.nfl.com/assets/ docs/Super_Bowl_XLIII_108708.pdf>. Acesso em: 16 de abr. de 2018.

[4]   Nick SCHWARTZ. "Remembering James Harrison's greatest moment as a Steeler", *USA Today*, 27 de dez. de 2017, disponível em: <https:// ftw.usatoday.com/2017/12/james-harrison-greatest-steelers-moment- -super-bowl-interception-touchdown>. Acesso em: 16 de abr. de 2018.

Capítulo 11

[1]   *Strong's Concordance,* verbete *"darak"*, disponível em: <http://concor dances.org/hebrew/1869.htm>. Acesso em: 16 de abr. de 2018.

[2]   *Strong's Concordance,* verbete *"epilambanomai"*, disponível em: <http:// concordances.org/greek/1949.htm>. Acesso em: 16 de abr. de 2018.

Capítulo 12

[1]   *Strong's Concordance,* verbete *"yare"*, disponível em: <http://concordan ces.org/hebrew/3373.htm>. Acesso em: 16 de abr. de 2018.

[2]   *Strong's Concordance,* verbete *"pusché"*, disponível em: <http://concor dances.org/greek/5590.htm>. Acesso em: 17 de abr. de 2018.

Capítulo 14

[1]   *Strong's Concordance,* verbete *"ekklésia"*, disponível em: <http://concor dances.org/greek/1577.htm>. Acesso em: 17 de abr. de 2018.

Capítulo 15

[1] *Strong's Concordance,* verbete "Asher", disponível em: <http://concor dances.org/hebrew/836.htm>. Acesso em: 18 de abr. de 2018.

[2] Bill WHITAKER, "High School Dropouts Costly for American Economy", CBSNews.com, 26 de maio de 2010, disponível em: <http:// www.cbsnews.com/stories/2010/05/28/eveningnews/main6528227. shtml#ixzz1PNhtcbfg>. Acesso em: 18 de abr. de 2018. Ver também Cecilia Elena Rouse, "Labor Market Consequences of an Inadequate Education", artigo preparado para o simpósio "Custos Sociais da Educação Inadequada", ocorrido em outubro de 2005 na Universidade de Columbia, em Nova York.

[3] "1.23 Million Students Will Fail to Graduate in 2008; New Data on U.S. Congressional Districts Detail Graduation Gaps: Graduation Data Available for Every U.S. School District and State", *Education Week*, 4 de jun. de 2008, disponível em: <http://www.edweek.org/media/ew/dc/2008/DC08_Press_FULL_FINAL.pdf>; Robert Longley, "U.S. Prison Population Tops 2 Million", ThoughtCo, disponível em: <http://usgovinfo.about.com/cs/censusstatistic/a/aaprisonpop.htm>; Bill Whitaker, "High School Dropouts Costly for American Economy", CBSNews.com, 28 de maio de 2010, disponível em: <http://www.cbs news.com/stories/2010/05/28/eveningnews/main6528227.shtml>; Kathryn Kost e Stanley Henshaw, "U.S. Teenage Pregnancies, Births and Abortions, 2010: National and State Trends and Trends by Race and Ethnicity", Guttmacher Institute, disponível em: <http://www.gut tmacher.org/pubs/USTPtrends.pdf>; "Table 78. Live Births, Deaths, Marriages, and Divorces: 1960 to 2008" e "Table 79. Live Births, Birth Rates, and Fertility Rates by Hispanic Origin: 2000 to 2008", United States Census Bureau, disponível em: <https://www.census.gov/library/publications/2011/compendia/statab/131ed/births-deaths-marriages-divorces.html>. Acessos em: 18 de abr. de 2018.

[4] "Testimony of Dr. J. Michael Waller", United States Senate, 14 de out. de 2003, disponível em: <https://www.judiciary.senate.gov/imo/media/doc/waller_testimony_10_14_03.pdf>. Acesso em: 18 de abr. de 2018.

[5] The Pew Forum on Religion and Public Life, citado por Lauren Green em "Mosques Open Their Doors to Neighbors in Effort to Win Over Skeptics", Fox News, 22 de out. de 2010, disponível em: <http://video.foxnews.com/v/4385616/?#sp=show-clips>. Acesso em: 18 de abr. de 2018.

Conclusão

[1] Rick WEINBERG, "Derek and Dad Finish Olympic 400 Together", ESPN.com, 3 de jun. de 2004, disponível em: <http://sports.espn.go.com/espn/espn25/story?page=moments/94>. Acesso em: 18 de abr. de 2018.

Compartilhe suas impressões de leitura,
mencionando o título da obra, pelo e-mail
opiniao-do-leitor@mundocristao.com.br
ou por nossas redes sociais

Esta obra foi composta com tipografia Adobe Garamond Pro